STARK

ABITUR 2010

Prüfungsaufgaben
mit Lösungen

Kunst
Leistungskurs
Gymnasium
Bayern
2002–2009

STARK

ISBN 978-3-89449-023-2

© 2009 by Stark Verlagsgesellschaft mbH & Co. KG
30. ergänzte Auflage
www.stark-verlag.de

Das Werk und alle seine Bestandteile sind urheberrechtlich geschützt. Jede vollständige oder teilweise Vervielfältigung, Verbreitung und Veröffentlichung bedarf der ausdrücklichen Genehmigung des Verlages.

Inhalt

Bildnachweis
Vorwort

Hinweise und Tipps zur Bearbeitung der Abituraufgaben

Ablauf der Prüfung I
Inhalte und Aufbau der Prüfung I
Tipps zu den Aufgabenstellungen mit schriftlich-theoretischem Schwerpunkt I
Tipps zu den Aufgabenstellungen mit bildnerisch-praktischem Schwerpunkt IV
Notenschlüssel IV
Methodische Hinweise und allgemeine Tipps V

Prüfungsaufgaben

Abiturprüfung 2002
Aufgabe I: Bildkomposition zum Thema: Buch und Leser 2002-1
Aufgabe II: Bildgestaltung zum Thema „Im Atelier des Malers D." 2002-4
Aufgabe III: Vergleichende Analyse und Interpretation
             Robert Frank, „London"/Richard Estes, „Bus-Window" 2002-9
Aufgabe IV: Vergleichende Analyse und Interpretation: Alfred Sisley, „Winter in
             Louveciennes"/Ernst Ludwig Kirchner, „Davos im Schnee". 2002-18

Abiturprüfung 2003
Aufgabe I: Bildgestaltung zum Thema: Schrank, eine Treppe hinabstürzend 2003-1
Aufgabe II: Bildgestaltung zum Thema: Die Weltmaschine 2003-3
Aufgabe III: Analyse und Interpretation: Sigmar Polke, „So sitzen Sie richtig" 2003-5
Aufgabe IV: Vergleichende Analyse und Interpretation: Jan Vermeer, „Die
             Spitzenklöpplerin"/Karl Schmidt-Rottluff, „Bildnis Rosa Schapire" .. 2003-13

Abiturprüfung 2004
Aufgabe I: Plastische Gestaltung zum Thema: Hülle und Kern 2004-1
Aufgabe II: Bildgestaltung zu einer Textpassage – Extravagante
             Gaumenfreuden: ... Blass goldene Lilienknospen und giftgrüner
             Schlangenwein 2004-3
Aufgabe III: Analyse und Interpretation: Giorgio Morandi, „Natura Morta" 2004-5
Aufgabe IV: Vergleichende Analyse und Interpretation:
             Ferdinand Georg Waldmüller, „Junge Bäuerin mit drei Kindern im
             Fenster"/Howard Kanovitz, „Blick aus dem Fenster" 2004-13

Abiturprüfung 2005
Aufgabe I: Architekturvision zum Thema: Stadt unter Strom 2005-1
Aufgabe II: Gestaltung eines Filmplakats „Die letzte Welt" 2005-4
Aufgabe III: Analyse und Interpretation: Otto Dix, „Großstadt" 2005-7
Aufgabe IV: Vergleichende Analyse und Interpretation: P. Mondrian, „Der graue Baum"/C. D. Friedrich, „Der einsame Baum" 2005-17

Abiturprüfung 2006
Aufgabe I: Gestaltungsideen zu einem Schulcafé 2006-1
Aufgabe II: Bildgestaltung zum Thema „Wasser: transparent, spiegelnd" 2006-3
✕ Aufgabe III: Vergleichende Analyse und Interpretation: Katharina Fritsch, „Tischgesellschaft"/Pieter Bruegel d. Ä., „Bauernhochzeit" 2006-6
✓ Aufgabe IV: Vergleichende Analyse und Interpretation: Edgar Degas, „Konzertcafésängerin beim Vortrag"/„Café-Sängerin mit Handschuh" 2006-19

Abiturprüfung 2007
Aufgabe I: Mein Traum vom Fliegen – Entwurf eines phantastischen Flugobjekts 2007-1
Aufgabe II: Selbstinszenierung mit absurder Kopfbedeckung 2007-4
Aufgabe III: Vergleichende Analyse und Interpretation: Georges de la Tour, „Der Falschspieler mit dem Karo-As"/Paul Cézanne, „Zwei Kartenspieler" 2007-7
Aufgabe IV: Vergleichende Analyse und Interpretation: Erich Heckel, „Frühling in Flandern" 2007-16

Abiturprüfung 2008
Aufgabe I: Storyboard zu einem Werbeclip 2008-1
Aufgabe II: „Handicap" – Bildnerische Auseinandersetzung mit Hand und Bandage 2008-6
Aufgabe III: Analyse und Interpretation: Francis Bacon, „Kreuzigung" 2008-10

Abiturprüfung 2009
Aufgabe I: Dreiteilige Komposition: Paprika – Paprika – Paprika 2009-1
Aufgabe II: Komposition in übereinander liegenden Schichten: Schauplatz Bahnsteig 2009-5
Aufgabe III: Analyse und Interpretation: Salvador Dalí, „La Persistance de la Mémoire" (Die Beständigkeit der Erinnerung) 2009-10
Aufgabe IV: Vergleichende Analyse und Interpretation: Thomas Demand, „Küche"/Pressefoto „Küche" 2009-20

Jeweils im Herbst erscheinen die neuen Ausgaben
der Abiturprüfungsaufgaben mit Lösungen.

Ausarbeitung der Lösungshinweise mit Abbildungen:

2009: Nicole Raabe (I, IV) und Sebastian Schnackenburg (II, III)
2008: Nicole Raabe (I, III) und Markus Ziegler (II)
2005–2007: Markus Ziegler
2002–2004: Susanne Haub

Bildnachweis

S. 2002-19:	© by Ingeborg & Dr. Wolfgang Henze-Ketterer, Wintrach/Bern
S. 2003-16:	© VG Bild-Kunst, Bonn, 2009
S. 2004-7:	© VG Bild-Kunst, Bonn, 2009
S. 2004-9:	© VG Bild-Kunst, Bonn, 2009
S. 2004-15:	© VG Bild-Kunst, Bonn, 2009
S. 2005-9:	© VG Bild-Kunst, Bonn, 2009
S. 2006-8:	© VG Bild-Kunst, Bonn, 2009
S. 2006-9:	© VG Bild-Kunst, Bonn, 2009
S. 2008-10, 12–15:	© The Estate of Francis Bacon/VG Bild-Kunst, Bonn, 2009
S. 2009-12:	© Salvador Dalí, Fundació Gala-Salvador Dalí/VG Bild-Kunst, Bonn, 2009
S. 2009-22:	© VG Bild-Kunst, Bonn 2009

Vorwort

Liebe Schülerin, lieber Schüler,

dieses Buch hilft Ihnen mit **zahlreichen ausgearbeiteten Lösungsvorschlägen** zu den vergangenen Prüfungsjahrgängen, sich optimal auf die schriftliche Abiturprüfung im Fach Kunst in Bayern vorzubereiten.

Ausführliche Lösungsvorschläge mit vielen Hinweisen zur Bearbeitung der Aufgaben, von erfahrenen Kunstlehrern ausgearbeitet, ermöglichen die Selbstkontrolle und führen Ihnen mögliche Lösungen der jeweiligen Aufgabenstellung vor. Mit den **Original-Prüfungsaufgaben** können Sie den „Ernstfall" üben und genau feststellen, ob Sie mit der Zeit zurechtkommen.

Am Anfang des Buches finden Sie **Hinweise und Tipps zur Abiturprüfung, zur Bearbeitung der Aufgaben, zur Bewertung und zu Arbeitstechniken**. Hier können Sie genau nachlesen, wie die Abiturprüfung abläuft, nach welchen Kriterien Ihre Arbeit bewertet wird und wie Sie sich am besten vorbereiten. Ein umfangreicher Teil mit **Tipps zum schriftlich-theoretischen und zum bildnerisch-praktischen Teil** hilft Ihnen bei der Vorbereitung auf die Prüfung.

Viel Spaß und Erfolg bei der Vorbereitung auf Ihr Kunstabitur!

Hinweise und Tipps zur Bearbeitung der Abituraufgaben

Ablauf der Prüfung

Die Abiturprüfung im Fach Bildende Kunst in Bayern wird zentral vom Kultusministerium gestellt und dauert 315 Minuten, also fünf volle Stunden plus 15 Minuten.

Sie haben vier Aufgaben zur Auswahl, von denen Sie eine bearbeiten müssen. Jeweils zwei Aufgaben beziehen sich dabei auf einen schriftlich-theoretischen bzw. einen bildnerisch-praktischen Schwerpunkt.

Inhalte und Aufbau der Prüfung

Thema der gymnasialen Oberstufe im Fach Kunst in Bayern ist die Kunstgeschichte ab dem Realismus bis zur Gegenwart.

Die Abituraufgaben mit schriftlich-theoretischem Schwerpunkt bestehen in der Regel aus den folgenden fünf Aufgabenkomplexen:
1. Bildbeschreibung (und erster Eindruck)
2. Bildnerische Analyse
3. Schriftliche Analyse
4. Interpretationsansätze
5. Kunstgeschichtliche Reflexion

Die Abituraufgaben mit bildnerisch-praktischem Schwerpunkt bestehen in der Regel aus den folgenden Aufgabenkomplexen:
1. Mehrere vorbereitende Skizzen und evtl. Detailstudien
2. Detaillierte Komposition
3. Kunstgeschichtliche Reflexion

Tipps zu den Aufgabenstellungen mit schriftlich-theoretischem Schwerpunkt

1. Bildbeschreibung (und erster Eindruck)

Jede Prüfungsaufgabe erfordert einleitend eine Bildbeschreibung. Folgende Punkte sollten Sie dabei ansprechen:
– Welches Format hat das vorgelegte Bild/die vorgelegten Bilder?
– Welche Technik verwendete der Künstler?
– Welcher Bildinhalt ist dargestellt?

Je nach Art des Bildes (gegenständlich oder abstrakt) beziehen Sie sich bei der Beschreibung des Bildinhalts auf:
- den gegenständlichen Bestand, d. h. welches Sujet (Motiv) ist Thema dieses Bildes und wie ist es dargestellt?
- die abstrakten Bildelemente und ihre Beziehungen.

In diesem Zusammenhang sollten Sie auch auf:
- die Farbgebung der Bildgegenstände und -elemente,
- die Lage der Bildgegenstände und der Bildelemente im Bildraum bzw. auf der Bildfläche eingehen.

Zusätzlich zum Bildinhalt ist oftmals nach der Stimmung des Bildes oder dem ersten Eindruck gefragt. Gemeint ist damit:
- Wie erscheinen die Bildgegenstände und Bildelemente dem Betrachter, d. h. welche „Anmutungsqualität" geht von ihnen aus?
- Welche Ausstrahlung hat das Bild als Ganzes?

2. Bildnerische Analyse

Sie wird in jeder Prüfungsaufgabe genauer eingegrenzt und gliedert sich in:
- Skizzen zum Bildaufbau (Komposition),
- Detailstudien, in denen der Malweise des Künstlers nachgespürt werden soll.

Genauere Angaben zu den zu leistenden bildnerischen Analysen sind jeweils in den Lösungsansätzen der Prüfungsjahrgänge enthalten. Die abgebildeten Skizzen sind bewusst in einem schematisierten, durch den Einsatz von Filzstift „spröde" wirkenden Zeichenstil ausgeführt. Sie sollen Ihnen kompositionelle Anhaltspunkte liefern, keine zeichentechnischen.

Bemühen Sie sich bei Ihrer Analyse um einen individuellen Zeichenstil und die Verwendung differenziert eingesetzter Materialien.

3. Schriftliche Analyse

Sie ist eine Erörterung der bildnerischen Mittel (Darstellungsmittel). Wenn in der Aufgabenstellung nicht explizit bestimmte Teilaspekte zur Bearbeitung gefragt sind, umfasst die Analyse normalerweise folgende Punkte:

- **Komposition** (Bildaufbau)
  - Beziehung der Bildelemente zum Format
  - Beziehung der Bildelemente zueinander (Ordnungsprinzipien: z. B. Reihung, Streuung, Raster, Verdichtung)
  - Proportionale Verhältnisse: Gleichgewicht, Ungleichgewicht
  - Proportionsschema: z. B. Goldener Schnitt
  - Richtungstendenzen, Bildachsen
- **Farbverwendung**
  - Farbwahl:
    Farbqualität (z. B. reine Farben, getrübte Farben)
    Farbtöne
  - Farbbeziehungen:
    Farbnuancen,
    Farbmodulationen,
    Farbqualitäten,
    Farbkontraste (Hell-Dunkel-, Kalt-Warm-, Farbe-an-sich-, Intensitäts-, Komplementär-, Quantitätskontrast)

- **Körperhaftigkeit**
  - Körperdarstellung durch Licht:
    Körperlicht und Körperschatten (Modellierung) mittels Farbmodulation,
    Schlagschatten (unterstützende Funktion),
    Stofflichkeit (unterstützende Funktion),
  - Körperdarstellung durch Linearperspektive (Parallelperspektive, Fluchtpunktperspektive)
- **Räumlichkeit**
  - Raumwirkung durch Zentralperspektive (Tiefenlinien)
  - Farbe
    Farb-Luft-Perspektive,
    Warm-Kalt-Kontrast,
  - Figur-Grund-Beziehung
    Lage im Bild (meist in Kombination mit Größenverhältnissen)
  - Überschneidung (Staffelung)
- **Materialverwendung**
  - Farbauftrag (Pinselduktus, Farbmischung auf der Leinwand)
  - Farbkonsistenz (pastös, lasierend)
  - Behandlung des Malgrunds (ausgesparte Stellen, sichtbare Untermalung und Vorzeichnungen)

Der gelegentlich benutzte Begriff „Malweise" ist nicht eindeutig eingrenzbar. Die Untersuchung der Malweise bezieht sich in den Lösungsansätzen auf die Materialverwendung mit besonderer Berücksichtigung der daraus resultierenden Bildwirkungen.

4. Interpretation

Eine Interpretation zielt darauf, den bzw. einen möglichen Bedeutungsgehalt des analysierten Bildes zu ergründen. Das Sujet, die Art der Darstellung (d. h. der Einsatz der bildnerischen Mittel) und die davon ausgehende Stimmung sind maßgebliche Komponenten für den Bedeutungsgehalt.

Die Frage nach dem Bedeutungsgehalt kann sich beziehen auf die Bedeutung
- für den Künstler,
- im historischen Kontext,
- in unserer heutigen Zeit.

Im Rahmen einer aktuellen, zeitbezogenen Interpretation sollten Sie persönliche Sichtweisen, Hypothesen und Vermutungen formulieren. Aus diesem Grund sind die hier geleisteten Interpretationen nicht als Muster, sondern durch die aufgeworfenen Fragen als Anregung zu verstehen, eigene Standpunkte zu entwickeln.

5. Kunstgeschichtliche Reflexion

Sie bezieht sich auf einzelne Aspekte im Werk des Künstlers, auf mögliche Kunstrichtungen, oder davon ausgehend, auf kunstgeschichtliche Zusammenhänge und Entwicklungen.

Aufgrund der unterschiedlich ausgerichteten Fragestellungen ist es schwer, an dieser Stelle methodische Hinweise zur Bearbeitung zu geben.

Als Orientierung gelten folgende Kriterien zur Beurteilung Ihrer Darstellung:
- Umfang der kunstgeschichtlichen Kenntnisse
- Richtiges Erfassen der Problemstellung
- Differenzierte Problemerörterung

- Wahl von treffenden Beispielen
- Sinnvoller Umgang mit Fachausdrücken
- Schlüssigkeit der Darstellung

Tipps zu den Aufgabenstellungen mit bildnerisch-praktischem Schwerpunkt

- Nehmen Sie den Begriff „Skizze" ernst und arbeiten Sie hier wirklich nur eine grobe Zeichnung aus.
- Achten Sie darauf, dass sich der Detailgrad von der Skizze zur Komposition erhöht. Oft kann kaum ein Unterschied zwischen Skizzen und ausgeführter Komposition erkannt werden, da Zeitmangel eine qualitative Steigerung verhindert.
- Üben Sie bereits im Vorfeld, einfache Skizzen zu umfangreicheren Kompositionen auszubauen.
- Für die kunstgeschichtliche Reflexion gilt dasselbe wie bei den Aufgaben mit schriftlich-theoretischem Schwerpunkt.

Notenschlüssel

Bewertungseinheiten	Noten mit Tendenzangabe	Notenpunkte
60–58	+1	15
57–55	1	14
54–52	1–	13
51–49	+2	12
48–46	2	11
45–43	2–	10
42–40	+3	9
39–37	3	8
36–34	3–	7
33–31	+4	6
30–28	4	5
27–25	4–	4
24–22	+5	3
21–19	5	2
18–16	5–	1
15–0	6	0

Methodische Hinweise und allgemeine Tipps

- Auch wenn Sie fest vorhaben, eine Aufgabe mit praktischem Schwerpunkt zu bearbeiten, sollten Sie sich unbedingt vor der Prüfung mit den Grundzügen der Kunstgeschichte beschäftigen. Die Frage zur kunstgeschichtlichen Reflexion macht auch in den Aufgaben mit bildnerisch-praktischem Schwerpunkt meist 20 Bewertungseinheiten aus, also ein Drittel der Gesamtpunktzahl!
- Beschäftigen Sie sich mit den Hauptvertretern der wichtigen Kunstrichtungen des 19. und 20. Jahrhunderts und kennen Sie mindestens ein Werk jedes dieser Künstler.
- Versuchen Sie, die Kunstrichtungen mit einschneidenden politischen, wirtschaftlichen und kulturellen Ereignissen der jeweiligen Zeit in Übereinstimmung zu bringen, sodass Sie die Motivation der Künstler leichter nachvollziehen und herausfinden können.
- Nehmen Sie sich genügend Zeit zur Begutachtung der vorgelegten Aufgaben bevor Sie Ihre Wahl treffen. Lesen Sie die Aufgabenstellungen gründlich und gehen Sie kurz die Anforderungen in Gedanken durch. Überlegen Sie, zu welchem Künstler oder welcher Aufgabe Sie über das meiste Hintergrundwissen verfügen.
- Machen Sie sich einen groben Zeitplan für die verschiedenen Arbeitsaufträge der gewählten Aufgabe. Schätzen Sie realistisch ein, wie lange Sie für die Bearbeitung der einzelnen Teile benötigen. Solche Schätzungen fallen Ihnen leichter, wenn Sie im Vorfeld der Prüfung schon das Lösen von Abituraufgaben unter Zeitdruck geübt haben. Notieren Sie sich bei Übungsaufgaben, wie lange Sie für verschiedene Aufgabenarten ungefähr benötigen.
- Achten Sie bei den bildnerisch-praktischen Aufgaben darauf, dass Sie nicht zu viel Zeit für die Skizzen verwenden. Denken Sie immer daran, dass Sie auch noch detailliertere Zeichnungen ausführen sollen!
- Denken Sie bei der Zeiteinteilung daran, dass Sie Ihre schriftliche Arbeit in Reinschrift abgeben müssen. Planen Sie daher genügend Zeit für das Überarbeiten, das Korrekturlesen und das Abschreiben der Rohfassung ein.

Prüfungsaufgaben

Leistungskurs Kunsterziehung: Abiturprüfung 2002
Gruppe I: Aufgaben mit bildnerisch-praktischem Schwerpunkt

Aufgabe I	Bildkomposition zum Thema „Buch und Leser"

Wählen Sie aus den vorliegenden Büchern mindestens zehn aus, die sich nach Format und Größe unterscheiden! Stapeln Sie die ausgesuchten Bücher vor sich auf!
Ein Bücherstapel, in dem viele Bücher geschlossen übereinander liegen, kann als Informations- und Erfahrungsspeicher oder auch „Wissenstresor" begriffen werden, der seinen Inhalt noch nicht preisgibt. Er kann in sich ruhend, lastend, unbegriffen, viel versprechend, abgelegt, hermetisch verschlossen ... wirken.

1. Zeichnerische Studie „Wissensspeicher" (10)
   Studieren Sie zeichnerisch den „architektonischen Aufbau dieses „Wissensspeichers" und betonen Sie in Ihrer Darstellung seine Blockhaftigkeit und Abgeschlossenheit!

2. Ideenskizzen „Lesegewohnheiten" (10)
   Lesen heißt auch, diesen „Speicher" zu öffnen. Die Aneignung der darin enthaltenen Information kann auf verschiedene Weise und in unterschiedlichen Situationen geschehen.
   Fertigen Sie mehrere Ideenskizzen an, die individuelle Lesegewohnheiten vorstellen! Ihre erlebten und/oder erdachten Szenen können sachlich beschreibend bis karikierend-überspitzt dargestellt sein.

3. Komposition „Buch und Leser" (20)
   Entwickeln Sie auf der Grundlage Ihrer bisherigen Einfälle und Überlegungen eine Bildkomposition, die eine persönliche Interpretation des Lesevorgangs als ein sinnliches und geistiges Erlebnis visualisiert! Ihre Darstellung kann gegenstandsorientiert, abstrahierend und/oder surreal-fiktiv sein.
   Für Ihre Komposition können Sie zwischen Zeichnung, Malerei und einer Mischform aus beiden wählen. Entscheiden Sie sich für ein geeignetes Bildformat!

4. Kunstgeschichtliche Reflexion (20)
   Viele Künstler des 20. Jahrhunderts erweiterten die traditionelle Vorstellung vom Bild, indem sie Schrift- und andere Zeichenelemente einfügten und somit Zwischenformen von Bild, Text und Symbolzeichen schufen. Wählen Sie zwei Künstler des 20. Jahrhunderts und erörtern Sie bei jedem dieser beiden Künstler an Hand eines Werkes die Funktion solcher Kombinationen! Erläutern Sie jeweils auch die künstlerische Absicht!

Lösungsansätze

4. Kunstgeschichtliche Reflexion
Kurt Schwitters, Roy Lichtenstein

Angeregt durch die Werke der Kubisten und Futuristen beginnen auch die Künstler der Dada-Bewegung die Grenzen der Kunstgattungen (Malerei, Dichtung, Bildhauerei, u. a.) zu sprengen, indem sie Sprache und Texte in ihre Bilder miteinbeziehen. Unter ihnen auch der eigensinnige **Kurt Schwitters** (1887–1948). Er stellt 1920, als Mixtur aus Malerei (Öl auf Leinwand), Montage (Befestigung von dreidimensionalen Gegenständen im Bild) und Collage (Aufkleben von Text- und Bildausschnitten) ein Bild her, welches er „**Das Sternenbild, Merzbild 25 A**" nennt.

Im Bild, das über einen Meter hoch und etwa 70 Zentimeter breit ist, dominieren die graublauen und grünen, düsteren Töne über die gelben, im Ton verblichener Zeitungen gehaltenen, Bildabschnitte. Ausgehend von einem aufgeklebten, kreisrunden Deckel, der sich links auf der Bildmittellinie befindet und wie die Pupille eines Auges bemalt ist, ordnet Schwitters strahlenförmig übermalte Papierschnipsel, Kartonreste und Zeitungsausschnitte an. Den rechten Bildrand schneidet diagonal ein Kantholz, auf dem ein kleines weißes Blechschild mit der Aufschrift „RASTI" angebracht ist. In der oberen Bildhälfte ist ein weiterer Deckel zu sehen, der gelb, orange und blau bemalt, von einer Schnur umwickelt scheint. Das Ende der Schnur ragt nach unten aus dem Bild heraus. Zwischen Schnur und Vierkantholz bringt Kurt Schwitters ein Drahtgitter an. Neben der Aufschrift des Blechschildes sind verschiedene Zeitungsausschnitte aufgeklebt worden. In der oberen Bildhälfte kann ich die Buchstaben „EICHST" und darunter „BLUTIG" entziffern. Sie sind Teile einer Schlagzeile. Ebenso der am rechten Bildrand angebrachte Zeitungsausschnitt, auf dem die Worte „OFFENER BRIEF, MATHIAS" und „DIE KORRUPT" zu lesen sind. Weitere Ausschnitte sind so übermalt oder abgerissen, dass sie, bis auf die Zahlenreihe „732" kaum gelesen werden können. Die Aussagen der Wortfragmente deuten auf politische Ereignisse hin, wie sie sich in der Presse der damaligen Zeit kommentiert finden. Es stehen sich im Bild also dem Analytischen Kubismus entlehnte **malerische Bildteile** und **Fragmente der Realität** gegenüber. Die übereinander geklebten, zum überwiegenden Teil bemalten Papiere zeigen gleichzeitig originäre, traditionelle, künstlerische Herstellungsweise und die Zeitungsausschnitte als Teile der modernen Massenproduktion weisen auf die außerkünstlerische Realität hin. Die Funktion dieser Kombination kann einesteils mit der von den Dadaisten propagierten Darstellung der **Wirklichkeit als Paradoxon** erklärt werden, zum anderen erklärt sich der Bildaufbau aus dem erklärten Willen heraus die Gleichzeitigkeit der Ereignisse, **simultane Erlebniswelten** aufzuzeigen. Die Massenware Schrift wird der individuellen Schrift des Künstlers gegenübergestellt, der deformierten, schwer lesbaren Wirklichkeitsdarstellung die leicht konsumierbare, schnell zu erfassende, allerdings zerstückelte, Zeitungssprache. Ebenso wird von Schwitters die **künstlerische Freiheit** betont, nicht „nur" schöpferisches sondern auch fertiges, industriell hergestelltes Material im Bild zu verwenden und dies nicht in alter Tradition komponiert, sondern oft nach dem Zufallsprinzip „geordnet". Den Dadaisten und mit ihnen Kurt Schwitters gelingt so (wie auch den Kubisten und Futuristen) der einschneidendste Verstoß **gegen den bürgerlichen Kunstbegriff** am Beginn des 20. Jahrhunderts. Kurt Schwitters selbst arbeitet auf der Suche nach Gesamtkunstformen, die die **Grenzen der Kunstarten verwischen** sollen.

Schon zu Beginn des 20. Jahrhunderts also zeigt die Kunst durch Sprachintegration einen deutlichen Bezug zur sogenannten „Alltagskunst" auf. Die Künstler der **Popart** kombinieren Bild und Schrift ab etwa 1955 auf ganz eigene, unbekümmerte Art und Weise.

Roy Lichtenstein malt 1965 das Bild „**M-Maybe**". Es zeigt formatfüllend eine blonde Frau, die ihren Kopf auf die linke Hand stützt. Über ihrem Haar, am linken oberen Bildrand befindet sich eine für Comics charakteristische Sprechblase mit dem Text: „m-may be he became ill and couldn't leave the studio!" Im Hintergrund ist die Skyline einer Großstadt zu sehen. In den Grundfarben Gelb, Rot, Blau gehalten und in den Umrisslinien mit starkem schwarzem Strich gezeichnet, wirkt das Bild auf den ersten Blick sehr plakativ und grafisch interessant. Der Text lässt auf ein verpatztes Treffen schließen, ebenso der enttäuschte Gesichtsausdruck der Frau. Roy Lichtenstein zeigt nicht nur die **Vergrößerung eines massenhaft hergestellten Comicbildes**, in dem sogar die Rasterpunkte des drucktechnischen Verfahrens sichtbar sind, nein, auch inhaltlich inszeniert er ein **alltägliches Drama**. **Alltagserfahrung** und ein **Massenprodukt**, wie es die Comics darstellen, steigern sich so gegenseitig in ihrer Wirkung. Der Maler inszeniert das Massenprodukt als authentisches, originäres und kunstwürdiges Ereignis. **Den Alltag der Konsumgesellschaft in die künstlerische Produktion zu integrieren, ohne soziale Ziele zu formulieren**, gelingt den Künstlern der Popart. Indem Roy Lichtenstein aus einem Massenprodukt ein Unikat macht, spielt er ironisch mit den Mitteln der traditionellen Kunst. Gleichzeitig schlägt er durch die Sprechblasenschrift eine einfache, unkomplizierte **Brücke zwischen Kunst und Leben**.

Im Gegensatz zu den Dadaisten, die laute gesellschaftskritische Töne einsetzen und sich mit ihrer Kunst zum Teil in Opposition zur gesellschaftlichen Wirklichkeit bringen, verhalten sich die Künstler der Popart affirmativ und bringen Kunst, Alltagskultur und Unterhaltungsindustrie „auf einen Nenner".

Aufgabe II Bildgestaltung zum Thema „Im Atelier des Malers D."

Bildnerische Auseinandersetzung mit einem Bild von Robert Delaunay „Rhythmus, Lebensfreude", 1931, Öl/Lw. 203,5 x 180,5 cm (Abb. 1)

Betrachten Sie die Abbildung des Gemäldes aufmerksam! Lassen Sie, geleitet durch den Titel des Bildes, die Farben und Formen als Rhythmus auf sich wirken und spüren Sie der Lebensfreude nach, die Delaunay in seinem Bild ausdrücken wollte!

		BE
1.	Bildnerische und schriftliche Analyse als Vorarbeit für eine Bildgestaltung	
	a) Studien und Kompositionsskizze Machen Sie in mehreren bildnerischen Studien die Farbbeziehungen innerhalb des Bildes deutlich! Veranschaulichen Sie den Bildaufbau durch eine Kompositionsskizze!	(10)
	b) Schriftliche Zusammenfassung Fassen Sie Ihre Beobachtungen sinnvoll geordnet zusammen und erläutern Sie, wie in Delaunays Bild Rhythmus entsteht!	(10)
2.	Bildgestaltung Versetzen Sie sich in eine Ateliersituation, in der dieses Bild entstanden sein könnte oder entstehen könnte! Das Atelier spielt als Lebens- und Schaffensraum des Künstlers eine zentrale Rolle. Hier entwirft, verwirft und verwirklicht er seine Idee von Kunst. Diese könnte den ganzen Raum sichtbar prägen. Es wäre aber auch möglich, dass die Atmosphäre des Ateliers in starkem Kontrast zur Atmosphäre des Bildes steht. Entwickeln Sie nun auf der Grundlage Ihrer Erfahrungen aus der vorhergegangenen Analyse eine Komposition zum Thema „Im Atelier des Malers D.", in dem sich das Bild gerade befindet!	
	a) Skizzen Fertigen Sie Skizzen an, um eine anschauliche Vorstellung von der Szene zu bekommen" Die Darstellungstendenzen können real-dinghaft, abstrahierend und/oder surreal-fiktiv sein. Schließen Sie diese Vorarbeiten mit Überlegungen zur Anlage der endgültigen Komposition ab (z. B. Format, Bildausschnitt)!	(10)
	b) Komposition Führen Sie das gewonnene Bildkonzept in einer farbigen Komposition aus! Achten Sie dabei darauf, dass der Bezug zum Gemälde Delaunays entsprechend der von Ihnen gewählten Darstellungstendenz bildnerisch wirksam ist! Bemühen Sie sich um eine spannungsreiche, aber in sich ausgewogene farbige Gestaltung! (Format DIN A4 bis DIN A2)	(20)
3.	Kunstgeschichtliche Reflexion Die große Delaunay-Retrospektive, die 1999 im Centre Pompidou in Paris stattfand, trug den Untertitel „Vom Impressionismus zur Abstraktion". Stellen Sie zwei Positionen vor, die von den Bildauffassungen der Impressionisten zur Abstraktion zu Beginn des 20. Jahrhunderts führen! Zeigen Sie dies an relevanten Stilen und Künstlerpersönlichkeiten auf!	(10)

Abb. 1

Lösungsansätze

1. **Bildnerische und schriftliche Analyse als Vorarbeit für eine Bildgestaltung**
   a) Studien und Kompositionsskizze

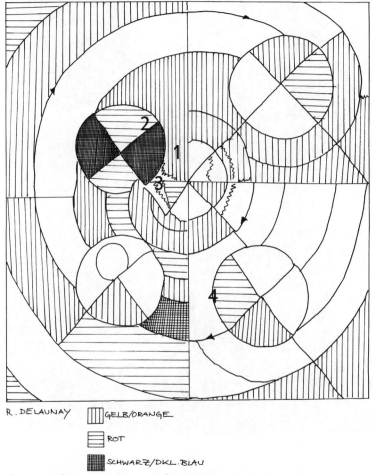

Farbige Studien zu den Punkten: Hell-Dunkel-Kontrast (**1**)
Warm-Kalt (**2**)
Intensitätskontrast (**3**)
Komplimentärkontrast (**4**)
sollen als Detailstudie die Kompositionsskizze ergänzen.

b) Schriftliche Zusammenfassung

Voll und ganz dem Ziel verpflichtet die Wirkung eines Bildes durch die „Totalität" der Farben zu steigern und dem Rhythmus des Lebens den entsprechenden, pulsierenden Ausdruck zu geben, verwendet Delaunay fast alle malerischen Farbkontraste. Während der Gesamteindruck des Bildes als „bunt" bezeichnet werden kann, also der **Farbe-an-sich-Kontrast** zur Wirkung kommt, dominieren gleichzeitig die warmen Farben Gelb-Orange und Rot über die kalten Farben Hellblau und Blaugrün. Der **Warm-Kalt-Kontrast** versetzt die Farbsegmente in eine erste Bewegung, indem die warmen Farben hervortreten, die kalten im rechten unteren Bildviertel etwas zurücktreten. Gleichzeitig nutzt Delaunay zu diesem Zweck den **Hell-Dunkel-Kontrast**. Die kühlen Farben sind in ihrem Helligkeitswert zurückgenommen, Hellblau und Rosa weichen so zurück. Die Helligkeit rechts bildet ein Gegengewicht zum schwarz-roten Kreis im linken oberen Bildteil. Der Farbdichte und Klarheit in diesem Teil stehen gemischte, trübere Farben in den anderen drei Teilen gegenüber, hier nutzt Delaunay den **Intensitätskontrast**. In allen vier Bildteilen wird auch der **Komplementärkontrast** wirksam, wobei Rot-Grün, Gelb-Lila, Blau und Orange im rechten oberen Quadrat in direkte Nachbarschaft zueinander gesetzt sind. In allen Bildteilen wirkt vor allem der **Simultankontrast**, denn das Auge ergänzt unablässig komplementäre Farben, ein Flimmern entsteht, das durch die spiralförmige, konzentrische Anordnung der einzelnen Segmente und aller aufgeführten Kontraste eine Steigerung hin zur Bewegung erfährt. Die vier Kreise, alle viergeteilt, scheinen dagegen aus dem Zentrum herauszufliegen. Dieser Eindruck entsteht durch die vergrößerte Darstellung eines der Kreise im rechten oberen Bildteil. Die Nichtfarben Weiß und Schwarz kommen ebenfalls zum Einsatz, wobei hier die Bedeutung der beiden „Farben" als Gegensatzpaar Leben und Tod, Freude und Trauer genannt werden muss. Von einer **rhythmischen Anordnung** kann nun gesprochen werden, weil Delaunay eine **gleichmäßige, taktmäßige Ordnung der Bildelemente** anstrebt. Die Regelmäßigkeit der ganzzahlig unterteilten Flächen wird nur durch den verschwommenen Farbauftrag, das Zurücknehmen der klaren Farbe durch sichtbaren Duktus an manchen Stellen, aufgehoben. Durch die Wechselwirkung optischer Phänomene, **kreisförmiger, spiraliger Anordnungen auf der Fläche** und insgesamt rhythmischer Komposition entsteht der Eindruck rotierender Scheiben, die Delaunay als „**Simultanscheiben**" bezeichnete.

3. Kunstgeschichtliche Reflexion

Zwei Positionen sollen hier genannt sein, die von den Auffassungen der Impressionisten zur Abstraktion zu Beginn des 20. Jahrhunderts führen.

Während die Impressionisten ihre maltechnischen Grundlagen aus dem intuitiven Erlebnis des Eindrucks der Natur heraus entwickeln, benutzen die **Neo-Impressionisten oder Pointillisten** die wissenschaftlich erforschten Mechanismen des Augensinnes und der Wahrnehmung, um eine Theorie des Neoimpressionismus zu entwickeln. Die Neuordnung der bildnerischen Methoden führt zu einer **Malerei der wissenschaftlichen Prinzipien**. Grundlegend für die Entstehung des **Divisionismus** oder Pointillismus war vor allem Eugène Chevreuls Buch „Über das Gesetz des simultanen Kontrastes von Farben". Die wahrnehmungstheoretischen Überlegungen der Impressionisten werden von zwei Malern des frühen 20. Jahrhunderts als wesentlich empfunden und zu einer neuen Theorie und Maltechnik ausgearbeitet. **Georges Seurat und Paul Signac zeigen eine Malerei, die Farbflächen systematisch in Punkte auflöst**. Die Bildmotive sind der traditionellen Malerei entlehnt. Dabei berücksichtigen die Maler wissenschaftliche Erkenntnisse optischer Gesetze ebenso, wie das Wissen um die Entstehung der Farbwahrnehmung auf der Augennetzhaut. Sie verwenden nur **reine Farben und ihre komplementäre Ergänzung** und tragen diese nach einem genau ausgearbeiteten Schema als punktartige Farbtupfer auf. Die Bilder sind im Geiste vorkonstruiert und somit konzeptuell angelegt.

Ähnlich systematisch gehen die **Kubisten** mit ihren bildnerischen Mitteln um. Grundlegend für ihre Experimente ist vor allem die Schaffensweise Paul Cézannes, der die Formen der Natur auf Kugel, Kegel und Zylinder zurückführt. **Pablo Picasso**, der Vorbilder für seine Malerei auch in der afrikanischen Kunst sucht, experimentiert neben **Georges Braque** als erster mit der **Auflösung von Naturformen in kubische, geometrisierte Bildteile**. Die Aufsplitterung der Bildgegenstände, die Durchdringung von Vorder- und Hintergrund, das heißt, die Auflösung jeder Raumillusion wird von Picasso und Braque konsequent betrieben. Die Bildstruktur wird im **Analytischen Kubismus** immer weiter vereinheitlicht. Die Bildmotive sind begrenzt auf Bäume, Häuser, Dinge des täglichen Lebens und Akte. Die Farbpalette ist reduziert auf Ocker und Grautöne, Schwarz und Weiß. In der zweiten Phase, dem **Synthetischen Kubismus**, beziehen sich die Maler nicht einmal mehr auf ein Motiv oder einen Gegenstand. Es geht ihnen nicht mehr um die formale Analyse des Gesehenen. Sie erfinden **freie Farb-Formbeziehungen und Kompositionen**. Aus abstrahierten Grundformen, einer nunmehr aufgehellten, fröhlicheren Farbskala, werden Flächengefüge gemalt, die ruhiger und übersichtlicher wirken. Aufgeklebtes Papier, Zeitungsausschnitte, Tapeten und andere Materialien aus dem täglichen Leben werden schon im Kubismus in die Bilder der Künstler integriert. Pablo Picasso und Georges Braque aber auch Juan Gris arbeiten an Bildern, die den Gegenstand weitgehend negieren, stattdessen **wird die autonome, frei konstruierte Bildfläche zum wesentlichen Bestandteil der Kunst erklärt**.

Leistungskurs Kunsterziehung: Abiturprüfung 2002
Gruppe II: Aufgaben mit schriftlich-theoretischem Schwerpunkt

Aufgabe III   Vergleichende Analyse und Interpretation

Robert Frank   „**London**" (1952/53)
Gelatine-Silber-Print, 27,3 x 39,9 cm.
Washington DC, National Gallery of Art (Abb. 1)

Richard Estes   „**Bus-Window**" (1969)
Acryl auf Leinwand, 62 x 84 cm.
Wien, Museum moderner Kunst (Abb. 2)

1. Festhalten erster Eindrücke (6)
Foto und Gemälde zeigen Ihnen verschiedene Situationen städtischer Lebenswirklichkeit. Schildern Sie schriftlich Empfindungen und Beobachtungen beim ersten vergleichenden Blick auf die Abbildungen!

2. Bildnerische Analyse (20)
   a) Studien zum Bildaufbau bei Frank und Estes
   Erklären Sie in je einer im Verhältnis zur Reproduktion stark verkleinerten Kompositionsstudie, wie die Künstler die Flächen- und Raumkomposition in ihren Bildern gestalten!

   b) Studie zum Helldunkel in der Fotografie
   Skizzieren Sie das Foto in verkleinertem Maßstab (etwa DIN A5) und spüren Sie mit einem geeigneten Zeichenmittel dem Helldunkel des Bildes nach!

   Ordnen Sie Ihre Studien übersichtlich auf einem großen Blatt an!

3. Schriftliche Analyse (14)
Fassen Sie nun die Ergebnisse Ihrer bildnerischen Untersuchungen zusammen! Führen Sie dabei aus, wie Frank und Estes Bildfläche und Bildraum anlegen, wie sie Helldunkel bzw. Farbe einsetzen und die spezifischen Möglichkeiten ihres Mediums nutzen!
Setzen Sie sich in Ihrer vergleichenden Darstellung auch mit der wechselseitigen Beziehung malerischer und fotografischer Methoden auseinander!

4. Interpretationsansatz (12)
„Wenn die Leute meine Bilder ansehen, möchte ich, dass sie so empfinden, als ob sie die Zeile eines Gedichtes zweimal lesen wollen." (Robert Frank)
Überlegen Sie – ausgehend von Ihren Empfindungen, Assoziationen, Beobachtungen sowie dem oben stehenden Zitat –, wie der Fotograf Robert Frank sichtbare Wirklichkeit wahrnimmt und deutet!
Präzisieren Sie Ihre Ausführungen durch vergleichende Verweise auf das Gemälde von Estes!

5. Kunstgeschichtliche Reflexion (8)
Zeigen Sie an zwei weiteren Beispielen aus der Kunstgeschichte, wie sich Malerei und Fotografie gegenseitig beeinflusst haben! Beschreiben Sie diese Arbeiten und erklären Sie die Intentionen der Künstler!

Abb. 1

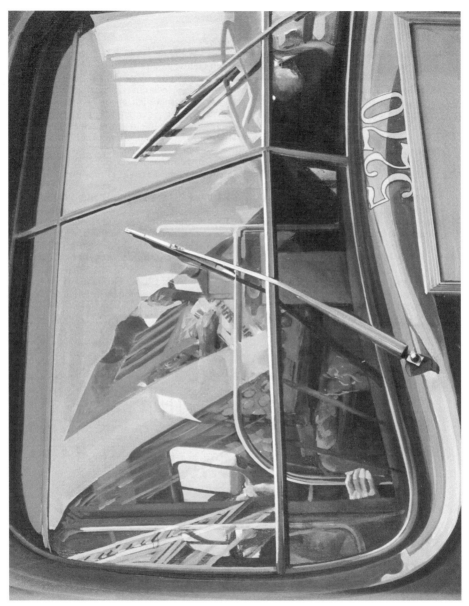

Abb. 2

Lösungsansätze

1. **Festhalten erster Eindrücke**

Eine Szene aus einem Film der fünfziger Jahre. Welcher Titel? Ist es in London nicht immer neblig? Warum rennt ein Kind allein den Gehweg entlang? Sehe ich ein Lieferauto oder einen Leichenwagen? Es ist naß und neblig auf **Robert Franks Bild mit dem Titel „London"**. Deutlich erkennt man im Vordergrund das Heck eines großen schwarzen Wagens, dessen rückwärtige Tür weit offen steht. Sie öffnet sich zu einer fast menschenleeren Straße, an deren Anfang und Ende einstöckige, typisch englische Mietshäuser zu sehen sind. Der Himmel, grau und düster, taucht die Szene in ein schmutziges aber gleichmäßiges Tageslicht. Das Kind am linken Bildrand trägt einen Mantel und eine Kopfbedeckung. Es ist von hinten im Laufschritt zu sehen und wirft einen verschwommenen Schatten auf das nasse Pflaster. Diese Momentaufnahme wäre für ein Plakat eines eher traurigen Spielfilms mit sozialkritischem Inhalt geeignet oder sie könnte den Umschlag eines englischen Kriminalromans zieren.

Ganz anders erscheint auf den ersten Blick **Richard Estes Acrylbild „Bus Window"**. Ist es im Original auch so grell türkisfarben? Zweifelsohne handelt es sich um ein Bild, das nach einer Fotovorlage entstanden ist. Verwirrende Spiegelungen sind zu sehen. An manchen Stellen des Bildes sind Pinselspuren beziehungsweise der Duktus der Pinselstriche zu erkennen, so dass die spiegelnde, photorealistische Frontscheibe des Busses von malerischen Bildteilen durchbrochen ist. Die Farbe Türkisblau dominiert das Bild so, dass man den strahlenden Himmel vor sich sieht und die gleißende Sonne, die den Bus aufheizt, zu spüren meint. Keine der Personen, die sich im Inneren des Busses befinden, ist als Ganzes zu sehen. Die Spiegelungen im Fenster verhindern den vollständigen Einblick und lassen nur ausschnitthaft erkennen, was sich im Businneren zuträgt.

2. **Bildnerische Analyse**

   a) Studien zum Bildaufbau bei Frank und Estes

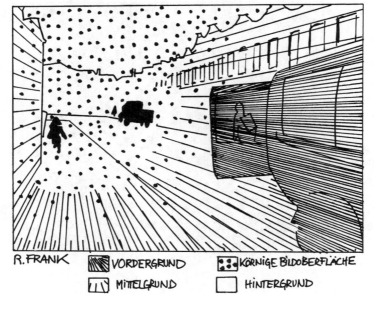

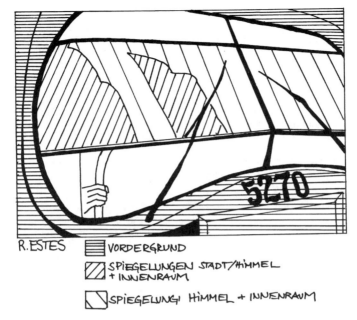

b) Studie zum Helldunkel der Fotografie

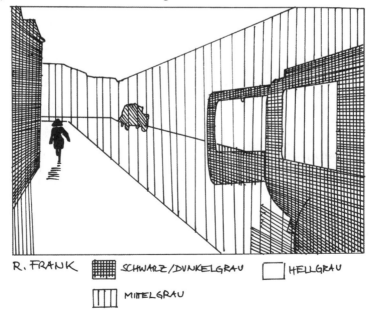

3. Schriftliche Analyse

Robert Frank lässt den erwachsenen Betrachter in einen von Mietshäusern gesäumten, in der Entfernung begrenzten Raum blicken. Alle Bildelemente unterstützen die Bewegung des Auges hin zur Horizontlinie. Ziegel, Pflastersteine und Fensterausschnitte strukturieren das Bild, rahmen es ebenso, wie die deutlichen Dunkelwerte am linken und rechten Bildrand. Es entsteht eine Art Kamerafahrt, eine starke Führung des Blicks, ausgehend von der geöffneten Tür des Wagens, der fast den gesamten rechten Bildvordergrund einnimmt, hin zu dem auf dem Gehsteig laufenden Kind im linken Bildmittelgrund. Der schwarze Wagen, klar, fast scharf gezeichnet, hebt sich deutlich von den körnigen, diffusen Oberflächen des übrigen Bildes ab. Das Ende der Straße verschwimmt zu einer Masse aus grauen, ineinander fließenden Tönen, kaum lassen sich die Häuser noch erkennen, während im Vordergrund die Felgen und Fensterleisten des Wagens blitzen. Dem ruhigen, statischen Bildaufbau stehen also die Bewegung des Kindes und die Auflösung der Bildoberfläche in körnige „malerische" Tonwerte gegenüber. Auch die nach rechts außen leicht verzerrte, das Auto zum Bildrand hin vergrößernde, kameratechnisch bedingte Perspektive, setzt die Bewegung, die das Bild suggeriert, nach außen fort.

Ganz anders verfährt **Richard Estes** mit Bildfläche und Bildraum. „Auge in Auge" muss sich der Betrachter mit der spiegelnden Fläche eines Busfensters fühlen. Der gewählte Ausschnitt zeigt nur am linken und am unteren Bildrand das türkis lackierte Blech der Karosserie. Auch die Fensterscheibe ist am oberen und am rechten Bildrand beschnitten. Chromglänzende Leisten unterteilen die Frontscheibe in sechs Teile und betonen das sich nach vorne wölbende Glas. Fotorealistisch, scharf gezeichnet setzt sich dieser „Rahmen", das Äußere des Busses, die gelbe Nummer „5270", von den Spiegelungen und Durchblicken ab, die der Maler mit Hilfe der Projektionsfläche Glas freigibt. Im Inneren des Busses sind ein Arm, ein sonnenbeschienener Nacken, Hände, Beine und der Oberkörper des Busfahrers erkennbar. Nicht mehr. Mit flüchtigen, großzügig angelegten Pinselstrichen malt Richard Estes abwechselnd Teile des Businneren und sich im Glas spiegelnde städtische Umwelt. Nach einer vollständigen menschlichen Gestalt sucht das Auge vergeblich, immer wieder spiegelt sich abrisshaft die Außenwelt. Eine Werbetafel in komplementärem Rot, ebenso rote Punkte, eine in kühlem blaugrün gehaltene Fensterscheibe oder der blaue Himmel lösen einander in oft fragmentarisch dargestellten Menschen unregelmäßig ab. Die kalten Farben Blaugrün, Blau und Hellblau überwiegen und verstärken den metallisch, glänzenden, strahlenden Eindruck der durch die technischen Details des Karosseriebaus hervorgerufen wird. Der Maler nutzt also den **Warm-Kalt-** beziehungsweise den **Quantitäts-Kontrast** um seine Bildaussage zu verstärken. Der Blick gleitet immer wieder an der leicht diagonalen Oberfläche der Frontscheibe ab und sucht Sicherheit in der scharf gezeichneten, realistisch und detailgenauen Vorderansicht des Busses.

Während das Foto von **Robert Frank** durch den Einsatz einer körnigen Oberfläche an **malerischer Atmosphäre** gewinnt, nähert sich **Richard Estes** im Vordergrund seines Bildes absichtlich der **fotografisch, technischen Präzision**. Beiden gelingt es so, wenn auch in einer Art gegenläufigen Bewegung, ihre Bildaussage zu verdeutlichen und in ihrer Wirkung zu steigern.

4. Interpretationsansatz

„Wenn die Leute meine Bilder ansehen, möchte ich, dass sie so empfinden, als ob sie die Zeile eines Gedichtes zweimal lesen wollen." *Robert Frank*

Auch wenn es sich um eine Momentaufnahme handelt, scheint Robert Frank die Menschen auffordern zu wollen, näher und genauer hinzusehen und das Bild länger wirken zu lassen. Die innersten Gefühlsregungen der Betrachter sollen angesprochen werden. Robert Frank will nicht nur dokumentarisches Material liefern und damit einen Anspruch bedienen, wie er im Allgemeinen, zu seiner Zeit, an die Fotografie gestellt wird. Er sucht den Vergleich mit der Poesie und damit den direkten emotionalen Zugang zum Betrachter. Die weiche, körnige Bildstruktur, das atmosphärische, malerische Element in seinem Bild „London" lassen den Betrachter behutsam eintauchen in die Tristesse eines Londoner Stadtviertels. Die Straße, im Vordergrund klar begrenzt durch den offenen schwarzen Wagen, im Hintergrund aufgelöst in Grauwerte, symbolisiert dabei den Weg eines Lebens in der Großstadt. Die Richtung wird durch die Kameraperspektive vorgegeben, und durch das laufende Kind baut sich zwischen der offenen Tür des Wagens und dem Ende der Straße eine eigenartige, deprimierende Spannung auf. Im Vordergrund dominiert die einladende Geste des Leichenwagens, die Vorstellung, dass der Mensch hier endet, drängt sich förmlich auf. Blickt man die Straße entlang, erwartet den Menschen, symbolisiert durch das Kind, auch nichts Besseres, vielmehr wird der Blick zum Horizont durch graue Mietshäuser verstellt. Das Ende der Straße wirkt somit verschwommen und diffus. Wohin rennt das Kind? Weg vom Leichenwagen, weg vom Tod? Was erwartet es am Ende des Weges, der gesäumt ist von einer Mülltonne und einem Lastwagen? Es rennt hinein in eine graue, undefinierte Zukunft. Die deprimierend vordergründige Botschaft des Bildes lautet: Es gibt kein Entrinnen vor dem Tod nur die endlose Geschichte des Weges, der immer wieder gegangen werden muss. In Gestalt des Kindes taucht im Bild ein Hoffnungsträger auf, der in sentimentalem Gegensatz zu den grauen, monoton wirkenden Häusern und vor allem zu dem dominierenden schwarzen Auto steht. Die malerischen Mittel bestärken diese sentimentale Stimmung und repräsentieren im Wortsinn den Hoffnungsschimmer, der über das Bild ausgebreitet ist. So stehen die Unschärfen im Bild nicht nur stellvertretend für das Ungewisse, Bedrohliche, sondern sie nehmen der Realität auch die Härte und somit ermöglichen sie dem Betrachter, der Gnadenlosigkeit einer ausweglosen Situation, die Erzählung einer individuellen, vielleicht poetischen Geschichte entgegenzusetzen.

Knallbunt und glatt dagegen die Wirkung des Bildes von Richard Estes. Die Auflösung der spiegelnden Glasoberfläche, in Felder des Einblicks und Spiegelungen nach außen, machen das Bild unruhig. Dadurch zwingt der Maler den Betrachter nach vollständigen Bildteilen zu suchen, er nutzt die Erkenntnis der Wahrnehmungspsychologie, dass Auge und Gehirn versuchen Fragmente zu vervollständigen. Da das in Estes Bild „Bus-Window" nicht gelingen kann, beziehungsweise ein vollständiges Bild nur im Kopf des Betrachters entsteht, zwingt Estes den Zuschauer zum Nachdenken über die Entstehung von Wirklichkeit. Die Übermacht der kalten Farben, die Leere der Fenster im Inneren, die Kopflosigkeit des Busfahrers und der technisch perfektionierte Malstil verdichten so die Bedeutung des Bildes als Metapher einer Gesellschaft, die ihre Wahrheiten vergeblich in Äußerlichkeiten suchen wird. Der Maler weigert sich bei näherem Betrachten seiner Komposition den Bildraum vollständig illusionistisch, das heißt wirklichkeitsgetreu darzustellen. Er zwingt den Betrachter so über die eigenen Vorstellungen von Realität nachzudenken. Er bemüht nicht die Literatur, um auf die Wirklichkeit außerhalb des Bildes hinzuweisen, sondern appelliert an die Fähigkeit des Betrachters zur Analyse seiner Umgebung.

Richard Estes könnte man nun, in Analogie zum wörtlichen Zitat Robert Franks', folgenden fiktiven Ausspruch unterschieben: „Wenn die Leute meine Bilder ansehen, möchte ich, dass sie nicht empfinden, sondern denken. Ich möchte, dass sie über das Sichtbare, die Realität und die Illusion nachdenken und ihre Wirklichkeit reflektieren."

5. Kunstgeschichtliche Reflexion

Der **Fotograf E. James Muybridge** arbeitet Ende des 19. Jahrhunderts an Bewegungsstudien, die es erstmals ermöglichen, eine vom Auge als fließend empfundene Bewegung in einzelnen Bildern zu studieren. Berühmt sind die Aufnahmen eines galoppierenden Pferdes. E. J. Muybridge reiht nebeneinander zwölf Kameras auf und spannt Fäden über eine Sandbahn. Die Fäden sind mit den Auslösern der Kameras verbunden. Es gelingt ihm so die **wissenschaftliche Darstellung des Bewegungsablaufs** eines Pferdes im Galopp in zwölf und mehr Fotografien. Ebenso arbeitet er daran, die Bewegungsphasen eines laufenden Menschen zu erfassen.

Für diese Fotos interessiert sich auch der französische Künstler **Marcel Duchamp**. Er malt 1912 das Bild „**Akt, die Treppe herabsteigend, Nr. 2**". In den Farben Beige, Naturweiß, Gelb, Oliv, Dunkelbraun und Schwarz zeigt Duchamp eine schematisierte Figur, die aus Hunderten von Einzelfacetten zusammengesetzt ist. Sie füllt fast den gesamten Bildraum und bewegt sich hinter einem treppenartigen Gebilde, von links oben, diagonal nach rechts unten. Dabei schneiden die halbkreisförmigen Bildteile, die die Hüften der Figur repräsentieren, die horizontale Bildmittellinie nur knapp. Die Beine, die nur durch farbige Winkel und schwarze Linien kenntlich sind, scheinen sich im linken Teil des Bildes stärker zu bewegen, im rechten, vorderen Teil sind sie gestreckt gemalt und ragen aus dem Bild heraus. Die Kopf- und Schulterpartien scheinen sich in der oberen Bildmitte zu bündeln und sind als solche nur kenntlich, da die Figur insgesamt in menschlichen Proportionen gezeigt wird und sie sich durch den Einsatz lichtvollerer Farben vom schwarzbraunen Hintergrund abhebt. Das Bild zeigt sowohl kubistische Elemente, wie die Aufspaltung der Körperformen in geometrische Einheiten und die reduzierte Farbpalette, als auch Merkmale der futuristischen Malerei, etwa den dynamischen, an der Bewegung orientierten Bildaufbau. Außerdem gelingt es Duchamp mit malerischen Mitteln die **Dauer des Augenblicks, als Folge von Bewegungsphasen**, in einem Bild deutlich zu machen.

Auch **Gerhard Richter** benutzt immer wieder Fotografien als Vorlagen für seine großformatigen Bilder. 1966 malt er nach der Vorlage eines Schwarz/Weiß-Fotos das Bild „**EMMA-Akt auf einer Treppe**". Es zeigt eine hellhäutige, blonde, gut frisierte Frau, die eine Treppe heruntersteigt. Sie ist frontal von vorne zu sehen und bewegt sich genau auf der Mittelsenkrechten die Treppe hinunter. Sie scheint langsam zu gehen und blickt versunken, in sich gekehrt. Der Betrachter muss zu ihr aufsehen und so entwickelt das Bild eine Art pathetischer Ruhe. Der würdevolle Akt des Schreitens kontrastiert mit der Nacktheit der Frau. Alle Konturen sind verwischt, so dass der Eindruck entsteht, es handle sich um ein verwackeltes, unscharfes Foto. In der linken Bildhälfte sieht man einen Schlagschatten, wie er bei Aufnahmen mit einem Blitzgerät entstehen kann, rechts der Figur verschwimmen die Grenzen zwischen Treppe und Wand fast vollständig, graue, dunkelgraue und schwarze Töne umgeben die helle Lichtgestalt. Ähnlich wie bei den Künstlern des amerikanischen Fotorealismus, besteht der Zusammenhang zwischen der Fotografie und dem gemalten Bild nicht in dem Nutzen der Fotografie als Vorlage, als Inspirationsquelle oder Dokument sondern das Foto selbst rückt in das Zentrum der Malerei und fügt sich so in die Tradition der Tafelmalerei, nicht mehr und nicht weniger.

Aufgabe IV Vergleichende Analyse und Interpretation

Alfred Sisley		„**Winter in Louveciennes**"(1876) Öl auf Leinwand, 59,2 x 73 cm. Stuttgart, Staatsgalerie (Abb. 1)
Ernst Ludwig Kirchner		„**Davos im Schnee**" (1923) Öl auf Leinwand, 121 x 150 cm. Basel, Kunsthalle (Abb. 2)

1. Erste Annäherung (6)
   Sie haben mit den beiden vorliegenden Reproduktionen zwei sehr unterschiedliche Landschaftsbilder vor sich. Schildern Sie Ihre ersten Eindrücke von den winterlichen Szenen! Nehmen Sie dabei die Bilder in ihrer Ganzheit wahr!

2. Bildnerische Analyse (20)

   a) Kompositionsstudien
   Klären Sie in je einer Kompositionsstudie (etwa in Postkartengröße), wie Sisley bzw. Kirchner im Blick auf ihr Dorf den Bildraum anlegen!

   b) Farbstudien
   Skizzieren Sie die beiden Bilder im Format DIN A4! Studieren Sie die farbliche Organisation der beiden Bilder und geben Sie die Farbauswahl an bildwirksamen Stellen beispielhaft wieder! Klären Sie dabei den Duktus der beiden Künstler!

3. Schriftliche Analyse (14)
   Charakterisieren Sie ausgehend von den Gemeinsamkeiten beider Bilder insbesondere die Unterschiede in der Motivwahl und den Gestaltungsmitteln! Berücksichtigen Sie dabei, wie die Künstler Fläche und Raum ordnen sowie Farbe einsetzen!

4. Interpretationsansätze (12)
   Wählen Sie eines der beiden Bilder für die Auseinandersetzung mit dem Sinngehalt des Werkes aus! Interpretieren Sie vor dem Hintergrund Ihrer Beobachtungen und persönlichen Empfindungen die über das Abbildhafte hinausgehende Aussage/Wirkung!

5. Kunstgeschichtliche Reflexion (8)
   Zwischen der Entstehungszeit beider Bilder liegen fast 50 Jahre. Stellen Sie an Landschaftsdarstellungen aus diesem Zeitraum zwei weitere unterschiedliche stilistische Positionen dar!

Abb. 1

Abb. 2

Lösungsansätze

1. **Erste Annäherung**

   Gegensätzlich in ihrer Farbigkeit und unterschiedlich in der Malweise, so wirken beide Bilder auf den ersten Blick. Bei Ernst Ludwig Kirchner geht es schnell, bunt, laut und lustig zur Sache, ein Postkartenmotiv, möchte man meinen, während Alfred Sisley einen beschaulichen und stillen Blick auf ein französisches Dorf in der Provinz freigibt. Zurückhaltend in subtil abgestimmten Weißtönen, wirkt Sisleys' Bild wie gepudert, während bei Kirchner grelle Lichtblitze den bekannten Luftkurort Davos zu beleuchten scheinen. Vor dunklem Himmel baut sich, im Bild Kirchners, die riesige Berglandschaft auf. Alfred Sisley lässt den Betrachter über die Dächer des Dorfes hinweg in einen schneeverhangenen Himmel blicken. Hektisches Alpenglühen im Auge des einen Malers und die zarten Reflexe einer schneebedeckten Landschaft im Auge des anderen, sollen hier miteinander verglichen und analysiert werden.

2. **Bildnerische Auseinandersetzung**

   a) Kompositionsstudien

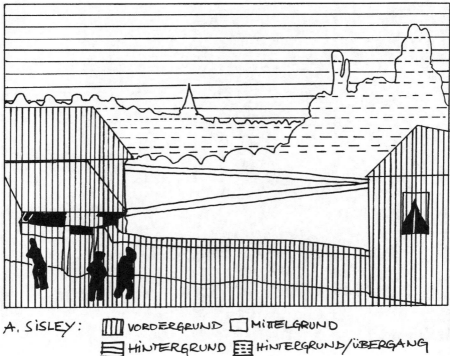

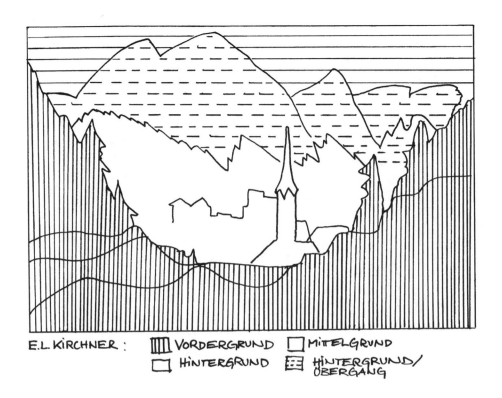

b) Farbstudien

Alfred Sisley

Ernst Ludwig Kirchner

3. Schriftliche Analyse

Das Landschaftsbild Sisleys zeigt sich dem Betrachter in klar aufgebauter Form. Im Vordergrund, am unteren Bildrand ist eine schneebedeckte Dorfstraße zu sehen, auf der sich im linken Teil drei schwarzgekleidete Männer bewegen. Drei Häuser säumen die Straße. Zwei davon ragen mit ihren schneebedeckten Dächern über die Bildmittellinie. Sie sind durch eine lange Gartenmauer mit einer Hauswand verbunden, die den rechten unteren Bildteil bedeckt. Über die Gartenmauer, gerahmt von den Häusern, lässt der Maler eine breite Sicht auf Bäume, Mauern, Wald und das Dorf Louveciennes im Bildmittelgrund frei. Im Hintergrund schließt sich der schneebedeckte Himmel an, der den Bildraum zu einem Drittel bedeckt. Die sich nur mäßig neigenden Linien und der klare dreigeteilte Bildaufbau erzeugen den Eindruck von Ausgewogenheit und Ruhe. Auch die drei Männer im Vordergrund, die sich zu unterhalten scheinen, schmälern die statische Wirkung des Bildaufbaus nicht.

Bei Ernst Ludwig Kirchner durchziehen den Vordergrund wellenförmige Farbflächen. Eine Art bunt beleuchtete Schneelandschaft, in die der Ort Davos, unterhalb der Bildmitte, eingebettet ist. Kleinteilig und starr scheint diese Ortschaft, umgeben von bewaldeten Berghängen, im Bildmittelgrund, hinter denen sich, alles überragend, ein Bergmassiv aufbaut. Ein dunkler Himmel, mit bergähnlichen Wolken durchzogen, schließt das Bild nach oben ab.

Nimmt man die deutlich als Fichten oder Tannen erkennbaren Bäume am linken und rechten Bildrand und die flächige Aufteilung des Vordergrunds zusammen, so entsteht, wie in Sisleys Bild, ein U-förmiger Rahmen, durch den der Blick des Betrachters, in beiden Bildern von einem erhöhten Standpunkt aus, in den Bildraum geleitet wird. Zugleich muss der Betrachter in beiden Landschaftsdarstellungen „eine Barriere überwinden", über Mauern oder Hügel sehen, um in den so verengten Bildraum blicken zu können.

Zwischen Mauer und Ortschaft erstrecken sich in **Sisleys' Bild** Obstbaumreihen, begrenzt von schneebedeckten Mauern, die zickzackförmig auf das Dorf zuführen. Die Bäume überdecken die Mauern zum Teil, und die schneebedeckten Äste und Zweige bilden ein wolkenartiges Geflecht, das die Strenge der Mauern auflockert, bis der Blick schließlich über die sich nach hinten verkleinernden Hausdächer gleitet. Eine Kirchturmspitze und hohe Pappeln in einem Wäldchen, das sich rechterhand des dicht bewohnten Dorfes befindet, ragen in den Himmel hinein. Mauern, Häuser, Bäume sind von demselben Weiß wie der Himmel durchzogen. Durch Überschneidung und Schichtung der Bildteile entsteht eine Tiefenräumlichkeit, die durch den **Nuancenreichtum der Farbe**, in diesem Fall der **Weißtöne**, sanft unterstützt wird. Bläulich verschwommen zeichnen sich die Silhouetten der Häuser und Bäume gegen den Himmel ab. Der Maler nutzt die Möglichkeiten der **Luftperspektive**.

Auf gelblicher Leinwand, die an einigen Stellen sichtbar ist, breitet sich ein cremefarbener und grauweißer Himmel aus. Locker, **schnell** und **leicht** scheinen die Pinselbewegungen und der **Farbauftrag** Sisleys. Die Unschärfen des gesamten Bildes unterstützen den atmosphärischen, winterlichen Klang. Keine lauten Farben stören die bläuliche, von weißen Dächern durchzogene Dorfarchitektur, Wäldchen und Obstbäume sind grüngrau, manchmal türkisgrau abgesetzt und auch in den größeren Farbflächen, den Dächern, lassen sich noch Pinselspuren erkennen. Gelblich-Rosé auch ocker- und graufarben ist das Weiß des Häuser Schnees im Vordergrund durchzogen. Die **Anlage des Bildes** ist also **valeuristisch**, nur wenig schwarzbraun, von Weiß gebrochen, strukturiert die Farbflächen. Sämtliche Kontraste, Hell-Dunkel, zum Beispiel in den Schatten unterhalb der schneebedeckten Bäume dargestellt, Warm-Kalt, im bläulichen Ton der Ortschaft im Gegensatz zum gelblich, rötlichen Vordergrund und der Komplementärkontrast, angelegt in den grünlichen Bäumen und dem ziegelfarbenen Gesims beziehungsweise des Kamins, sind insgesamt so zurückhaltend dargestellt, dass das **Bild als kontrastarm** bezeichnet werden muss.

Ganz anders nutzt **Ernst Ludwig Kirchner** die Palette der Farben und der Kontraste. Wenn also der Betrachter über rosa, blaufarbene und zitronengelbe Wellen hinweg auf den Kurort Davos blickt, so sieht er die Häuserfassaden und die flankierende Tannen in starken rot-grünen, **komplementären Farben** gemalt. Im Bildmittelgrund, im Ort und an den bewaldeten Berghängen, die er durch **hektisch angelegte Striche** strukturiert, setzt Kirchner den Hell-Dunkelkontrast, Schwarz-Rot, Schwarz-Lila, Schwarz-Grün, ein und schafft so mit Hilfe des ungewöhnlich blau- und rosafarbenen, großflächig gemalten Bergmassivs und den grün-gelb leuchtenden Wolken ein Farbfeuerwerk, wie es gegensätzlicher zu Sisleys' Bild nicht sein könnte.

Koloristisch in der Anlage betont Kirchner den **Eigenwert der Farben** und setzt auf einen **kontrastreichen Einsatz** der ihm zur Verfügung stehenden Mittel. Dabei sind die Grenzen des Bildraumes nicht sehr deutlich voneinander zu unterscheiden. Es wechseln sich lediglich breite, horizontal ausgerichtete Farbstreifen im Vordergrund mit kurzen senkrecht, waagrecht und auch diagonalen Strichen im Mittelgrund ab. Die etwas größeren Flächen im Hintergrund stehen im Kontrast zum unruhigen Mittelteil und steigern so die beengende Wirkung der Ortsansicht. Der **grobe, schwungvolle**, manchmal **nervöse Pinselschwung** und die überall präsente **starke Farbigkeit verflachen das Bild**. Lediglich durch Schichtung und Größenunterschiede entsteht eine Tiefenwirkung, die Kirchner letztendlich unwichtig ist, ebenso wie der natürliche Eindruck der Landschaft. Die Bergkulisse dient vielmehr der Spiegelung eigener Befindlichkeiten, die sich dem Betrachter jäh aufdrängen, rekapituliert er einige wesentliche Daten aus Kirchners Leben. Kirchner war Mitglied des Künstlerbundes „Brücke", dessen erklärtes Ziel es war, das **psychische Leid des modernen Großstadtmenschen** darzustellen. Als vereinsamtes Opfer einer zunehmend technisierten Umwelt, so erscheint den Expressionisten, unter ihnen den Brücke-Malern, der Mensch. Kirchner selbst verwendet im Zusammenhang mit seinen vereinfachten Bildformen den Ausdruck „Hieroglyphen". Diese Stilisierungen der eigenen Emotionen sind im Deutschland der damaligen Zeit sehr erfolgreich, sie werden als „Innere Notwendigkeiten" allgemein anerkannt. Ernst Ludwig Kirchner verbringt aus gesundheitlichen Gründen die letzten zwanzig Jahre seines Lebens bei Davos in der Schweiz. 1938 begeht er dort Selbstmord.

Vor diesem Hintergrund ist es kaum mehr möglich, den ersten Eindruck, den das Bild heute provoziert, nämlich die farbenfrohe, fröhliche Version eines Postkartenmotivs zu sein, aufrecht zu erhalten. Vielmehr spiegelt die Landschaft große, erhabene Gefühle. Das alles überstrahlende Abendlicht durchdringt das gesamte Bild. Beengend und in seiner Lage gefängnishaft, streng dargestellt erscheint Davos. Die harten Kontraste unvermischter Farben prallen hier auf engstem Raum, zentral im Bild, aufeinander, sodass sich ein Unbehagen nicht vermeiden lässt. Die Nerven scheinen angespannt, denn die giftgrünen Wolken ziehen keine Schönwetterfront einher, vielmehr drohen Unwetter. Heraufziehendes Unheil vorhersehend und alles Seelenleid in die Landschaft projizierend, gibt sich Kirchner als Romantiker. Die „Unglücksbotschaft" der Expressionisten findet, gemischt mit den persönlichen Ängsten und extremen Seelenzuständen Kirchners hier einen weiteren leidenschaftlichen Ausdruck.

5. Kunstgeschichtliche Reflexion

Der zeichnerische Ansatz in den Landschaftsdarstellungen von **Vincent van Gogh** ist nicht zuletzt ein Ergebnis seiner vielen, asiatisch inspirierten Tuschezeichnungen. Eine davon, mit dem Namen „**Felsen von Montmajour**", entsteht 1888 als Rohrfederzeichnung. Der Betrachter blickt hier einen Felsrücken hinauf, der sich diagonal, von links unten nach rechts oben, in einem fast quadratischen Format, aufbaut. Der bewachsene Felsen lässt, vor leerem Himmel, keine Weitsicht zu, lediglich am linken Bildrand ist ein kleiner Baum und der Horizont zu erkennen Mit rhythmisch angeordneten Punkt- und Strichstrukturen gelingt es van Gogh die unterschiedlichen Bestandteile der Landschaft,

Steine, Felsen, Erde, Gras und Bäume abwechslungsreich darzustellen. Stark an den Bildern des japanischen Malers Hokusai orientiert, entwickelt van Gogh eine grafische Bildsprache, die er auch in der Malerei anwendet. In gebündelten, bewegten Strichfolgen entstehen Landschaften, die die individuellen Gefühle des Malers zum Ausdruck bringen. Vincent van Gogh zählt zu den Wegbereitern des Expressionismus.
Die Gruppe der „Fauves", 1905 gegründet, existiert nur zwei Jahre lang. In ihrer Malerei übernehmen die Fauvisten die dynamische Linienführung und die Leidenschaftlichkeit van Goghs. Ihre Farbwahl wird von der Palette unvermischter Farben, wie sie Seurat benutzte, bestimmt. **Maurice de Vlaminck** malt im Jahr 1906 die „**Landschaft mit roten Bäumen**". Durch eine Reihe von hohen Bäumen hindurch erblickt der Betrachter Häuser und Hügel. Mit dicken, pastosen Strichen trägt de Vlaminck die Farben in kräftigen, teils komplementären Tönen auf. Schwarze Umrisslinien formen die Bildelemente. Senkrechte, feste Pinselstriche, die immer wieder auch die Leinwand durchscheinen lassen, dominieren das Bild. Farben, Flächen und Linien verschmelzen zu einer spontanen, schnellen und für de Vlaminck typisch kraftvollen Malerei. Unbekümmert und wild, so könnte man die Fauvisten charakterisieren. Ihren vitalsten Ausdruck findet ihre Malerei in den Bildern des Boxers, Radrennfahrers und Geigers Maurice de Vlaminck.

Leistungskurs Kunsterziehung: Abiturprüfung 2003
Gruppe I: Aufgaben mit bildnerisch-praktischem Schwerpunkt

Aufgabe I Bildgestaltung zum Thema „Schrank, eine Treppe hinabstürzend"

Stellen Sie sich folgende Situation vor:
Beim Transport eines zweitürigen Schranks verlieren die Möbelpacker auf der Treppe die Balance und der Schrank stürzt hinab. Dabei öffnen sich die Türen, Schubladen – zum Teil mit Inhalt – fallen heraus, der Schrank stürzt weiter, überschlägt sich und zerfällt in seine Einzelteile.
Vor Ihnen liegen Schubladen und verschiedene Gegenstände.

1. Sachzeichnung (10)
   Füllen Sie eine Schublade mit einigen Gegenständen! Bringen Sie die Schublade durch Unterlegung in eine Schräglage, sodass die Gegenstände übereinander rutschen! Zeichnen Sie die Schublade mit ihrem Inhalt aus einem ergiebigen Blickwinkel! (Format DIN-A4 bis DIN-A3)

2. Skizzen zum Ereignis (10)
   Skizzieren Sie aus der Vorstellung verschiedene Zustände des Schrankes in wesentlichen Phasen des Sturzes!

3. Komposition (20)
   Gestalten Sie eine Komposition zum Thema „Schrank, eine Treppe hinabstürzend"!
   Entwickeln Sie eine Bildvorstellung, die auf einen dramatischen Augenblick des Geschehens abzielt oder die dynamische Abfolge des Ereignisses in den Vordergrund rückt.
   Entscheiden Sie sich für eine gezeichnete oder gemalte Ausführung! Wählen Sie ein für Ihr Gestaltungsvorhaben angemessenes Format und eine passende Darstellungstendenz (imitierend oder abstrahierend)! Achten Sie auf ein spannungsreiches Bildgefüge mit überlegter Helldunkelverteilung und auf eine differenzierte Ausführung!

4. Kunstgeschichtliche Reflexion (20)
   Die Bildende Kunst hat immer wieder mit unterschiedlichen Ansätzen „Bewegung" thematisiert und umgesetzt.
   Wählen Sie aus der Zeit nach 1945 zwei Beispiele für Aktionen unterschiedlicher Künstler! Beschreiben Sie diese, erläutern Sie die Vorgehensweise und die Intentionen!

Lösungsansätze

4. Kunstgeschichtliche Reflexion

Unter „Bewegung" verstehen die Künstler der **Aktionskunst** nicht mehr nur die physische Erfahrung einer Malerei „in Bewegung", wie sie Jackson Pollock etwa seit 1947 vorführte. Die Aktionskünstler erweitern ihren **Aktionsraum** in die dritte Dimension, es entstehen **Assemblagen** und **Innenrauminstallationen**. Oft ergänzen Tanz, Musik und Film das Werk oder werden **simultan** eingesetzt. Die Künstler selbst oder auch die Betrachter können durch ihre Handlungen Teil des Kunstwerks werden. Der ständige Wandel, die **Darstellung eines Prozesses in Raum und Zeit** sind weitere Kennzeichen der Aktionskunst, des **Aktionstheaters oder Happenings**, das sich durch ebendiese Kennzeichen von der Aktionsmalerei unterscheidet.

Zwei Beispiele für Aktionen unterschiedlicher Künstler aus der Zeit nach 1945 sollen hier genannt werden.

Allan Kaprow veranstaltet 1959 in New York „**18 happenings in six parts**". Zwischen Holzgerüsten, die, mit matten Plastikfolien bespannt, als Raumteiler wirken, bewegen sich gleichzeitig Schauspieler und Zuschauer, die vom Künstler mithilfe von Karten in die Handlung eingewiesen werden. Anfang und Ende der „Parts" sind auf den Karten verzeichnet, ebenso die Reihenfolge der Platzwechsel und die Dauer der Pausen. Die Trennlinie zwischen Kunst und Leben, Künstler und Zuschauer, Werk und Rezipient ist aufgehoben. Die **Simultaneität der Handlungen** konfrontiert den Kunstbetrachter, der ständig seinen Standpunkt wechseln muss, mit immer neuen Situationen. **Das Werk** selbst erfährt der Zuschauer/Mitspieler als unvollendetes, sich ständig erneuerndes, als **Metamorphose und Prozess**.

Dies gilt auch für das von **John Cage** bereits 1952 aufgeführte **Multimedia-Happening „Theatre Piece No. 1"**. Der Komponist Cage notierte für insgesamt sieben Künstler, einen Tänzer, einen Maler, zwei Dichter, zwei Musiker und sich selbst „Zeitklammern" (time brackets). **Malerei, Bildprojektion, Tanz, Dichtung und Musik** treffen in dieser „konzertierten Aktion" aufeinander. Auch hier werden die klassischen Künste in eine neue, experimentelle Kunstform, die Aktion, das Happening überführt, indem Cage Aufzeichnungsformen erfindet. Die Anweisungen an die Musiker erfolgen nicht in der üblichen Notenschrift, sondern in Form von grafischen Zeichen, die Dichter agieren nicht nach schriftlich fixierten Dialogen, sondern nach mündlicher Spielanweisung. **Nacheinander und simultan** führen die Akteure innerhalb der vorgegebenen „Zeitklammern" ihre Aktionen aus. Durch die individuellen Gestaltungsmöglichkeiten der Künstler innerhalb der „Zeitklammern" ist das **Werk eine sich ständig erneuernde Schöpfung**. Der Betrachter sieht sich immer wieder mit neuen Bildern konfrontiert, die aus der **klassischen statischen** Bildbetrachtung einen **dynamischen Prozess** machen.

Aufgabe II   Bildgestaltung zum Thema „Die Weltmaschine"

Anfang Mai 2002 berichtete eine Tageszeitung unter der Überschrift „Glück aus dem Gerümpel", ein steirischer Bauer habe 23 Jahre lang an seiner so genannten Weltmaschine gebastelt; diese sei inzwischen zu einem Besuchermagnet geworden:

„Das Auge weiß nicht, wo es rasten soll. Es irrt umher vom Blitzableiter zum Christbaumständer, von der Sauerstoffflasche zur Trockenhaube, Rohre, Kabel und Ketten verschlingen sich ineinander. Dann setzt sie sich in Gang – die Weltmaschine. Eine Madonna aus Plastik erstrahlt, eine Waschtrommel dreht sich. Es dröhnt, zischt und knattert. Die Maschine pfeift aus allen Löchern und produziert doch nichts – die Ausnahme von Licht, Klang und Bewegung einmal abgesehen. […] Gsellmann war ein einfacher Baer […]. Die Maschine war sein Lebenswerk. […] Kurz vor seinem Tod hatte er den ganzen Raum ausgebaut: sechs Meter in der Länge und drei Meter in der Höhe misst die Konstruktion heute. 25 Motoren lassen die mehr als 2 000 Teile rotieren. […] Der alte Gsellmann war für seinen Apparat tagelang durch die östliche Steiermark gestromert. ‚Ich muss immer weit ins Land hinein horchen für meine Teile', hatte er gesagt. Auf seinen Streifzügen sammelte er Vogelpfeifen und Kruzifixe, Lampenschirme und Ventilatoren. Die Teile verband er miteinander über Zahnräder oder Stromkreisläufe. Als er die Weltmaschine zum ersten Mal in Betrieb nahm, […] brach die Stromversorgung in der gesamten Nachbarschaft zusammen. […] Mit goldenen Lettern schrieb er auf seine Maschine: Mit Müch und Blarg harb ich gebaut für das so kurze Leben. Gott wirt mich in der antern Welt eine schönere Arbeit geben."

1. Bildkomposition zum Thema „Weltmaschine"   BE
   Lassen Sie sich von der Konstruktion des Franz Gsellmann zu einer eigenen Bilderfindung zum Thema „Weltmaschine" anregen! Dabei können Sie von Motiven, die im obigen Zeitungsausschnitt aufgeführt sind, ausgehen oder diese im weiteren Verlauf Ihrer Eigenschöpfung einbauen!
   Stellen Sie sich vor, Ihr Blatt sei der Raum, in dem Franz Gsellmann Stück für Stück die Maschine entstehen ließ!
   Sie sollen zuerst einmal zeichnend und/oder malend mit der Ausarbeitung dreier Teilbereiche beginnen und nach und nach zu einem skurrilen und komplexen Gesamtgebilde finden. Legen Sie Ihre Arbeit daher auf einem nicht zu kleinen Bogen Papier an, den Sie am Ende der Arbeitszeit auf das von Ihnen gewünschte Bildmaß zuschneiden können! Ebenso dürfen Sie im Verlauf der Arbeit, falls es sich als nötig erweist, an diesen Bogen anstücken. Achten Sie darauf, dass die Papierart für die von Ihnen bevorzugten Werkmittel geeignet ist!

1.1 Ausarbeitung von Teilbereichen
   Innerhalb Ihres Blattes sollen Sie an drei geeigneten Stellen etwa handgroße Bereiche zu detaillierten Studien ausarbeiten. Dabei soll jeweils einer der folgenden Gestaltungsaspekte besonders berücksichtigt werden:

   a) „Plastizität"   (10)
      Arbeiten Sie im ersten Teilbereich die Plastizität der Bildgegenstände durch Wiedergabe von Körper- und Schlagschatten prägnant heraus!

   b) „Tiefenräumlichkeit"   (10)
      Erzeugen Sie im zweiten Teilbereich die Illusion eines extremen Tiefenraums mit dafür geeigneten Darstellungsmitteln!

   c) „Farbige Differenzierung"   (10)
      Erwecken Sie im dritten Teilbereich den Eindruck, sich ganz nahe an oder in der Maschine zu befinden, indem Sie die Bildgegenstände auch farbig differenziert ausarbeiten!

1.2 Kompositorische Zusammenführung der Teilbereiche (10)
Verknüpfen Sie auf eine bildnerisch sinnvolle und sensible Weise diese als Studien ausgeführten Bereiche im Hinblick auf die Gesamtkonzeption!

2. Kunstgeschichtliche Reflexion (20)
Zeigen Sie an je einem Kunstwerk des 19. und des 20. Jahrhunderts, auf welche Weise Künstler das Motiv „Maschine" thematisiert haben! Verdeutlichen Sie in diesem Zusammenhang auch stilistische Besonderheiten der von Ihnen gewählten Künstler und Werke!

Lösungsansätze

2. Kunstgeschichtliche Reflexion

In seinem Bild „**Das Eisenwalzwerk**" von 1875 schildert **Adolph Menzel** die Arbeit in einem Stahlwerk. Wie in vielen seiner Bilder wählt Menzel einen Ausschnitt aus dem Geschehen. Er zeigt in atmosphärisch sehr dichter Form, von welchen physischen Anstrengungen der Alltag der Stahlarbeiter geprägt ist. In mehr als hundert Zeichnungen studiert Menzel sein Sujet. Menschen und Maschinen werden in realistischer Weise wiedergegeben. Menzel malt dabei **nicht fotografisch genau, d. h. naturalistisch, sondern sein Realismus dient der inhaltlich genauen Wiedergabe dessen, was er sieht**. Maschinen bestimmen den Alltag der Arbeiter. Die Farben unterstützen die Darstellung der aufgeheizten, angestrengten und tristen Stimmung in der Fabrik. So erscheinen die Werkhalle, die Maschinen und die Menschen in verschwommenem Braun-Grau und in Rottönen. Menzel trägt die Farbe zum Teil locker auf und löst auch Konturen durch Farbe und Pinselstrich auf. Hier nimmt er die **impressionistische Malweise** vorweg. Das Feuer an der Eisenwalze spiegelt sich in den Gesichtern der Arbeiter. **Adolph Menzel dokumentiert** in seinem Bild nicht nur verschiedene Arbeitsvorgänge, die zur Herstellung von Eisenblechen notwendig waren, sondern er zeigt gleichzeitig die Härte und die Gefahren, die **kapitalistische Produktionsweisen** damals mit sich brachten.

In einem ganz anderen Verhältnis zur industriellen Wirklichkeit stehen die **Maschinenplastiken des Schweizers Jean Tinguely**. Seine Plastiken bewegen sich oft rhythmisch, laut und unregelmäßig, so auch die Wasser speiendend und Wasser schöpfenden Maschinenfiguren, die er für den „**Strawinsky-Brunnen**" vor dem Centre Pompidou in Paris baut. Diesen Brunnen realisiert er 1982/83 zusammen mit **Niki de Saint-Phalle**. Alle Figuren, die sich im Wasser befinden, bewegen sich, sodass sich die **Komposition des gesamten Ensembles** ständig ändert. **Die synästhetische Wirkung** des gesamten Brunnens setzt sich zusammen aus den **Bewegungen** und den bereits genannten **Geräuschen** der Plastiken, die wiederum von kreisenden Scheinwerfern beleuchtet werden und so Bewegungen in die Luft übertragen. Die schwarz bemalten Maschinenteile stehen in auffälligem Kontrast zu den bunten, runden, weich anmutenden Figuren Nicki de Saint-Phalles. Die **Figuren**, die auch als **Vertreter einer männlich und weiblich bestimmten Wirklichkeit** aufgefasst werden können, arrangieren sich immer wieder neu. Zusammen führen sie ein poetisch-verspieltes Wasserballett auf. Tinguelys aus Alteisen, Schrott und Maschinenteilen gebaute **Objekte parodieren auch die Fortschrittsgläubigkeit und den Kult um die Errungenschaften der Technik**. Die ständige Bewegung von Licht, Farbe und Wasser sowie die sinnlosen Operationen der Maschinen kommentieren das menschliche Streben nach Anerkennung und Fortschritt auf ironische Art und Weise.

> **Leistungskurs Kunsterziehung: Abiturprüfung 2003**
> **Gruppe II: Aufgaben mit schriftlich-theoretischem Schwerpunkt**

Aufgabe III Analyse und Interpretation

Sigmar Polke   „So sitzen Sie richtig (nach Goya)" (1982)
(geb. 1941)   Dispersion auf Stoff, 200 × 180 cm.
               Baden-Baden, Sammlung Frieder Burda

Hinweise:
Als weiteres Bildmaterial liegt Ihnen ein Abdruck einer Radierung von Francisco Goya mit dem Titel „Ya tienen asiento" („Sie sitzen schon") aus der Grafikfolge „Los Caprichos" vor. Die Radierung (Maße ca. 23 × 16 cm) ist auf der nächsten Seite als Abbildung beigefügt.

„So sitzen Sie richtig" ist nicht die einzige Arbeit, in der Polke auf Goya Bezug nimmt. Hier wählt er eine Radierung als Bildvorlage, die zwei leicht bekleidete Mädchen mit grinsenden Männern zeigt. Polkes Vorliebe für Goya mag in seinem Hang zum Karikaturhaften und Grotesken begründet sein. Sigmar Polke arbeitet bei diesem Bild auf zwei gemusterten Stoffbahnen, die zusammengenäht sind.

1. Erster Eindruck und Beschreibung (8)
   Äußern Sie spontane Empfindungen beim ersten Betrachten des Bildes! Beschreiben Sie einzelne, Ihnen besonders auffallende Bildbereiche! Werfen Sie Fragen auf! Lassen Sie Assoziationen zu! Fügen Sie in Ihre Beschreibung auch vergleichende Beobachtungen im Hinblick auf Goyas Radierung mit ein!

2. Bildnerische Untersuchung

   a) Farbige Detailstudie (10)
      Zeigen Sie an einem geeigneten, vergrößerten Bildausschnitt, wie sich verschiedene Bildelemente überlagern, durchdringen oder löschen!

   b) Veranschaulichung der Komposition (10)
      Machen Sie in einer verkleinernden Studie zur Gesamtkomposition deutlich, wie Polke die Bildfläche ordnet! Setzen Sie dazu adäquate Gestaltungsmittel ein!

3. Schriftliche Analyse (12)
   Charakterisieren Sie die Bildstruktur, indem Sie bisher gewonnene Erkenntnisse und Beobachtungen geordnet zusammenfassen! Gehen Sie dabei auf die Gliederung der Bildfläche ein, erläutern Sie aber auch die ungewohnten räumlichen Effekte sowie Polkes Art und Weise, mit Farbe und vorgefertigtem Bildmaterial umzugehen!

4. Annäherung an Polkes Bildwelt als Assoziationsfeld und -raum (12)
   „Ein Bild wird erst zum Bild, wenn man das Seinige dazutut." (Sigmar Polke)

   Polkes „Bildfeld" ist übersät mit bildnerischen Elementen, die vielfältige Assoziationen zulassen. Stellen Sie Bezüge zwischen Bildtitel und Bild sowie zwischen einzelnen Bildelementen her! Wagen Sie dabei inhaltliche Kombinationen und begründen Sie Ihre Überlegungen mit dem sichtbaren Bestand! Die einzelnen Elemente erzeugen in ihrem Zusammenspiel eine atmosphärisch-ästhetische Gesamtwirkung. Charakterisieren Sie diese mit nachvollziehbaren Worten!
   Nehmen Sie abschließend zu Polkes Behauptung Stellung!

5. Kunstgeschichtliche Reflexion (8)
Auch aus früherer Zeit sind viele Beispiele dafür bekannt, dass sich Künstler „Vorbilder" zu Nutze machten. Beschreiben und erläutern Sie zwei Beispiele für die Aneignung fremder Kunstschöpfungen, gegebenenfalls auch über die Kunstgattungen[1] hinweg!

1 Begriff „Kunstgattung": z. B. Malerei, Grafik, Plastik, Fotografie

Abbildung Francisco Goya y Lucientes, Capricho no. 26 „Ya tienen asiento"

Lösungsansätze

1. Erster Eindruck und Beschreibung

Insgesamt handelt es sich um ein vieldeutiges, verspieltes, teilweise verschwommenes und unfertiges Bild. Vor einem Hintergrund, der in der rechten Bildhälfte aus einer Kinderzimmertapete zu bestehen scheint und auf der linken Seite mit blassen geometrischen Mustern bedruckt ist, **blickt man zunächst in die Augen** einer lächelnden Frau. Dieser Blick „**von Angesicht zu Angesicht**" zieht den Betrachter sofort in den Bann. In der mit goldfarbigen Pinselstrichen gezeichneten Figur lässt sich unschwer die Mädchengestalt aus Goyas Radierung wieder erkennen.
Die Darstellung des Mädchens wird überlagert von den **Umrisszeichnungen** vier weiterer Personen, von denen nur die mittlere Frau von Kopf bis Fuß zu sehen ist. Sie hält mit der rechten Hand eine Tür auf, durch die sich eine Schlange hinausschlängelt, mit der Linken übergibt sie einen Brief in eine Hand. **Der dramatische Inhalt wird von der Art der Darstellung konterkariert. Fast alle Figuren sind fragmentarisch dargestellt.** Jeder Teil des Bildes setzt sich stilistisch vom anderen ab.
Sigmar Polke ist nicht der Urheber dieser Bilder: Er kopiert zum einen aus den „Caprichos", einer Serie von Radierungen Goyas, und aus den Collageromanen Max Ernsts, zum anderen verwendet er Comicbilder und Stoffe, die aus dem Kaufhaus zu stammen scheinen. Diese merkwürdige **Kombination künstlerischer und trivialer Vorlagen** lässt auch keine eindeutige räumliche Einteilung zu. Einen **Blickfang** bilden die mit Zeichenstrich gemalten Figuren und hier **besonders das stehende Mädchen mit dem Stuhl auf dem Kopf**. Während auf Goyas Radierung hinter den beiden Frauen zwei Männer hämisch lachen, zeigt die unvollständige Zeichnung eines dieser Männer bei Polke direkt auf den Kopf einer Schlafenden. Der Mann wird durch die rote Farbe hervorgehoben, der schlafende Frauenkopf durch kräftiges Türkisblau. In der Version von Goya scheinen die Männer über die absurden Kopfbedeckungen der Frauen und über ihre leichte Bekleidung zu lachen. Bei Polke macht sich der Mann wohl über die träumende Frau lustig, die von dem heimlichen Geschehen vor ihren Augen nichts bemerkt.
Goyas Radierung wirkt unheimlich, während Polke zwar rätselhaft kombiniert, durch diesen „Motiv-Mix" aber der Illustration eines Zeitschriftenartikels, zum Beispiel zum Thema „Beziehungskisten", nahe kommt. Alle Bildteile wirken so, als seien sie zufällig ins Bild geraten, und doch sucht der Betrachter nach einer schlüssigen Erklärung für die eigenartigen Kombinationen.

2. **Bildnerische Untersuchung**
   a) **Wahl eines geeigneten Bildausschnitts
      Vergrößerung: Acryl- oder Wasserfarben, Stifte etc.**

b) **Ordnung der Komposition im Hintergrund/Farbe**

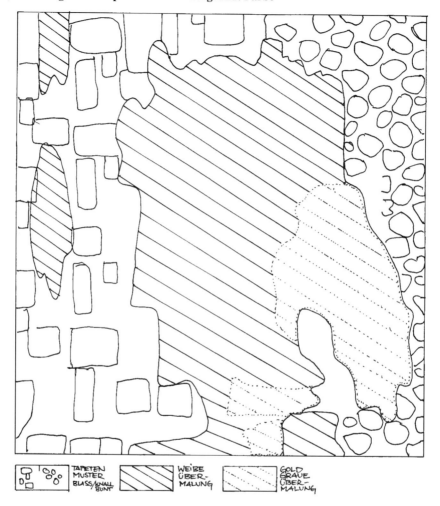

Ordnung der Bildfläche

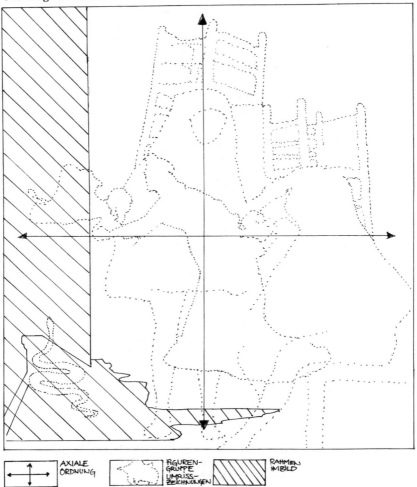

3. Schriftliche Analyse

Bildfläche und Bildraum setzen sich aus drei Elementen zusammen: Zum einen verwendet der Maler **bedruckte Stoffe als Hintergrund und Ausgangsmaterial** für seine Komposition. Diese „Leinwände" übermalt er teilweise, hier findet der einzige **authentische, „eigenhändige" Malvorgang** statt. Für die Darstellung der Figuren verwendet Polke **Druckvorlagen**, die er als Dias oder Folien auf die Leinwand **projiziert und fragmentarisch abzeichnet**, um sie schließlich in Form von farbigen Umrisszeichnungen wieder zu einem unverwechselbaren Bild werden zu lassen. Hier werden **Serienprodukte**

nobilitiert, das heißt banale Vorlagen werden malerisch „übersetzt" und durch geschickte Kombination zum Unikat gemacht.
Zwei Stoffbahnen, die eine in Grellblau mit poppigem Hündchenmuster, die andere, linke mit blassblauen, gelben und grünen geometrischen Mustern bedruckt, wurden vom Künstler vermutlich zusammengenäht und, von der Nahtstelle ausgehend, mit einem sehr breiten Pinsel weiß übermalt. Diese weiße „Nebelschwade", die nach rechts unten goldfarben verlängert ist, füllt den Mittelteil des Werks und bildet einen ruhigen Hintergrund, vor dem sich das Mädchengesicht und die Stühle deutlich abzeichnen. Einige weiße Pinselstriche, pastos und teilweise durchscheinend aufgetragen, unterbrechen das Muster der linken Bildhälfte und verstärken den verschwommenen, matten Eindruck. Blass, fahl und überwiegend in Pastelltönen gestaltet Sigmar Polke die gesamte Komposition.
Das stehende Mädchen in der Mitte füllt den Bildraum der Länge nach aus. Unterhalb, zu seiner Rechten sitzt, ebenfalls aus Goyas Radierung kopiert, das zweite Mädchen. Auch diese junge Frau trägt den Korbstuhl verkehrt herum auf dem Kopf. Verfolgt man mit dem Auge die dunkelblauen Linien, beginnend bei ihrer Kopfbedeckung bis unten zu ihren Beinen, sieht man die gesamte Komposition gerahmt von dem gemusterten Teppich, der mit den geraden, nach oben strebenden Linien der Wand und der Tür einen rechten Winkel bildet. Teppichbordüre, Wand und geöffnete Tür suggerieren eine Bildperspektive, die im übrigen Bild weitestgehend aufgelöst ist. Die Illusion eines Raumes, verstärkt durch die Bewegung der Schlange, ist nur im linken unteren Bildteil gegeben. Ein „Dahinter" und ein „Davor" sind lediglich durch die Überlagerung der Bilder geklärt, nicht aber durch eine der gesamten Bildkomposition zugrunde liegende perspektivische Ordnung. Alle Figuren bis auf die Schlange scheinen zu schweben, sie durchziehen das Bild wie geisterhafte Wesen, die mit einem Augenaufschlag verschwinden können.

4. **Annäherung an Polkes Bildwelt als Assoziationsfeld und -raum**

„Ein Bild wird erst zum Bild, wenn man das Seinige dazutut."
Sigmar Polke

Der Titel des Bildes „So sitzen Sie richtig (nach Goya)" richtet sich, erkennbar an der Anredeform „Sie", zunächst an die Betrachter, von denen der Maler Polke behauptet, sie würden so richtig sitzen. Das bedeutet, dass sie in den Reihen der Zuschauer, ähnlich wie im Theater, nun ihren Platz gefunden haben und das „Schauspiel", den „Film", sprich sein Bild betrachten können. Soll man sich wirklich vor einem Bild niederlassen? **Schon im Titel beginnt Sigmar Polke sich über den Zuschauer lustig zu machen,** denn nichts wirkt kleinkarierter, als es sich vor einem Bild gemütlich zu machen. Oder ist der Kunstbetrachter jemand, der sich in den Fernsehsessel fallen lässt? Will Polke behaupten, Kunst sei nur zur Unterhaltung da und der Betrachter lediglich ein müder Konsument, der belustigt sein will? Die im Titel enthaltene Publikumsbeschimpfung (im Sinne von „Du müder, satter Bildungsbürger!") lässt jedenfalls darauf schließen, dass der Maler sich von seinen Zuschauern distanziert, in Opposition zu ihnen steht.
Aus der Biografie Polkes ist bekannt, dass er in den frühen 70er-Jahren zusammen mit Gerhard Richter den „Kapitalistischen Realismus" ausrief. **Eine kritische Haltung gegenüber der kapitalistischen Wohlstandsgesellschaft war Programm.** In der Konsequenz entwickelte Sigmar Polke Bilder, in denen er Versatzstücke der Hochkultur, der Kunstgeschichte, mit banalen Bildern aus der Welt der Werbung und der Zeitschriften mischte. **Ähnlich wie bei den Vorbildern aus der frühen amerikanischen Pop-Art werden so verschiedene Ebenen unserer Kulur in einem Bild zusammengeführt. Der Alltag der Konsumenten hält Einzug in die Kunst.**
Selbst wenn man die Figuren in Polkes „So sitzen Sie richtig (nach Goya)" aufeinander zu beziehen versucht, erschließt sich kein eindeutiger Sachverhalt: Die Dame im Gründerzeitrock gibt hinter ihrem Rücken einen Brief weiter; die Hand, die ihn aufnimmt, verschmilzt mit der Darstellung der Sitzenden. Diese wiederum blickt zur Stehenden auf,

die den Betrachter anblickt, als sei er ein heimlicher Beobachter der Szene. Die Schlange, das Symbol der Verführung, verschwindet zur Tür hinaus, während ein Mann lachend auf einen schlafenden Frauenkopf deutet.
Dieser Figuren-„Reigen" scheint eine private Bedeutung für den Künstler zu haben, eine ernsthafte Aussage für den Betrachter gibt es nicht. **Der Inhalt bleibt vage, auch wenn das Bild insgesamt organisiert, strukturiert und technisch recht ausgefeilt ist.**
Hochkunst und banales Bildmaterial, dramatische Handlung und sanfte Farben treten gegeneinander an und versuchen, echte Gefühle und Menschenkenntnis (Goya) in ironische Kunst- und Weltbetrachtung zu verwandeln. Die vergoldeten Mädchen auf grellbunter Kaufhaustapete zeugen unter anderem von der Lust des Malers an der **ironischen „Brechung"** vormals ernster Inhalte.
Das Bild wirkt witzig, es ist frech in der Zusammenstellung, sanft in den Farben und auf den ersten Blick dekorativ durch die fehlende inhaltliche Aussage.
Aufklärerische Aussagen wie bei Goya sind für Polke nicht notwendig, im Gegenteil: Er verschleiert, er nivelliert bedeutungsschwangere Zeichen solange, bis die vergebliche Suche den Betrachter „nervt".
„Ein Bild wird erst zum Bild, wenn man das Seinige dazutut". Gemeint ist hier auch das „Unsrige", das was der Betrachter zur Erschließung eines Werks beitragen kann. Der Maler fordert hier aktive, individuelle Partizipation.
Bedeutung und Sinn eines Kunstwerks erschließen sich für Polke erst dann, wenn der Betrachter eigenverantwortlich vor das Bild tritt und es mit seinen eigenen, individuellen Gedanken anfüllt. **Den Anspruch des Publikums nach Sinn und Inhalt stiftender Kunst lehnt er als Anti-Propagandist ab.** Kunst als Satire auf Kunst ist das „Seinige". Sigmar Polkes Bild verdichtet sich so zu einem bissigen Kommentar auf die Kunstkonsumenten und die Kunstrezeption im Allgemeinen.

5. Kunstgeschichtliche Reflexion

Vincent van Gogh setzt sich in seinen Ölbildern und Tuschezeichnungen intensiv mit japanischer Kunst auseinander. Mit seinem Bild **„Der Baum"** kopiert er in Öl auf Leinwand einen Farbholzschnitt des japanischen Künstlers Hiroshige.
Kompositionsprinzipien wie zum Beispiel die Aufgabe des illusionistischen Tiefenraumes, den flächenhaften Auftrag der Farbe, die oft extremen Ausschnitte und die klaren Konturen der Landschaftsdarstellung studiert Van Gogh mit großer Begeisterung.
Im Vordergrund des Ölbildes „Der Baum" sieht man einen Teil eines Pflaumenbaumstammes: Ein paar Äste verzweigen sich, einige Blüten ragen bis in die obere Bildhälfte. Im Mittelgrund steht eine Reihe kleinerer, ebenfalls blühender Bäume, ein Zaun ist zu sehen und ein paar Spaziergänger gehen vorbei. Über den gelblich weißen Blüten breitet sich ein rötlicher Himmel aus. Van Goghs Bild wird gerahmt von zwei orangefarbenen Schriftbändern. Die Wiese gestaltet der Maler als grüne Farbfläche. Der Bildraum ist durch die unterschiedliche Größe der Obstbäume bestimmt. Die drei Farbflächen – grün, gelblich-weiß und rot – liegen klar voneinander abgegrenzt als vertikale Balken hinter einem Gitter aus Baumzweigen.
Auffällig ist, dass Van Gogh die Komposition streng einhält, die zarten Farben des Holzschnitts aber in kräftige, pastos aufgetragene Töne „übersetzt".

In ganz anderer Weise benutzt **Andy Warhol** ausgewählte „Vorbilder". **Werbebilder und Zeitungsausschnitte** dienen ihm nicht zum Studium künstlerischer Verfahren und Kompositionsprinzipien (Van Gogh), sondern er druckt diese Vorlagen meist übergroß im Siebdruckverfahren, **um die Welt der Konsumgesellschaft in die Kunsttempel einzuschleusen.**
Zwei Meter groß ist der **Siebdruck „Elvis Presley".** Dieses Bild zeigt Elvis zweimal überlebensgroß in Westernmanier, mit einem Revolver in der rechten Hand. Die Beine sind leicht gegrätscht. Die rechte und die linke Figur wurden versetzt und so übereinander

gedruckt, dass der linke und der rechte Arm ineinander verschmelzen. Haare und Schuhspitzen werden vom Bildrand abgeschnitten und steigern die dramatische Wirkung der Momentaufnahme. Die Zwillingsgestalt befindet sich in Schussposition und blickt über den Betrachter hinweg in die Ferne. **Das Pathos der Geste wird verstärkt durch den starken Schwarz-Weiß-Kontrast des Siebdrucks. Der Druck auf Leinwand nobilitiert die Fotovorlage.** Die Verdoppelung des Motivs weist auf den Seriencharakter **des Druckvorgangs einerseits und auf die Rolle des Sängers als Massenphänomen andererseits hin.** Andy Warhol nutzt nicht nur Bilder und Fotos als Vorbilder bzw. Druckvorlagen, sondern er verwendet auch Porträts von Künstlern, die in ihrem Genre Vorbildcharakter haben. Seine frühen Werke, „Marilyn Monroe" und „Elvis Presley", sind auf der einen Seite Portraits von Stars, die jedem bereits bekannt sind. Gleichzeitig stehen beide Künstler aber auch für die tragischen Auswirkungen des Starkults, sie werden durch Andy Warhols künstlerisches Vorgehen zu Ikonen stilisiert. So entfalten die frühen Bilder Warhols, zu denen auch „Elvis Presley" gehört, eine emotionale Wirkung, die zu dem relativ einfachen Herstellungsverfahren, dem Siebdruck, nur in scheinbarem Widerspruch steht.

Aufgabe IV   Vergleichende Analyse und Interpretation

Jan Vermeer   „**Die Spitzenklöpplerin**", (um 1670/71)
(1632–1675)   Öl auf Leinwand, 24 × 21 cm.
              Paris, Louvre (Abb. 1)

Karl Schmidt-Rottluff   „**Bildnis Rosa Schapire**" (1911)
(1894–1976)   Öl auf Leinwand, 84 × 76 cm.
              Berlin, Brücke-Museum (Abb. 2)

Vor Ihnen liegen zwei Bilder aus völlig verschiedenen Zeitepochen: Jan Vermeer, der holländische Künstler, malte eine Spitzenklöpplerin[1] bei der Arbeit, Karl Schmidt-Rottluff porträtierte die mit ihm befreundete Kunsthistorikerin und Kunstsammlerin Rosa Schapire. Betrachten Sie die Darstellungen der beiden Frauen aufmerksam!

1 Klöppeln: Herstellung von Spitzen; komplizierte, anspruchsvolle Handarbeit

1. Erste Annäherung (8)
   Schildern Sie den Eindruck, den Sie von den beiden dargestellten Frauen gewinnen!

2. Bildnerische Untersuchung (20)
   Setzen Sie sich auf je einem Studienblatt mit der Farbgestaltung der beiden Gemälde auseinander! Veranschaulichen Sie mittels einiger farbiger Studien und Skizzen in geeigneter technischer Ausführung und Größe wesentliche Aspekte der farbigen Gesamtkonzeption!
   Denken Sie dabei z. B. an Farbbeziehungen und Farbverteilung, die Relation von Farbe und Raum, die farbige Ausarbeitung einzelner Formen, Farbkontraste und Maltechnik!

3. Schriftliche Analyse (14)
Charakterisieren Sie die jeweilige Bildgestaltung, indem Sie knapp und präzise darstellen, wie Vermeer und Schmidt-Rottluff die Bildfläche gliedern, Raum erzeugende Faktoren einsetzen und wie sie mit Licht und Farbe umgehen!
Beziehen Sie sich auf Ihre bildnerischen Erkundungen und fassen Sie Ihre Beobachtungen geordnet zusammen!

4. Interpretationsansatz (12)
Zeigen Sie, wie es Vermeer und Schmidt-Rottluff gelingt, die Ausstrahlung der beiden Frauen einzufangen und sichtbar zu machen! Beziehen Sie in Ihre Überlegungen die spezifische Atmosphäre der Bilder mit ein! Gehen Sie von den in der Analyse gewonnenen Erkenntnissen aus und zeigen Sie dabei auch, wie Ihre persönlichen Anmutungen und Beobachtungen mit den bildnerischen Gegebenheiten korrespondieren! Erläutern Sie darüber hinaus, wie das unterschiedliche Bildverständnis der beiden Maler zum Ausdruck kommt!

5. Kunstgeschichtliche Reflexion (6)
Stellen Sie zwei Künstler der zweiten Hälfte des 20. Jahrhunderts vor, die sich mit der Bildgattung Porträt beschäftigten und neue Ausdrucksformen sowie künstlerische Gestaltungsmittel verwendeten!
Beschreiben Sie jeweils ein charakteristisches Beispiel aus deren Schaffen!

Abb. 1

Abb. 2

Lösungsansätze

1. **Erste Annäherung**

   Auf den ersten Blick fällt die Gegensätzlichkeit der beiden Frauentypen in den sehr unterschiedlichen Bildern auf. Die Spitzenklöpplerin verrichtet ihre Arbeit konzentriert, den Blick nach unten gerichtet. In sanfte Farben gehüllt, macht sie einen ruhigen, bescheidenen Eindruck. Die Materialien, die sie umgeben, Stoffe, Fäden, eine Kiste, gedrechseltes Holz an ihrem Nähtisch, sind gut zu unterscheiden und realistisch abgebildet. Frisur und Kleidung wirken angepasst und ordentlich. Das Haar ist eigenartig quer zum Kopf gescheitelt, nach hinten zusammengebunden, geflochten und zu einem Kranz gedreht. Die vordere Haarpartie trägt das Mädchen zu zwei Zöpfchen gebunden über den Ohren. Ein weißer, gestärkter Kragen bedeckt das gelbe, hochgeschlossene Kleid bis über die Schultern. Der Gesichtsausdruck der Spitzenklöpplerin ist von Innigkeit und Zufriedenheit geprägt.

   Das wesentlich jüngere Bild von Karl Schmidt-Rottluff zeigt ein Frauenporträt anderer Art. Überwältigend ist zunächst der Eindruck der starken Farben Grün, Rot und Schwarz. In einem Stuhl mit hoher Lehne sitzt eine Frau, die ihren Kopf auf die linke Faust gestützt hält. Sie trägt einen dunklen, ausladenden Hut. Ihr Gesichtsausdruck ist bestimmt und freundlich, aus schwarzen Augen blickt sie nachdenklich und selbstbewusst aus dem Bild heraus. In ihrem Gesicht zeichnen sich trotz der groben, heftigen Pinselstriche, die das gesamte Bild bestimmen, ein fein geschwungener Mund und eine markante Nase ab. Die Darstellung der Person füllt fast den gesamten Bildraum aus. Rosa Schapire scheint auf den ersten Blick eine energische, moderne und intellektuelle Frau zu sein.

2. Bildnerische Untersuchung
Vermeer-Studienblatt

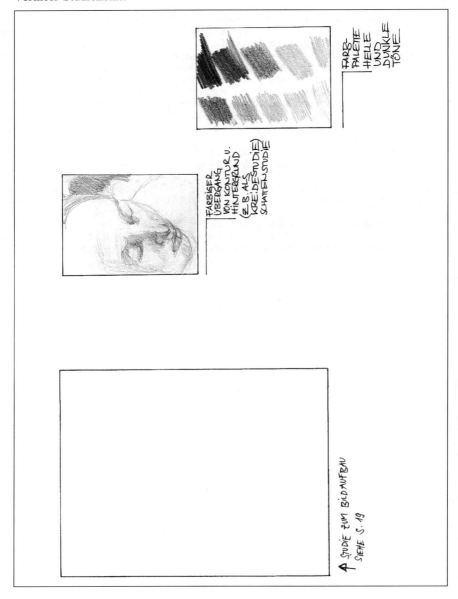

Schmidt-Rottluff-Studienblatt

Farbverteilung und Kontraste

 SCHWARZE KONTURLINIEN UND FLÄCHEN

 KOMPLEMENTÄR-KONTRASTE

Maltechnik und farbige Ausarbeitung z. B. des Gesichtsfeldes in Acryl- oder Wasserfarben

Hinweis: Aufgrund des Schwarz-Weiß-Drucks können die geforderten farbigen Differenzierungen nicht sichtbar gemacht werden.

3. Schriftliche Analyse

Die **Gliederung der Bildfläche** bei **Jan Vermeer** kann man als ruhig und ausgewogen bezeichnen. Der Kopf des Mädchens ist in der oberen Bildhälfte links der Mittelachse im Dreiviertelprofil zu sehen. Leicht nach unten geneigt, bilden Kopf und Oberkörper ein Dreieck vor einer hellen Wand. Die leichte Untersicht verhindert den Blick auf die Spitzenklöppelarbeit. Unterhalb der Bildmitte ist das Porträt mit zwei Tischen ausgefüllt. Auf dem Holztisch vor dem Mädchen liegt die Näharbeit, ein gedrechseltes Tischbein schließt die Bildkomposition nach rechts zum Bildrand hin ab. Auf dem Tisch der linken unteren Bildseite liegt eine schwere Decke. Ein großes Nähkissen, Fäden, Bänder und eine Schachtel verdecken den rechten Arm des Mädchens teilweise. Symmetrien ergeben sich in der Darstellung der Frisur, des Kragens, des Kleides, der Hände und in der Verteilung von Licht und Schatten.

Diese strenge Ordnung wird durch die Details im Vordergrund – Fäden, Bänder und Schleifen auf der flüchtig gepinselten Decke – aufgelockert. Die spielerische Unordnung steht in auffälligem Gegensatz zu der gleichmäßigen, formalen Anordnung der einzelnen Teile der menschlichen Figur.

Die Sicht in den **Bildraum** wird zunächst von vorne durch die Tische blockiert. Über diesen dunklen, treppenartigen Aufbau hinweg wird der Blick zum hellblauen Stoff der Näharbeit und schließlich zum Mädchen geführt, dessen Gesicht, Kleid und Hände durch den Lichteinfall von rechts deutlich plastisch hervortreten. Das Mädchen ist leicht diagonal im Raum angeordnet. Die Konturen scheinen aufgelöst, sie treten nicht so deutlich hervor wie zum Beispiel die Umrisse des Tischbeins im Vordergrund. Der helle Hintergrund sorgt für einen warmen farblichen Unterton. Überhaupt kann in diesem Bild nicht von Raumillusion gesprochen werden, ohne auf den besonderen Umgang des Malers mit der **Farbe** einzugehen. Tiefe blaue Schatten umhüllen die Gegenstände, das Kissen, die Decke und den Rock der Spitzenklöpplerin. Die verwendeten Blautöne erstrecken sich von tiefstem Dunkelblau im Kissen links bis zum zartesten Hellblau, das sich auf dem Stoff der Handarbeit zeigt. Sie bestimmen den Vordergrund. Einige farbige Einsprengsel, die roten und weißen Fäden wie auch das koloristisch aufgepinselte Muster der Decke, lockern nicht nur durch ihre Form, sondern auch **durch den farbigen Quantitätskontrast** die vordere Ebene auf. Überleitende Farbtöne wie etwa das Grün in der Decke oder die grünlichen bzw. bräunlichen Schatten auf Händen und Haar sorgen unter anderem für einen weichen Gesamteindruck. Die Oberflächenbeschaffenheiten werden von Jan Vermeer durch Farbnuancen miterzeugt. Der **valueristische Umgang** mit Farbe dominiert gegenüber jeder grafischen Konvention. Den Farbkontrast, in diesem Fall den **Warm-Kalt-Kontrast** zwischen dem Blau im Vordergrund und dem Gelb des Kleides im Mittelgrund, benutzt der Maler, um Tiefenräumlichkeit zu erzeugen. Die Schatten, die sich im Gesicht, am Kopf und an den Händen des Mädchens zeigen, modellieren diese Räumlichkeit und sind **Ton in Ton** so gehalten, dass sie die **Figur weich in das Bild „einbetten"**. In **diffusem Licht** erscheint die Spitzenklöpplerin trotz des kleinen Formats des Bildes und trotz der Nahsicht **entrückt**. Der zarte, milchige Ton ihrer Haut findet im Hintergrund eine helle, ebenmäßige Entsprechung. Die **große Sorgfalt des Farbauftrags** ist ein herausragendes Kennzeichen der Malerei Vermeers.

Die Ausgewogenheit der farbigen Komposition unterstützt den innig entrückten und zufriedenen Gesichtsausdruck des Mädchens.

Die **Bildfläche im Bild „Rosa Schapire"** des „Brücke"-Malers Schmidt-Rottluff wird durch vehemente Pinselstriche und starke Farbkontraste dominiert.

Mit **schnell hingeworfenen Pinselstrichen**, die hauptsächlich vertikal ausgerichtet sind, überzieht der Maler energisch die Bildfläche. Eine senkrechte, hohe Sessellehne schließt das Bild nach links oben ab. Nach oben hin bildet der große schwarzblaue Hut vor orangefarbigem Hintergrund einen balkonartigen Abschluss. Rosa Schapire sitzt, ähnlich wie

Vermeers Spitzenklöpplerin, leicht schräg im Bild, ihr Gesicht ist jedoch direkt von vorne zu sehen.
Die eckigen, breiten Konturen, die die Form des Körpers der Frau bestimmen, korrespondieren mit der Form der Pinselstriche, die das Kleid und die Arme beschreiben. Nach rechts unten klingt das Bild in einer homogenen roten Farbfläche aus.
Der Bildraum bleibt im Wesentlichen **in der Fläche** verhaftet. Eine Andeutung von Schatten findet sich im Grün des aufgestützten Armes, sodass ein von rechts kommender Lichteinfall assoziiert werden kann. Von einer plastischen Wirkung des Lichts kann hier jedoch nicht die Rede sein. Das starke Rot und Orange des Hintergrundes tritt nach vorne und nivelliert jede Tiefenräumlichkeit. Eine Unterscheidung von Vorder- und Hintergrund ist lediglich durch die Überschneidung von Figur und Sessel möglich. Die Figur der Frau füllt den Bildraum fast vollständig aus. Gegenstände lassen sich aufgrund der groben Pinselstriche nur erahnen.
Mit seinen zum großen Teil unvermischten **Farben**, Rot, Grün, Schwarz und den Tönen Braun, Oliv, Pink, Orange und schmutzigem Gelb kann das Bild als **koloristisch** angelegt bezeichnet werden. Lokal- und Erscheinungsfarbe sind vollständig vom Bildgegenstand getrennt. Das Grün des Kleides und das Rot des Hintergrundes bilden einen **Komplementärkontrast** und steigern sich gegenseitig in ihrer Farbwirkung. Nicht ganz so stark wirkt der Komplementärkontrast zwischen blauem Hut und orangefarbenem oberen Bildhintergrund. Die **breiten, schwarzen Konturen** fördern die Leuchtkraft der Farben. Die schwarzen Augen glänzen auf einem blauem Augenhintergrund. Durch den **schnellen Malprozess** kommt es zur Vermischung einiger Farben, die Palette der Grüntöne erweitert sich, das Gelb an den Armen und an der Stuhllehne wirkt nicht mehr rein. Der Maler trägt nur **eine Farbschicht** auf, immer wieder blitzt die weiße Leinwand hervor. Übereinander gelegt wirken die Farben nur im Gesicht: Dort finden sich Rot auf Pink neben Grün, Orange, Blau und Schwarz. Obwohl die Farben nicht harmonisch wirken, sind die Farbflächen insgesamt ausgewogen angeordnet.

4. Interpretationsansatz

Das Eigenartige an Vermeers Gemälde ist der konzentrierte, abwärts gerichtete Blick. Das Mädchen nimmt keinen Kontakt zum Betrachter auf, es lenkt unseren Blick vielmehr auf die Handarbeit. In der innigen, zufriedenen Atmosphäre, die die junge Frau umgibt, steht also nicht ihr persönlicher Charakter im Mittelpunkt, sondern ihre Tätigkeit: die komplizierte Handarbeit, das Spitzenklöppeln. Bescheiden, auf das kleine Stück Stoff vor seinen Augen konzentriert, erscheint das Mädchen von einer engelgleichen Aura umgeben. Still, zurückgezogen und allein verrichtet es seine Arbeit. Das weiche Licht wie auch das Lächeln betonen die vollendete Hingabe, mit der das Mädchen arbeitet. Diese Beobachtungen lassen darauf schließen, dass Vermeer nicht ein individuelles Porträt, sondern vielmehr einen Mädchentypus zeigen wollte. Mit dem Schimmer, der auf allen Gegenständen liegt, und dem besonderen Glanz des Lichts setzt Vermeer dem Typus der geschickten Handarbeiterin, des häuslichen Bürgermädchens, ein unverwechselbares Denkmal.
Vermeers Bildauffassung orientiert sich an den **optischen Erscheinungen**, er schafft Bilder nach dem **Vorbild der Natur**. Der Dialog zwischen Licht und Mensch, der Einsatz von feinsten Farbnuancen zur Modellierung und eine unendlich sorgfältige Ausführung machen seine Bilder einzigartig und großartig.

Das Bildverständnis **der Expressionisten** und hier im Speziellen des Malers Karl Schmidt-Rottluff ist geprägt von dem Willen, **psychische Situationen unmittelbar sichtbar** zu machen. Die ursprüngliche Ausdruckskraft der Kunst der Naturvölker hat dabei Vorbildcharakter. Mit einem intensiven, heftigen Farbauftrag und einem dramatisch gesteigerten Pinselduktus versuchte Schmidt-Rottluff „**instinktiv**" **zu malen**.
Die Schnelligkeit, mit der das Bild von Rosa Schapire gemalt ist, erlaubt es, der Person eindeutige Charakterzüge zuzuweisen. Sie erscheint als denkende, mutige Bürgerdame.

Die klaren Farben und die verwegenen Farbkombinationen lassen sie nicht nur selbstbewusst, sondern auch unkonventionell wirken. Da die Farben im Expressionismus oft eine symbolische Bedeutung haben, kann das Rot ihres Gesichts, das sich im Hintergrund wiederholt, als Zeichen für ihre Verliebtheit oder als Zuneigung des Malers zu ihr gedeutet werden. Ihre ruhige Haltung steht in auffälligem Kontrast zur Heftigkeit der Pinselstriche. Dies könnte wiederum ein Zeichen für ihr temperamentvolles Wesen oder die Lebendigkeit der Beziehung zwischen ihr und dem Künstler sein. Die autonome Ausstrahlung ihrer Persönlichkeit korrespondiert mit den Mitteln des Malers, der, frei von jeder Malertradition, die subjektive Sicht auf die Wirklichkeit für sich in Anspruch nimmt.

5. **Kunstgeschichtliche Reflexion**

Die frühen Fotografien der Künstlerin **Cindy Sherman** sind Selbstbildnisse. Allerdings porträtiert sie sich nicht als Individuum, sondern sie spielt in ihren **Fotoinszenierungen berühmte Medienbilder** von Frauen nach. Zu der Lust an der Verkleidung gesellt sich bei ihr ein genauer Blick auf die Darstellung von Rollenklischees. In ihrer Schwarz-Weiß-Fotoarbeit mit dem **Titel „# 13"** ist sie als B. Bardot vor einem Bücherregal zu sehen: blond, langhaarig, mit weißem Haarband und weißer Bluse. Rechts am Bildrand sieht man sie von der Taille aufwärts aus extremer Untersicht seitlich zum Regal stehend. Ihr Blick ist nach oben gerichtet, die rechte Hand greift nach einem Buch, dessen Titel „theoretical dialogue" von ihrer Hand teilweise verdeckt wird. Ihre Brust ist weit nach vorne gestreckt, der Körper wird so zum Archetyp der Weiblichkeit stilisiert. Der Betrachter sieht sich sofort mit Frauen- und Filmklischees, zum Beispiel Blondinenwitzen oder Sequenzen aus Bardotfilmen, konfrontiert, die durch einzelne Buchtitel, zum Beispiel „Crimes of Horror – The Movies" im Bild witzig kommentiert werden. Durch die Ungenauigkeiten und die Unterschiede, die der Betrachter im Vergleich zu den Medienbildern in seinem Kopf feststellt, gelingt es Cindy Sherman, kritische Denkprozesse anzuregen. **Die ironische Aneignung von Frauenporträts** brachte Sherman große Anerkennung ein.

Eine andere künstlerische Strategie verfolgt **Arnulf Rainer** mit seinen **Fotoübermalungen**. Durch den Prozess der Übermalung entsteht ein intensiver Dialog des Malers mit seinem eigenen Porträt. Der Arbeit „**20 Selbstdarstellungen**" liegt die fotografische Dokumentation von 20 Gesten zugrunde, die den Maler mit verschiedenen Grimassen und Oberkörperverspannungen zeigen. Diese Fotos hat Rainer teilweise bis zur Unkenntlichkeit mit schwarzer Farbe überzeichnet. Heftige Pinselstriche, Farbspritzer oder spontan mit den Fingern aufgetragene Farbe ergänzen die Abbildungen. Die individuellen psychischen Zustände werden durch die Geste des Malens gesteigert. Weit über das Abbild hinaus zeigen die übermalten Fotos die Seelenregungen des Künstlers. Je mehr das Abbild verschwindet, desto deutlicher tritt die individuelle Handschrift, der individuelle Ausdruck des Künstlers hervor. Im ständigen **Dialog mit der Fotografie** entwickelt er eine eigene Bildsprache. Ängste werden dabei ebenso deutlich wie verdrängte Gefühle und Träume.

Leistungskurs Kunsterziehung: Abiturprüfung 2004
Gruppe I: Aufgaben mit bildnerisch-praktischem Schwerpunkt

Aufgabe I   Plastische Gestaltung zum Thema „Hülle und Kern"

Schalen treten auf vielfältige Art und Weise auf, meist als harte Außenschicht von Tieren oder Früchten. Sie haben dabei schützende und umhüllende Funktionen: Amorphe, weiche Massen umgeben sich häufig mit scharfkantig, brüchig-spröden Schichten und harte Kerne werden oft von weicheren Fruchtschalen umschlossen.

1. Zeichnerische Studie: „Schnitt- und Bruchstellen" (10)
   Sie haben unterschiedliches Schalen- und Steinobst zur Verfügung. Wählen Sie davon einige Exemplare aus!
   Öffnen Sie bzw. schneiden Sie sie auf! Entscheiden Sie sich für ein zeichnerisch ergiebiges Teilstück! Geben Sie in sinnvoller Vergrößerung Form, Plastizität, Materialeigenschaften und Oberflächenstrukturen wieder! Achten Sie auf die entstandenen Schnitt- oder Bruchstellen und arbeiten Sie Details heraus, die erst beim näheren Betrachten sichtbar werden!

2. Ideenskizzen (10)
   Lassen Sie sich von der zeichnerischen Studie und durch sprachliche Gegensätze, wie z. B. „sichtbar – verborgen" bzw. „gepanzert – verletzlich" oder Redewendungen wie „sich in Schale werfen" bzw. „harte Schale – weicher Kern" zu vielfältigen Assoziationen anregen! Veranschaulichen Sie diese Ideen in einer Reihe von Skizzen, die bis in das „Surreal-Groteske" oder „Expressiv-Übersteigerte" gehen können!

3. Tonmodell für eine Großplastik: „Hülle und Kern" (20)
   Überlegen Sie nun, welche Ihrer bisher entstandenen Arbeiten sich für die Umsetzung in eine Monumentalplastik eignen. Fertigen Sie dafür ein Tonmodell in geeigneter Größe an, in dem Sie den Kontrast von Hülle und Innerem thematisieren! Sie können im Verlauf der plastischen Gestaltung auch Kombinationen und Erweiterungen Ihrer bisherigen Ideen miteinbeziehen. Die Plastik kann auch aus mehreren aufeinander bezogenen Teilen bestehen. Für die Stabilisierung Ihres Tonmodells können Sie das Drahtgeflecht verwenden.

4. Kunstgeschichtliche Reflexion (20)
   Im 20. Jahrhundert wurden zahlreiche Plastiken im Außenraum realisiert. Beschreiben Sie je ein Werkbeispiel zweier unterschiedlicher Künstler und reflektieren Sie das jeweils spezifische Verhältnis von Werk und Wirkung!

Lösungsansätze

4. Kunstgeschichtliche Reflexion

Unter den Plastiken, die im 20. Jahrhundert im öffentlichen Raum aufgestellt wurden, beeindruckt mich die Arbeit „**Die zerstörte Stadt**" des Russen **Ossip Zadkine** besonders. Die Plastik wurde zum Gedenken an den Luftangriff deutscher Kampfflugzeuge im Zweiten Weltkrieg **1953** am Hafen von Rotterdam enthüllt. Trotz der zum Teil kubisch geformten, in sich gedrehten Gliedmaßen ist die **Bronze** unschwer als menschliche Figur erkennbar. Auf dunklen Steinquadern in 2,50 m Höhe ruht eine handbreite Plinthe, aus der sich die bronzene Figur 6,50 m hoch gegen den Himmel spreizt. Breitbeinig scheint die Figur ein übermenschliches Gewicht zu stemmen. Das rechte Knie neigt sich zum Boden und findet Halt an einem Baumstumpf. Über dem breiten Gesäß sitzt ein gespaltener, zerklüfteter Rumpf, der den Blick weiterleitet auf die mächtigen Arme. Der Kopf der Figur ist nach hinten geneigt, der schreiende Mund gerade noch erkennbar. Der Rumpf, über dessen volle Länge sich ein keilförmiger Spalt zieht, wölbt sich in Brusthöhe auf und lässt den Blick zum Himmel frei.

Die **Dramatik der Darstellung** ergibt sich zum einen aus den weit vom Körper zum Himmel gestreckten Armen und den breit in den Boden gestemmten Beinen, die die Figur als „x-förmig" erscheinen lassen. Zum anderen arbeitet Zadkine die Extremitäten, in sich gedreht und unproportioniert, sehr dynamisch heraus. Wuchtige, kubische Formen, die technisch wirken und an kubistische Gestaltungsprinzipien erinnern, wechseln sich mit organischen Formen ab. Die gegen den Himmel drückenden Handflächen können als Haltung des Widerstands gedeutet werden. Zadkine zeigt den zerklüfteten Brustkorb, das zerstörte „Herzstück" der Plastik, als Symbol für die leidende Stadt und die einem brutalen Überfall hilflos ausgelieferten Menschen. Die Empfindungen des Künstlers, der nach seiner Rückkehr aus dem Exil vom Anblick der zerstörten Stadt Rotterdam zutiefst erschüttert gewesen sein muss, lassen sich anhand dieser Plastik sehr gut nachvollziehen.

Ebenfalls von der Erfahrung eines Krieges gezeichnet, schuf **Käthe Kollwitz** zwei **Steinskulpturen** mit dem Titel „**Mutter und Vater**". Sie wurden **1932** auf dem Soldatenfriedhof Roggefelde bei Eessen in Flandern aufgestellt. Gehalten, in sich gekehrt und starr wirken sie auf den ersten Blick. Die Oberfläche des dunklen **Granitsteins** ist **sorgfältig behauen** und geschliffen. Die Künstlerin stellt zwei Sockel auf und zeigt so nicht nur zwei getrennte Trauernde, Mutter und Vater, sondern symbolisiert gleichzeitig die unvollständige Familie – zwei auf sich selbst gestellte Menschen, die miteinander keinen Trost mehr finden können, sondern einsam ihrem Schmerz ausgeliefert sind. Auf einem der beiden Sockel kniet, leicht nach vorne gebeugt, mit gesenktem Kopf, die Mutter. Sie hält die Arme eng am Körper, ein weites Tuch fest an sich gepresst. Mit hochgezogenen Schultern, den Kopf aufrecht, aber den Blick mit steinernem Gesichtsausdruck nach unten gewandt, zeigt Käthe Kollwitz den Vater. Auch er hält die Arme dicht um sich selbst geschlungen. Die **Klarheit der Oberflächengestaltung** lenkt den Blick auf die Körpersprache. Da beide Skulpturen nur 124 cm und 152 cm hoch sind, blickt der Betrachter auf sie, die umliegenden Gräber und den Boden hinab.

Als Denkmal für die jungen Gefallenen des Ersten Weltkriegs schafft Käthe Kollwitz in dunkelgrauem Stein zwei Figuren, die den Schmerz der Eltern auf sehr zurückhaltende, aber eindrückliche Weise darstellen. Gestik und Mimik der beiden Trauernden finden in der Materialwahl und in der **reduzierten, realistischen Formensprache** der Bildhauerin ein eindrucksvolle Entsprechung. Aufrichtige menschliche Anteilnahme am Leiden unterdrückter und gequälter Menschen zeichnen das gesamte Werk der Bildhauerin Käthe Kollwitz aus.

Aufgabe II **Bildgestaltung zu einer Textpassage – Extravagante Gaumenfreuden:
… Blass goldene Lilienknospen und giftgrüner Schlangenwein …**

Lesen Sie den folgenden Text aufmerksam und lassen Sie sich von den Sprachbildern anregen!

„Frau Dr. Mabuse greift mit ihren Stäbchen in die verschiedenen Schalen – gefüllt mit schwarz glänzenden Muscheln, grün leuchtenden phosphorisierenden Algen, blass goldenen Lilienknospen in einem Kranz aus Wolkenohren und Schnee-Erbsen, rosa Krebsen, bernsteinfarbenen Schnecken, orange bis purpurroten Hummern, marmorierten Wachteleiern auf elfenbeinfarbenen Bambussprossen, marinierten blauen Schweinsaugen, einem mit Eiszapfenrettichblättern dekorierten Eichhörnchenfisch. […] Man serviert Ihnen giftgrünen Schlangenwein in kleinen Schälchen, die beim Austrinken einen schrillen Pfeifton von sich geben, und Glückskuchen mit eingebackenen Zettelchen, auf denen geheimnisvolle Orakelsprüche stehen."

Quelle: „Dorian Gray im Spiegel der Boulevardpresse", Ulrike Ottinger, BRD 1983/84 (Drehbuchauszug)

1. Farbige Skizzen (15)
   Fertigen Sie mindesten fünf farbige Skizzen an, in denen die realen und phantastisch anmutenden Speisen aus dem Text anschaulich werden! Lassen Sie sich bei den Darstellungen auch von Ihrer Phantasie leiten und fühlen Sie sich dabei nicht unbedingt an eine naturalistische Wiedergabe gebunden!
   Erfinden Sie zu jeder Speise eine zu ihr passende Schrifttype, mit der Sie das Gericht bezeichnen! Sie können auch Buchstaben und Wortteile entwickeln, die sich den Formen der Speisen annähern.

2. Komposition
   Gestalten Sie eine farbige Komposition zum Thema „Extravagante Gaumenfreuden"!
   a) Arrangement der Bildgegenstände (10)
   Legen Sie Ihre Komposition, in der sowohl Schriftteile als auch Speisendarstellungen enthalten sind, auf einem großen Format (DIN A2) an und beschränken Sie sich zunächst weitgehend auf Umriss- und Binnenformen!
   Entwickeln Sie ein spannungsreiches „Arrangement", das Ihrer Darstellungsabsicht entspricht!
   b) Farbige Ausarbeitung eines Teilbereichs (15)
   Verdichten Sie durch den Einsatz geeigneter malerischer Mittel einen ergiebigen Ausschnitt! Berücksichtigen Sie dabei das räumliche Zueinander der Bildelemente, die plastischen Qualitäten durch Licht und Schatten und eine differenzierte Ausarbeitung der Stofflichkeit!

3. Kunstgeschichtliche Reflexion (20)
   Essen und Trinken können sowohl Ausgangspunkt als auch Bestandteil von Kunstwerken sein.
   Wählen Sie je ein exemplarisches Werk zum Thema „Essen und Trinken" aus der zweiten Hälfte des 19. Jahrhunderts und aus der zweiten Hälfte des 20. Jahrhunderts! Beschreiben Sie die Arbeiten und formulieren Sie dabei auch Thesen zur Funktion des Themas im kunsthistorischen Kontext!

Lösungsansätze

3. Kunstgeschichtliche Reflexion

In der zweiten Hälfte des 19. Jahrhunderts entsteht das **„Frühstück der Ruderer"** von **Pierre-Auguste Renoir**. Es zeigt junge Männer und Frauen auf einer überdachten Seeterrasse. Im Vordergrund blickt der Betrachter auf einen weiß gedeckten Tisch mit geleerten Weingläsern, Tellern, geöffneten Flaschen, verstreuten Früchten und einer Schale voll Trauben. Eine junge Frau liebkost ihr Schoßhündchen, ihr gegenüber sitzt rittlings auf seinem Stuhl einer der Ruderer und sieht ihr zu. An seiner Seite unterhält sich ein Mädchen mit einem hinter ihm stehenden Mann, dahinter sind in lockerer Anordnung weitere Gäste, sitzend und stehend, bis zum rechten oberen Bildrand zu sehen. Über das Geländer der Terrasse hinweg blickt man durch Weidengebüsch hindurch auf einen See, einige Segelboote sind zu erkennen. Das Bild wird am oberen Bildrand von einem orange gestreiften Baldachin eingerahmt. Insgesamt blickt der Betrachter auf eine junge Gesellschaft, die sich in **fröhlicher, ausgelassener Atmosphäre** vergnügt unterhält. Die Heiterkeit des Bildes wird nicht nur durch die **bewegte Anordnung der Personen** und ihren Gesichtsausdruck unterstrichen, sondern auch durch die hellen Farben, die Haut und Kleidung zum Leuchten bringen, unterstützt. **Der impressionistische Pinselduktus, der die Konturlinien weitestgehend auflöst**, sorgt außerdem für einen „weichen", lockeren Eindruck. Der Maler scheint die Situation spontan erfasst und in der Manier der **Pleinairmalerei** festgehalten zu haben Der Augenblick, der „Schnappschuss" einer ungezwungenen Tischgesellschaft, wird vom Maler durch die Verwendung zarter **Pastelltöne**, Weiß und Rosa, **harmonisch**, fast süßlich abgerundet. Renoir zeichnet in seinen Bildern die **glücklichen Momente des Lebens** auf. Obwohl er Gustave Courbet und Edouard Manet bewundert, bleiben düstere Stimmungen, dunkle Farben und kritische, realistische Inhalte aus seinem Werk verbannt.

Claes Oldenburg stellt sein Werk **„Oven"** („Herd") in den **siebziger Jahren** des 20. Jahrhunderts, zunächst im Rahmen seines Ladenprojektes, aus. Seinen Laden, der den Charakter eines Gesamtkunstwerks hatte, eröffnet er in New York, um sich der üblichen künstlerischen Vermarktungsstrategien zu entziehen. Claes Oldenburg fertigt Objekte, deren Form er aus der Alltagswelt, hier der Küche, ableitet. „Oven" ist ein insgesamt 176 cm hohe **Installation**. Auf einem Holzsockel in Grau und Schwarz steht ein amerikanischer Gasherd und dient als Plattform für die Präsentation einiger scheinbar essbarer Objekte. Auf der geöffneten Bratrohrklappe liegen auf einem runden Holzteller feuerrote und braune Würste auf giftgrünen Blättern. Einen saftigen Braten, von dem bereits drei Scheiben abgeschnitten wurden, erblickt der Betrachter auf der Herdoberfläche. Rechts davon ist eine weiße, gefüllte Kasserolle mit rotem Griff zu sehen. Auf der oberen Etage liegen ein riesiges angeschnittenes Toastbrot und eine grüne Limone neben einem Bund Lauch oder Spargel. Ein bunt gemustertes Tuch, das teilweise von der Ablage herabhängt, unterstreicht die dekorative Absicht des Künstlers, der ein Pendant zu den üblichen Ladendekorationen seiner Zeit schaffen wollte. Irritationen stellen sich ein, wenn bei näherem Betrachten klar wird, dass die essbaren Teile der Installation aus bunt lackierten, grob geformten Gipsimitationen bestehen und nicht immer der Größe realer Esswaren entsprechen. Laut und bunt inszeniert Claes Oldenburg seine **Lebensmittel**, als wolle er **Requisiten** für ein Theater schaffen, das nicht einmal auf mittlerer Distanz täuschen will. Er **provoziert damit eine neue Sicht** auf die illusionistischen Tendenzen der Kunst, auf die festgefahrene Einteilung in ernste, hohe und populäre, niedrige Kunst. Ebenso **ironisiert** er die Mittel der Werbung und bringt Gegenstände des alltäglichen Lebens in einen künstlerischen Zusammenhang. Kunst und Leben sollen wieder eine Verbindung eingehen, weite Teile der Bevölkerung nicht von der Kunst ausgeschlossen werden – dieser Programmatik fühlten sich alle **Pop-Art**-Künstler verpflichtet, auch Claes Oldenburg.

> **Leistungskurs Kunsterziehung: Abiturprüfung 2004**
> **Gruppe II: Aufgaben mit schriftlich-theoretischem Schwerpunkt**

Aufgabe III   Analyse und Interpretation

Giorgio Morandi   „**Natura Morta**" (1960)
(1890–1964)   Öl auf Leinwand, 30,6 × 35,6 cm.
                         Freiburg, Sammlung Morat

Giorgio Morandi verbrachte die meiste Zeit seines Lebens in seinem kleinen, bescheidenen Atelier in Bologna. Umgeben war er von seinen „Modellen", den verschiedenartigsten Gefäßen, die in immer neuer Gruppierung in seinen Stillleben auftreten. Der Schriftsteller Giuseppe Raimondi, ein Freund des Malers, hat sie beschrieben:

„Da steht sie, die friedliche Schar der Flaschen: solche, die einstmals gewöhnlichen Tafelwein, andere, die edle Spirituosen enthalten hatten. Unter den Porzellantassen finden sich neben gewöhnlichen Milchschalen einige mit verspieltem Dekor und geschwungenen Profilen. Die Zuckerdose ist züchtig wie eine Nonne. Die Milchkanne hat sich schon oft mit unterschiedlichen Farben verkleidet. Die Kaffeekanne mit dem Schnabel eines gerupften alten Vogels. Und letztlich in allen nur erdenkbaren Formen der Trupp der Vasen, glückliche Komparsen, die einmal auserwählt waren, Blumen zu tragen."

Quelle: Giuseppe Raimondi, Fünfzehn Kapitel für ein Porträt, 1969

Tage- und wochenlang ordnete und betrachtete Morandi sein „Dinge", bevor er ein neues Stillleben malte. Dazu benötigte er dann nur wenige Stunden.

Nehmen Sie sich Zeit, die Abbildung eingehend zu betrachten, auch aus der Distanz!

1. Bildnerisch-praktische Untersuchung
   Setzen Sie sich zunächst bildnerisch mit Form und Farbe des Stilllebens auseinander!

   a) Kompositionsstudie und Skizzen   (6)
      Zeigen Sie in Kompositionsstudien (etwas kleiner als die vorliegende Reproduktion), wie Morandi die Bildfläche ordnet! Verdeutlichen Sie in weiteren kleinen Skizzen wesentliche Aspekte der räumlichen Organisation!
      Verwenden Sie Zeichenmittel, mit denen Sie der besonderen Art der Gestaltung bildnerisch möglichst nahe kommen!

   b) Farbstudie   (6)
      Geben Sie mit Pinsel und Farbe einen Bereich (ca. 10 × 10 cm) wieder, in dem vorwiegend Gefäße dargestellt sind! Gehen Sie in Ihrer Studie einfühlsam auf Duktus und Farbauftrag ein!

   c) Zeichnerische Umgestaltung   (8)
      Setzen Sie sich mit dem Abstraktionsgrad auseinander, indem Sie das ganze Bild in eine naturalistische Darstellung übertragen: Zeichnen Sie die Gefäße und ihr Umfeld so, dass der Eindruck von Plastizität und Räumlichkeit hervorgerufen wird!
      Legen Sie Ihrer Zeichnung etwa halb so groß wie die Reproduktion an!
      Präsentieren Sie Ihre Skizzen und Studien auf einem größeren Zeichenblatt!

2. Wiedergabe eines persönlichen Eindrucks (6)
   Während Ihrer praktischen Untersuchungen haben Sie sich bereits mit dem Stillleben vertraut gemacht. Schildern Sie nun Empfindungen, die das Bild in Ihnen auslöst, und beschreiben Sie besondere Eigenarten in der Darstellung, die Ihnen auffallen!

3. Schriftliche Analyse (12)
   Analysieren Sie das Werk auf der Basis der bisherigen Beobachtungen und Untersuchungsergebnisse! Klären Sie dabei, wie Morandi sein Stillleben in der Fläche und im Raum ordnet! Beschreiben Sie einfühlsam und differenziert Farbe und Licht!

4. Interpretationsansatz (14)
   Gehen Sie von Ihren Beobachtungs- und Untersuchungsergebnissen aus und ziehen Sie Schlüsse, um zu einem Interpretationsansatz zu gelangen! Diskutieren Sie darin, wie Morandi seine optischen Eindrücke von der sichtbaren Welt und seine Empfindungen im Stillleben ausdrückt! Nehmen Sie in Ihre Überlegungen die Äußerung Morandis über Wahrnehmung mit auf: „Nulla è piu astratto del mondo visibile" (Nichts ist abstrakter als die sichtbare Welt)!

5. Kunstgeschichtliche Reflexion (8)
   Künstlerinnen und Künstler der klassischen Moderne haben sich, ähnlich wie Morandi, intensiv bildnerisch mit dem Sujet „Stillleben" auseinandergesetzt. Beschreiben Sie eines dieser Werke und legen Sie dar, auf welche Weise dabei die sichtbare Realität umgesetzt wird! Nehmen Sie in Ihren Ausführungen vergleichend Bezug zur Malerei Giorgio Morandis!

Giorgio Morandi, Natura Morta, 1960; Öl auf Leinwand, 30,6 × 35,6 cm, Freiburg, Slg. F. A. Morat

Lösungsansätze

1. Bildnerisch-praktische Untersuchung

a) Kompositionsstudien und Skizzen

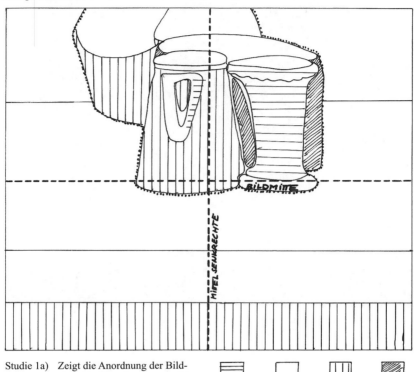

Studie 1a) Zeigt die Anordnung der Bildelemente **über** der waagerechten Bildmitte und die Ordnung der Farbflächen zueinander.

weiß   gelb/grau   dkl.grau   orange

Skizzen 1a) Hintergrund-Streifen   Gefäß-Block

Zeichenmittel: Kreiden/weiche Bleistifte

b) Farbstudie

c) Zeichnerische Umgestaltung

2. **Wiedergabe eines persönlichen Eindrucks**

Zunächst überrascht mich die ungewöhnliche Komposition. Ganz an die obere Bildkante gerückt stehen fünf Gefäße eng beieinander. Sind es überhaupt welche? Streng, geordnet und spartanisch wirkt das Bild auf mich. Sind die Gegenstände so nah aneinander gerückt, weil rundherum geputzt werden soll? Die verschiedenen Grautöne lassen einen Raum entstehen. Das Auge versucht, die Gefäße zu identifizieren, kaum kann das gelingen – was sich zurückzieht, stülpt sich gleichzeitig wieder nach vorne. Wäre da nicht eine weiße Vase, die sich vor einem orangefarbenen Gefäß abhebt, sähe ich alles in gelbgrauem Ascheregen versinken.

3. **Schriftliche Analyse**

Die Komposition „Natura Morta" legt der Maler Morandi als Querformat an. Betont wird das Querformat durch vier unterschiedlich breite graufarbige **Waagerechten**, die auch den räumlichen Eindruck der farbigen Bildfläche entstehen lassen. Um die Mittelsenkrechte im oberen Teil des Bildes gruppieren sich die fünf Gefäße, deren **senkrechte Achsen** ein Gegengewicht zu den Querlinien bilden. In ihrer Geschlossenheit wirkt die Gefäßgruppe als blockartige Formation. Auch wirkt sie eher als **flächiges Gebilde** denn als räumliche Anordnung. Dies unterstützen die ineinander fließenden, leicht gewellten Pinselstriche. Während die vorderen zwei Gefäße sich durch eine Schattenfuge deutlich vom Untergrund abgrenzen, sind die Konturen der übrigen Gegenstände weich „gezeichnet" und mit dem Hintergrund fast verschmolzen. Ebenso fließen die Ovale der Gefäßöffnungen ineinander. Deutlich setzt sich nur das dunkelgraue Oval der Teekanne ab, deren Tülle direkt von vorne zu sehen ist und durch eine dunkle triangelförmige Fläche markiert ist. Das schmale Oval der orangefarbenen „Dose" in zweiter Reihe verbindet fast nahtlos die Öffnung der weißen Vase im Vordergrund mit der grauen Fläche eines vom Bildrand abgeschnittenen Gegenstandes.
Durch die leichte Aufsicht, die Verkürzung der Kreisformen zum Oval und die Überschneidungen entsteht der Eindruck, die Gefäße seien auf einem Brett angeordnet worden. Die Waagerechten im Vordergrund markieren die Kante eines Regalbrettes oder eines Tisches. Vermutlich steht der Tisch an einer Wand. Die **weit nach oben gerückte Horizontlinie**, vor allem die am Rand stehenden Gefäße, lassen kaum eine andere Deutung zu. Aufgehoben wird dieser erste räumliche Eindruck an den Rändern der Ovale, die wie mit zittriger Hand gemalt sind, auch drängt das Grau des Hintergrundes nach vorne. Auffällig ist, dass zwischen Kanne und Vase das Orange der „Dose" hervorzuquellen scheint. Weiß und Orange drängen sich dem Betrachter entgegen.
Die illusionistische Wirkung, die durch die Darstellung der Lichtverhältnisse zutage treten könnte, fehlt bei Morandi fast völlig. Nur leicht ist die Kanne durch die Abstufung von Grau zu Dunkelgrau modelliert, diese Lichtwirkung ist auf den übrigen Gefäßoberflächen wieder aufgehoben. Dem **schwachen Hell-Dunkel-Kontrast** steht ein **starker Qualitätskontrast** der Farben gegenüber. Die grauen, manchmal graugelblichen Flächen dominieren. Das dunkel gerahmte Orange, das seinerseits das Weiß ummantelt, wird in seiner Leuchtkraft durch die grauen Farbfelder gedämpft. Es entsteht insgesamt ein **stiller Farbklang**.
Im gesamten Bild scheint die helle Leinwand durch. Der Farbauftrag ist dünn, die Pinselstriche sind überall sichtbar. Auch in der Darstellung der weißen Vase ist die Struktur des Leinwandhintergrunds erkennbar. Daraus lässt sich schließen, dass Morandi auch für dieses Bild nur wenig Zeit gebraucht hat.
In dem Maß, in dem der Maler die räumlich-plastische Wirkung vernachlässigt, steigert er die Wirkung der Farbflächen zu einem **autonomen Gebilde**.

4. **Interpretationsansatz**

Die Eigenart dieses Stilllebens, das kompositorisch streng, aber asymmetrisch angelegt ist, besteht ebenso in der Vermeidung illusionistischer Effekte wie in der äußerst sparsamen Anwendung räumlich-plastischer Ausdrucksformen. Die streng zu einen Block geordneten Gegenstände bilden eine ausgewogene Einheit mit der sie umgebenden Leere. In der Farbwahl ebenfalls auf Ausgewogenheit bedacht, entsteht ein fast einschläfernder Gleichklang, dem lediglich die Wahl des Bildausschnitts entgegensteht. Die Farbflächen verschmelzen vor dem Auge des Betrachters zu einer selbstständigen Harmonie.

Wenn es dem Maler so wenig um die realistische Darstellung der von ihm arrangierten Gegenstände geht, was treibt ihn dann? „Nichts ist abstrakter als die sichtbare Welt", soll er gesagt haben. Dieser Satz legt nahe, dass es Morandi vor allem darum geht, **Gestaltungsprinzipien** zu entdecken, die er **hinter der sichtbaren Welt** vermutet. Er misst der Ordnung der ihn umgebenden Wirklichkeit, den Gegenständen, die er sammelt und zusammenstellt, eine Bedeutung bei, die weit über den Glanz ihrer Oberfläche hinaus auf ein höheres Ordnungsprinzip zu deuten scheint. Durch die **Harmonie der Farben, das ihnen eigene Leuchten**, spürt der Betrachter die **meditative Ruhe und Stille**, die der Maler Morandi jedem Spektakel vorzieht. Er bildet nicht einfach Haushaltsgegenstände um ihrer selbst willen ab, sondern bezieht sich auf ihre einfachen Formen als Mittel zur Darstellung eines Harmonieprinzips. Durch die meditative Herangehensweise setzt sich Morandi von allen seinen Zeitgenossen ab, Gruppen oder Stilzugehörigkeit spielen für ihn und seine Malerei keine Rolle mehr.

5. **Kunstgeschichtliche Reflexion**

Vorbild für die Malerei Giorgio Morandis war das Werk des Franzosen **Paul Cézanne**. Eines der vielen Stillleben Paul Cézannes, „**Stillleben mit Äpfeln**", ein Ölbild aus dem späten 19. Jahrhundert, hängt in der Neuen Pinakothek in München. Auf einem kleinen ockerfarbenen Tisch sind zwei irdene Vasen, eine kleine Zuckerdose und ein Porzellanteller voller Äpfel angeordnet. Der Obstteller in der Mitte des Tisches steht auf einem kunstvoll drapierten weißen Tuch, das sich zunächst zu einem Faltenwurf aufbäumt und hinter dem Tisch zu Boden fällt. All das spielt sich in der vorderen Bildhälfte ab, einzig die Vasen ragen über die Bildmitte in den Hintergrund, in dem dunkelbraune Holzschubladen und ein gelb gemusterter Stoff das Bild nach oben hin abschließen. Die plastisch-räumliche Gestaltung der einzelnen Gegenstände, die Cézanne „**Modulation**" nennt, übernimmt bei ihm die **Farbe**. Diesen Weg zur Abstraktion beschreitet auch Morandi. Oberflächen werden ebenfalls nicht nach ihrer spezifischen Beschaffenheit illusionistisch gemalt, sondern nach Farbwerten gestaffelt in die Komposition eingefügt. Die diagonal liegenden Tuchfalten zeigen durch deutliche Schattenbildung zwar noch Einflüsse realistischer Abbildungsweisen, trotzdem zielt Cézannes Malerei auf eine programmatische Vereinfachung der Bildsprache hin. Alles in der Natur modelliere sich wie **Kegel, Kugel und Zylinder**, eine „**Kunst parallel zur Natur**" zu schaffen, ist sein erklärtes Ziel. In seinen späteren Bildern gibt er die perspektivische Richtigkeit zugunsten einer **harmonischen Gesamtkomposition** völlig auf. Morandi übernimmt die Gestaltungsprinzipien Cézannes. Ebenso wie sein Vorbild wiederholt er sich in seiner Motivwahl, er sucht den Ausdruck durch die Farben, nicht durch die Wahl des Inhalts zu steigern. Beide Maler sind auf der Suche nach einer Ordnung, die sich nicht in der sichtbaren Welt, in der realistischen Darstellung des Sichtbaren zeigt.

Aufgabe IV Vergleichende Analyse und Interpretation

Ferdinand Georg Waldmüller (1793–1865)	„**Junge Bäuerin mit drei Kindern im Fenster**" (1840) Öl auf Leinwand, 84,6 × 67,5 cm. München, Neue Pinakothek (Abb. 1)
Howard Kanovitz (geb. 1929)	„**Blick aus dem Fenster**" (1968) Acryl auf Leinwand, 177,5 × 114 cm. New York, Sammlung Stoller (Abb. 2)

Sie haben zwei Bilder vor sich, auf denen das Thema „Fenster" auf sehr unterschiedliche Weise interpretiert wird. Betrachten Sie die beiden Bilder in Ruhe!

1. Beschreibung (8)
   Geben Sie mit knappen Worten wieder, was Sie auf den Bildern sehen!
   Schildern Sie sodann die Atmosphäre, die von den „Fenstern" ausgeht!
   Beschreiben Sie dabei auch Ihre Rolle als Betrachter!

2. Bildnerische Untersuchung/Farbige Detailstudien (18)
   Setzen Sie sich bildnerisch mit der farbigen Gestaltung der beiden Gemälde auseinander! Wählen Sie für Ihre Untersuchungen in jeder Reproduktion einen Bildbereich von etwa 5 × 5 cm, in dem Sie die Wiedergabe von Oberflächenwerten und die jeweilige Lichtsituation genau betrachten und malend nachempfinden!
   Fertigen Sie diese farbigen Studien etwa in doppelter Vergrößerung an!

3. Schriftliche Analyse (12)
   Richten Sie nun Ihr Augenmerk wieder auf die Bilder in ihrer Ganzheit!
   Fassen Sie Ihre bisher gewonnenen Erkenntnisse zu Farbe, Malweise und Licht zusammen und ergänzen Sie Ihre Ausführungen gegebenenfalls durch zusätzliche Beobachtungen!
   Legen Sie dar, wie Waldmüller und Kanovitz die Bildfläche ordnen, wie sich Menschen bzw. Dinge aufeinander beziehen und inwieweit sie Tiefenraum suggerieren!

4. Interpretationsansatz (14)
   Entwickeln Sie nun, ausgehend von bisher gemachten Beobachtungen und Untersuchungen, einen Interpretationsansatz zu beiden Bildern! Lassen Sie dabei auch hin und wieder Ihren Blick zum Fenster Ihres Prüfungsraumes schweifen und vergleichen Sie die reale Situation mit dem Bild! Legen Sie dar, wie Waldmüller und Kanovitz mit ihren Bildern das Betrachterverhalten unterschiedlich steuern!
   Nehmen Sie bei Ihren Ausführungen auch Bezug auf den Ausspruch Leonardo da Vincis, der das menschliche Auge mit einem Fenster vergleicht und dabei auch die menschliche Psyche mit ins Spiel bringt:
   „*L'occhio è la finestra dell' anima*" („Das Auge ist das Fenster zur Seele").

5. Kunstgeschichtliche Reflexion (8)
   Das Verhältnis von Bild und Wirklichkeit ist im Werk von René Magritte in besonderer Weise thematisiert.
   Zeigen Sie an zwei Bildern des belgischen Surrealisten, wie er dieses Spannungsfeld bildnerisch reflektiert!

Abb. 1

Abb. 2

Lösungsansätze

1. **Beschreibung**

   Ferdinand Georg Waldmüller stellt folgende Szene in seinem 1840 gemalten Ölbild „Junge Bäuerin mit drei Lindern im Fenster" vor:
   Aus einem glaslosen, aus breiten Vierkanthölzern gezimmerten Fenster blicken drei Kinder und eine junge Frau nach draußen. Zwei der drei Kinder stützen sich auf den von Sonne beschienenen Rahmen, das Jüngste lutscht am Daumen und blickt den Betrachter aus großen blauen Augen unverwandt an. Es ist weiß gekleidet, hell leuchten seine Haube und die rosige Haut im Sonnenlicht. Ebenfalls sonnig beschienen zeigt ein rotblond gelockter Bub nach draußen und sieht dabei zu seinem älteren Bruder hinauf, der am linken Bildrand hinter den beiden Kleineren freudig lächelnd aus dem Fensterrahmen blickt. Seine Stirn und sein blonder Schopf leuchten nur teilweise im direkten Licht. Die Mutter hebt sich, durch indirektes Licht erhellt, vom schwarzen Hintergrund ab. Ihre Haltung ist die einer beschützenden Mutter: Sie scheint die Arme um ihre Kinder zu halten. Ein rotes, über der Brust gekreuztes Tuch auf weißer Bluse zeigt sie in bäuerlicher Tracht. Um das Haar trägt sie ein dunkles Tuch geschlungen. Die Farbe des Tuchs verschmilzt mit dem Hintergrund. Die Frau füllt den gesamten Fensterrahmen nach oben hin aus, auch sie schaut dem Betrachter freundlich entgegen. Ich sehe das Porträt einer jungen, „blitzsauberen" Familie vor mir, die Atmosphäre ist heiter, gesund und fast unerträglich idyllisch. **Der Betrachter** scheint herzlich willkommen, das vollkommene Glück zu besuchen.
   Auf **Howard Kanovitz'** Bild „Blick aus dem Fenster" fällt zunächst die völlige Menschenleere auf. Ein geschlossenes, schwarz gerahmtes Schiebefenster mit milchigen Scheiben gibt den Blick lediglich auf verschwommenes Drahtgeflecht und Gitterstäbe frei. Quer über die unterste Scheibe gespannt sieht man ein Drahtseil, an dem zwei merkwürdige verschweißte Packungen an Wäscheklammern aufgehängt sind. Eine dritte Wäscheklammer hängt funktionslos rechts daneben. Auf dem ebenfalls schwarzen Fensterbrett im Innenraum sind linkerhand zwei rot-weiße, aufeinander gestapelte Packungen mit der Aufschrift „skotch, wood joiners" zu sehen, eine schwarze Klebebandrolle liegt gleich daneben. Mit etwas Abstand stehen weitere geöffnete Pappschachteln in den Farben Rot-Weiß mit der Beschriftung „SUPER QUALITY PRODUCTS" und in Hellblau-Weiß mit der Aufschrift „NAILS UNLIMITED" neben einer Plastikflasche mit Flüssigkleber. Daneben in der rechten Ecke des Fensters liegen in einer rosafarbenen Schale drei unterschiedlich große kantige Blöcke, die Kreiden und einen Schleifstein darstellen könnten.
   Der Ausblick aus diesem Fenster berührt unangenehm, auch die Utensilien innen auf dem Fensterbrett verweisen eher auf ein unheimliches Geschehen. **Der Betrachter** fühlt sich als Eindringling in eine verschlossene Welt.

2. **Bildnerische Untersuchung / Farbige Detailstudien**

   Je ein 5 × 5 cm großer Bildausschnitt der vor Ihnen liegenden Reproduktionen soll hier gewählt werden (siehe Bildausschnitte auf den folgenden Seiten), anhand dessen in doppelter Vergrößerung

   – Oberflächenwerte und
   – das spezifische Licht

   in präziser farbiger Wiedergabe gezeigt werden sollen.

Ferdinand Georg Waldmüller – Bildausschnitt

Howard Kanovitz – Bildausschnitt

3. Schriftliche Analyse

Zunächst beschäftigt in beiden Bildern die **perfekte bis übergenaue Darstellung** der meisten Bildgegenstände und Materialoberflächen. Beide Maler beherrschen die illusionistische Art der Darstellung in der jeweiligen Technik bis zur Perfektion – Ferdinand Georg Waldmüller die **altmeisterliche Öltechnik**, Howard Kanovitz die im 20. Jahrhundert entwickelte **Acrylmalerei**. Da bei Kanovitz kein Pinselstrich zu erkennen ist, lediglich die sachlich gemalten Schachteln und Kreiden auf Malerei hindeuten, waren vermutlich auch Schablonen- und Spritztechnik im Einsatz, um die objektgleichen Oberflächen, die Lichtreflexe auf dem Rahmen und die milchigen Scheiben herzustellen.

Farblich unterscheiden sich beide Bilder sehr. Die „Junge Bäuerin mit drei Kindern …" wird von Waldmüller in vorwiegend **warmen, goldenen** Tönen gehalten. Naturweiß, Kupferrot und Braun dominieren die Komposition. Ein starker **Hell-Dunkel-Kontrast** lenkt den Betrachterblick.

Ein schwarzer Rahmen und kaltes, weißes Licht prägen den Gesamteindruck des Bildes von Kanovitz. Weiß, Blau und Hellblau bestimmen den Charakter der „unmöglichen" Aussicht. Die Farbigkeit der Werkstattutensilien auf dem Fensterbrett lenkt kaum vom **kalten Gesamteindruck** ab. Auch hier steigert ein starker **Hell-Dunkel-Kontrast** die Bildwirkung.

Waldmüller lässt in seinem Bild ein starkes, schräg einfallendes **Sonnenlicht** wirken. Die Maserung des Fensterrahmens, jeder Spalt darin, ist scharf abgebildet. Rötliche Haare, Haube und Haut der beiden Kinder im Vordergrund leuchten dem Betrachter überdeutlich entgegen. Durch das Licht wird die **Plastizität** der beiden Kinderporträts fast unwirklich hervorgehoben.

Bei Kanovitz wirkt in erster Linie das **Gegenlicht**, das durch den Fensterrahmen zunächst auf das Fensterbrett fällt. **Mild und diffus** löst die milchige Glasscheibe den verschwommenen Hintergrund auf. Es entstehen weiße, hellblaue und rosafarbene Querstreifen, die, von vertikalen grauen Gitterstäben und Maschendraht durchbrochen werden. Umso mehr entfaltet sich im Inneren der Kontrast zwischen dem „Außenbild" und den Utensilien, die wie durch mehrere Lichtquellen beleuchtet, **scharf umrissen** auf dem Fensterbrett stehen.

Harmonisch geordnet erscheint Georg Waldmüllers **Bildgefüge**. Der Fensterrahmen könnte ebenso gut ein Bilderrahmen sein. Das **„Bild im Bild"** zeigt im oberen Teil auf der senkrechten Mittelachse die Mutter. Sie wird von ihren drei Kindern sichelförmig eingerahmt. Die vier Personen können sowohl um einen **Kreis** als auch um ein **gleichschenkliges Dreieck** gruppiert werden. Der Kreis nimmt die runden Formen ihrer Gesichter auf und setzt einen deutlichen Akzent im rechteckigen Fensterrahmen. Die Kreisform betont die harmonische, **idyllische Wirkung** des Familienporträts. Das Dreieck hingegen verweist auf eine andere Bedeutungsebene: Die Mutter als Hüterin der Familie entspricht diesem Kompositionsprinzip ebenso wie die Darstellung „Mutter mit Kind" in Pyramidenform in der christlichen Ikonographie ein **göttliches Ordnungsschema** darstellt.

Im „Blick aus dem Fenster" von Kanovitz überwiegt ein **statischer, bewegungsloser Eindruck**. Er entsteht durch den dominanten dunklen Rahmen ebenso wie durch die sich wiederholenden **senkrechten Gitterstäbe** im Inneren der Scheiben. Ein Gegengewicht dazu bilden wenige **Horizontalen**: Der Rahmen des Schiebefensters, das die gesamte Scheibe in der Mitte teilt, und das Fensterbrett. Aufgelockert wird die starre Komposition durch den etwas durchhängenden Draht im unteren Fensterabschnitt, die zwei nicht ganz mittig hängenden „Tütchen" und schließlich durch die locker auf dem Brett verteilten Requisiten.

Räumliche Tiefe erzeugen bei Waldmüller zunächst die **perspektivischen Linien** des Fensterrahmens. Sie führen auf das Abbild der Mutter und auf die Darstellung der Kinder hin, die sich alle fast auf einer Ebene knapp hinter dem Rahmen bewegen. **Der Raum**

hinter der Bäuerin ist durch gleichmäßig aufgetragene schwarzbraune Farbe **als Tiefenraum nicht kenntlich**. Auch bei Kanovitz gibt es für den Betrachter wenig Tiefenraum zu erkunden. Die milchige Glasscheibe verhindert den Blick in die Weite, der zusätzlich durch Gitter und Drahtgeflecht behindert scheint. Der Raum im **Innenraum**, auf dem sich **bühnenartig** alles abspielt, ist ein schmaler Streifen Fensterbrett im Vordergrund.

4. Interpretationsansatz

Der Blickkontakt mit den Protagonisten, die voller Neugierde, angstfrei und strotzend vor Gesundheit in **Waldmüllers Familienbild** zu sehen sind, ist einladend. Ob man will oder nicht, jeder darf an diesem **privaten Glück** teilhaben. Zu sehen ist zwar nur ein Ausschnitt, der aber ist vollkommen. Es verwundert höchstens, dass die Familie **nicht komplett** ist, die Vaterfigur fehlt. Ist der Betrachter das fehlende Familienmitglied? Erklärt sich so der erwartungsvoll schmachtende Blick der Bäuerin? Die **Darstellung** der Kinder entspricht dem **idealisierten Bild** einer harmonischen Gemeinschaft. Idealisiert wird auch die **Frau als fürsorgliche, häusliche Mutter**. Durch die Weichzeichnung der Gesichtszüge der Bäuerin und die gesamte kompositorische Ordnung des Bildes **verklärt** der Maler sie gar zur Madonna. Noch zu Lebzeiten Waldmüllers widmen sich die französischen Realisten, allen voran Gustave Courbet, einer Malerei, die die soziale Wirklichkeit der Bevölkerung in Augenschein nimmt. Nichts davon ist in Waldmüllers Bild zu spüren. Zwar portraitiert er hier bäuerliche Menschen, ihre Lebenswirklichkeit erspart er uns jedoch. In diesem kleinen Fensterausschnitt ist die Welt heil. Wenn Leonardo, wie in der Fragestellung zitiert, das Auge als Fenster der Seele bezeichnet, so spiegelt sich in den Augen der Dargestellten nichts als die Biedermeier-Seele eines Malers, der die Natur in ihren vielgestaltigen Oberflächen meisterhaft zu kopieren weiß und den Wahrheitsgehalt des Gesehenen auf **friedliche Glücksmomente** reduziert.

Der Blick aus dem **Fenster des Prüfungsraums** kann vieles bedeuten, in der aktuellen Situation erholt sich erst einmal das Auge, das Geschriebene soll ja gleich noch einmal überprüft werden. Neben den architektonischen Fakten nehme ich plötzlich die Stimmung im Prüfungssaal wahr, die Geräusche ... Der Blick eines Biedermeier-Malers in den Kunstsaal heute könnte natürlich auch ein verklärter wie der Waldmüllers sein. Guter alter Leistungskurs! Bald bist Du Geschichte! Oh edle Bildungsbereitschaft! u. Ä. ... Oder alles Geschriebene und Gezeichnete wird vor dem „geistigen Auge" wiederholt und erörtert. Prüfungsferne Gedanken schleichen sich ein. Dann ist das Fenster und vielleicht der Himmel dahinter nur die geeignete Projektionsfläche für innere Bilder und Stimmungen. Wäre unser Klassenzimmer mit Milchglasscheiben ausgestattet, könnte keiner neugierig hereinblicken, aber eben auch keiner hinaus. Diese Vorstellung steigert nur die **klaustrophobische Wirkung**, die von Kanovitz' Bild ausgeht. Nicht nur Milchglas, sondern auch Maschendraht und Gitterstäbe gehören hier zum autoritären Bilderwortschatz. Dieses Fenster ist kein Tor zur Welt, keine Bühne für die Ideale eines Malers. Dieses Fenster sagt einem schlichtweg nur: Halt! Hier gibt es nichts zu glotzen! Verschwinde! Ein schwarzer Fensterrahmen setzt die Funktion eines Fensters, nämlich die, Licht ins Innere eines Raumes gelangen zu lassen, teilweise außer Kraft. Schwarze Farbe schluckt Licht. Dient das Fenster nur zur Belüftung?

Absurd scheint auch der Appell im Titel „Blick aus dem Fenster". Der Ausblick ist zwar möglich, zeigt aber zu wenig, um sich „ein Bild" zu machen. Der Maler verhindert ein eindeutiges Bild, er behindert den Betrachter absichtlich, sperrt ihn ein, versetzt ihn in die unangenehme Situation eines Gefangenen. **Irritierend** ist dieses Spiel des Malers, bestehend aus **Einladung und Ablehnung**. Dieser „Blick" ist auch eine Absage an alle Maler, die mit der ausschnitthaften Darstellung der Welt „Wahrheit" beanspruchen.

Die fotorealistische Oberfläche des Bildes zeigt ein nicht zu erfassendes Bild der Außenwelt und eine ebenso unerklärliche, wenngleich präzise abgebildete Innenwelt.
Der Maler, so könnte man folgern, gibt nichts preis, auch dann nicht, wenn er die Wirklichkeit nachahmt. Ist ein Maler also, wie er es auch anstellt, unfähig, die Wirklichkeit zu zeigen?

Während sich in Georg Waldmüllers Bild eine Malerseele zeigt, die Harmonie, Familiensinn und Gesundheit für erstrebenswert hält, die Mutterglück und bäuerliches Leben preist und für diese Ideale eine illusionistische Wiedergabe bevorzugt, geht es dem Maler Kanovitz wie fast allen „Fotorealisten" um eine Auseinandersetzung mit den Möglichkeiten der Malerei. Es ist der Betrachter, dessen Erkenntnisse sich in den präzisen Oberflächen spiegeln sollen, nicht der Maler, der vorgefertigte Erkenntnisse liefert. Das pessimistische Fazit, das er in Bezug auf die Darstellung der Wirklichkeit durch die Malerei zieht, wird anhand von „Blick aus dem Fenster" deutlich. Undeutlich bleibt, was den Maler jenseits dieser intellektuellen Erkenntnis bewegt.

5. **Kunstgeschichtliche Reflexion**

Der belgische Maler René Magritte nimmt zu Lebzeiten an den wichtigen Ausstellungen der **Surrealisten** teil. In seiner Bilderwelt mutieren vertraute Gegenstände zu fantastischen Objekten, immer stellt er die sichtbare Wirklichkeit in Frage. Bilder und Sprache sind nur Zeichensysteme, die Wirklichkeit immer nur unzureichend wiedergeben können. Wir sollen nachdenken über die Grenzen unserer Wahrnehmung und unsere Sehgewohnheiten hinterfragen. Deutlich wird dieses künstlerische Programm u. a. in folgenden beiden Werken:

Das **Ölbild „Der Verrat der Bilder"** zeigt eine sachlich gemalte Pfeife vor einem beigefarbenen Hintergrund. Sie scheint zu schweben. Am unteren Rand des Bildes ist der Satz „Ceci n'est pas une pipe", „Dies ist keine Pfeife", in Lettern eingeschrieben, die aus dem Lehrbuch eines Grundschülers stammen könnten. Mit diesem Satz hebt Magritte die Gewohnheit, ein dargestelltes Objekt für das eigentliche zu halten, auf. Wir erkennen sofort, dass die Darstellung nicht die Qualitäten, hier die dritte Dimension und die haptische Beschaffenheit, des uns bekannten Gegenstandes hat. Was wir kennen, existiert qua Sprache in unserer Vorstellung. Die Abbildung ist die Projektion unseres Geistes, so verweist die dargestellte Pfeife nicht nur auf ihre Funktionslosigkeit, sondern auch auf ihre Existenz in unserer Sprachwirklichkeit. **Was ist Realität?** Diese Frage wirft Magritte mit diesem Bild beispielhaft auf.

Etwas später entsteht, ebenfalls als **Ölbild**, „**Die Beschaffenheit des Menschen**". Aus einem Zimmer, etwas seitlich stehend, blickt der Betrachter auf ein großes Fenster. Wolkiger Himmel und eine Landschaft, Wiesen, Feldweg, Bäume sind abgebildet. Durch den seitlichen Einblick erkennt man den Rand einer Leinwand und registriert die dazugehörige Staffelei. Das Bild auf der Leinwand fügt sich exakt in die Landschaftsabschnitte ein, die wir zwischen Bild und Fensterrahmen erkennen können. Hier erfahre ich nur durch den Maler im Bild, wie die Landschart hinter der Leinwand aussieht. Die Natur bleibt größtenteils verdeckt. Das, was Magritte von der Landschaft zeigt, ist zwar identisch mit dem Bild im Bild, beweisen lässt sich allerdings nichts. Dei Wirklichkeit **könnte** abgebildet sein, scheint Magritte zu sagen. Das **Verhältnis von Abbild und Abgebildetem**, die Widersprüche unserer Wahrnehmung, deckt Magritte in seinen „Seh-Fallen", auf. Der **Zweifel** an der Wirklichkeitsdarstellung wie den Bedingungen der Malerei beschäftigen ihn ebenso wie die Bildsprache des Malers De Chirico ihn zu seinen magischpoetischen Bildwelten angeregt haben mag. **Banale Bildinhalte in mysteriöse Bilder zu verwandeln** gelingt Magritte auf eindrucksvolle Weise.

Leistungskurs Kunsterziehung: Abiturprüfung 2005
Gruppe I: Aufgaben mit bildnerisch-praktischem Schwerpunkt

Aufgabe I   Architekturvision zum Thema „Stadt unter Strom"

Visionäre Architekten und Städteplaner lassen sich mitunter von Strukturen der Technik zu ihren architektonischen Formfindungen anregen. Versetzen Sie sich in die Rolle eines solchen Architekten!
Vor Ihnen liegt ein handelsüblicher Schukostecker. Öffnen Sie ihn mit einem Schraubenzieher! Legen Sie den aufgeklappten Stecker so vor sich hin, dass möglichst viele „Informationen" seines Innenlebens sichtbar werden!

1. **Vorbereitende zeichnerische Arbeiten** (20)
   a) **Zeichnung und Studie**
   Zeichnen Sie den geöffneten Gegenstand stark vergrößert (mindestens in 5-facher Größe), wobei Sie seine Ansicht durch konturierende Linien zu erfassen suchen!
   Verdichten Sie in dieser Zeichnung einen geeigneten, genügend großen Ausschnitt zur Studie, in der Sie besonders die plastischen Qualitäten betonen!
   b) **Ideenskizzen**
   Legen Sie eine Reihe von kleinen, auch farbigen Skizzen an und deuten Sie dabei das Innenleben des Steckers oder auch demontierte Teile davon zu architektonischen Elementen einer fiktiven Großstadt um!
   Jede Großstadt wird durchdrungen von Energie- und Informationsflüssen. Erproben Sie in weiteren Skizzen Möglichkeiten, solche „Ströme" in dieser fiktiven Großstadt sichtbar zu machen!

2. **Farbige Komposition: „Stadt unter Strom"** (20)
   Entwickeln Sie auf der Grundlage Ihrer Vorarbeiten eine farbige Komposition mit dem Titel „Stadt unter Strom" an der Grenze zwischen Architekturvision und freier Malerei!
   Kombinieren Sie dabei räumlich-plastische Architekturelemente mit Ihren Vorstellungen von urbanen Informations- und Energieflüssen!
   Sie können diese Aufgabe als Zeichnung, Malerei oder Mischtechnik ausführen.
   Wählen Sie ein Format, das Ihren Darstellungsabsichten entspricht! Achten Sie auf einen überlegten Einsatz der Werkmittel und eine differenzierte Ausführung!

3. **Kunstgeschichtliche Reflexion** (20)
   Im Verlauf des 20. Jahrhunderts wurde der Kunstbegriff zunehmend erweitert. Belegen Sie diese Thesen durch die Beschreibung zweier Werkbeispiele unterschiedlicher Künstler dieses Zeitraums, welche Elektrizität als Mittel zur Erzeugung von Bewegung oder Licht für ihre künstlerische Arbeit nutzen! Geben Sie Hinweise zur Interpretation!

Materialien und Hilfsmittel
Mal- und Zeichenpapiere (auch farbig) DIN A 2 bis DIN A 1, Bleistifte verschiedener Härtegrade, Farbstifte, farbige Kreiden, Kohle, Deck-, Aquarell-, Acryl-, Dispersionsfarben

Lösungsansätze

3. Kunstgeschichtliche Reflexion

Gesellschaftliche und politische Veränderungen, wie beispielsweise die Auswirkungen der Industrialisierung und die damit verbundenen technischen Neuerungen, haben im ausgehenden 19. Jahrhundert unmittelbaren Einfluss auf die bildende Kunst. Fotografie und Film erlangen neben den traditionellen Kunstgattungen Malerei und Plastik zunehmend an Bedeutung. Das Prinzip der Collage, erstmals eingesetzt durch Picasso und Braque in den kubistischen Bildern um 1912, ermöglicht eine völlig neue Arbeitsweise mit weit reichenden Folgen. Die Collage beschränkt sich nicht nur auf zweidimensionale Bilder, sondern auch Bildhauerei, Musik, Literatur, Fotografie und Film bedienen sich schnell der neuen Technik und lassen die bis dahin klaren Grenzen unter den einzelnen Kunstgattungen verschwimmen. Die Folge ist eine Erweiterung des traditionellen Kunstbegriffs; eine Voraussetzung für die Arbeit und Arbeitsweise der nachfolgenden Künstler:

Einer der Pioniere der kinetischen Kunst (Kinetik: Lehre von der Bewegung) war **Laszlo Moholy-Nagy**. Als Lehrer am Bauhaus und Leiter der dortigen Metallwerkstatt entwickelte er in den Jahren 1922–1930 den „**Licht-Raum-Modulator**", einen elektrisch betriebenen „Apparat zur Demonstration von Licht- und Bewegungserscheinungen" (Laszlo Moholy-Nagy, 1930).

Ein Elektromotor dreht mehrere Platten, auf denen unterschiedlichste Objekte befestigt sind, die in ihrer Zusammenstellung an die Bilder des russischen Konstruktivismus erinnern. Kreisrunde Scheiben, teilweise mit Löchern, werden kombiniert mit rechteckigen Gestellen. Die Zusammenstellung erfolgte nicht aus Abfall oder Fundstücken, wie bei den Objekten des Dadaismus, sondern aus eigens für diesen Zweck hergestellten Gegenständen. Die Apparatur besteht aus Stahl, Aluminium, Plexiglas, Holz und farbigen Glühbirnen. Die Glühbirnen leuchten nach einem festgelegten Plan auf und lassen durch die kontinuierliche Bewegung des Licht-Raum-Modulators immer neue Schattenbilder an den Wänden eines abgedunkelten Raumes entstehen. Festgehalten hat Moholy-Nagy diese so entstandenen Bilder in seinem Film „Lichtspiel Schwarz-Grau-Weiß" von 1930.

Die Gestaltung mit Licht wird zum Mittelpunkt seiner künstlerischen Arbeit. Es dient bei Moholy-Nagy nicht mehr nur zur Beleuchtung, sondern wird zu einem eigenständigen künstlerischen Gestaltungsmittel. Neu an seiner Arbeit ist auch, dass durch die Bewegung die Dimension der Zeit in der Kunst Eingang findet. Die bis in die 20er Jahre statische Auffassung von Skulptur wird durch eine beweglich-dynamische ersetzt.

Jegliche romantische Metaphysik war Moholy-Nagy fremd. Er sah sich als Prototyp des Künstlers im technischen Zeitalter und strebte nach der vom Bauhaus propagierten neuen Einheit von Technik und Kunst. Der „Modulator" ist für ihn eine Metapher für das Licht des menschlichen Geistes, welches das hoffnungslose Nichts der Welt erleuchtet.

Jean Tinguelys mobile Eisenskulptur „**Meta-Harmonie II**" von 1979 ist ein wunderliches Gerät. Die Ausmaße sind beträchtlich (4 Meter hoch, 7 Meter breit) und um es in seiner Gesamtheit zu erfassen, ist man gezwungen, es zu umschreiten.

In drei nahezu gleich große Metallgestelle sind neben mehreren Musikinstrumenten eine Vielzahl von Rädern eingebaut. Die verschiedenfarbigen Räder sind aus unterschiedlichen Materialien und von unterschiedlicher Größe. Alle Objekte sind Fundstücke vom Trödel oder von Schrottplätzen und in gebrauchtem, teilweise ruinösem Zustand belassen. Teile eines Schlagzeuges, eine Mundharmonika, ein Keyboard und sogar ein ganzes Klavier gehen fast unter in dem Chaos aus Rädern und Gestängen, die scheinbar alles miteinander verbinden. „Es bewegt sich alles, Stillstand gibt es nicht" lautet das Motto Tinguelys. Ein Elektromotor setzt die Apparatur in Gang und neben der Bewegung kommt es zu akustischen Überraschungen. Allein das Drehen der Räder, die das Symbol für Bewegung schlechthin sind, verursacht einigen Krach. Hinzu kommt, dass in scheinbar zufälligen

Abständen und unterschiedlichen Geschwindigkeiten die Musikinstrumente zum Klingen gebracht werden. Es entsteht ein „Höllenlärm", der nichts mit der Harmonie zu tun hat, die der Titel der Arbeit vermuten lässt. Hier offenbart sich die anarchische Persönlichkeit Tinguelys, die im Geiste des Dadaismus agiert.

Seine Maschinen sind nicht mehr geprägt von der Technik- und Zukunftsgläubigkeit eines Moholy-Nagy. Hergestellt aus Abfallprodukten der Wegwerfgesellschaft, sind sie vielmehr ein ironischer Seitenhieb auf die Hektik und das Chaos unserer schnelllebigen Zeit, aber auch auf den Kunstbetrieb der 50er Jahre.

Gemeinsam mit Armand, Christo und Yves Klein war Tinguely 1960 Gründungsmitglied der Gruppe „Nouveaux Réalistes" (Neue Realisten). Beeinflusst durch den Dadaismus der 20er Jahre und als Gegenreaktion auf den abstrakten Expressionismus der 50er Jahre wandte sich die Gruppe wieder der Welt der Dinge zu. Ihr Ziel war nicht das realistische Abbilden, sondern die Schaffung eines neuen Zugangs zur Wahrnehmung der Welt durch die Aneignung und Veredlung des Alltäglichen und Banalen.

Aufgabe II   Gestaltung eines Filmplakates „Die letzte Welt"

Christoph Ransmayr schildert in seinem 1988 erschienenen Roman „Die letzte Welt" die vergebliche Suche des Römers Cotta nach dem aus Rom verbannten Dichter Ovid, dem Autor der „Metamorphosen".
Schauplatz der Suche ist Tomi, eine sagenumwobene antike Stadt am Schwarzen Meer, aus römischer Sicht „am Ende der Welt" gelegen.
Cotta stößt auf Spuren seines Freundes, doch sie verlieren sich in der „eisernen, grauen Stadt". Immer geheimnisvoller gestalten sich die Nachforschungen, Ovid bleibt verschollen. Doch auf rätselhafte Weise gewinnen in der unwirklichen Szenerie Passagen aus den „Metamorphosen" Gestalt.

Der nachfolgende Text ist diesem Buch entnommen und soll als Impuls für einen Experimentalfilm dienen, in dem nicht die Handlung im Vordergrund stehen soll, sondern die Übertragung der bildhaften und poetischen Sprache Ransmayrs in stimmungsvolle Bildsequenzen. Entwerfen Sie für diesen Film ein Plakat, in dem diese Intention zum Tragen kommen soll!

Lesen Sie den vorliegenden Text mehrmals aufmerksam durch! Lassen Sie sich von seinen Sprachbildern und seinem Ausdrucksgehalt anregen!

„... Die Luft war so warm und schwer, daß noch in den dünnsten Krumen und Nährböden Sporen keimten, Samen aufsprangen und namenlose Sprößlinge ihre Blätter entrollten. Wer nach einer einzigen Stunde Schlaf erwachte, glaubte sich von Schimmelfäden umsponnen. Alles, was zu seinem Dasein nicht mehr brauchte als Feuchtigkeit, Wärme und das graue Licht dieser Tage, gedieh, wucherte. Erlosch ein Feuer, kroch blühendes Unkraut aus der Asche. Brennholz schlug aus. Verstohlen und mit glasigen Wurzeln zuerst, dann mit grünen Fingerchen, betörenden Blüten und schließlich mit zähen, von bemooster Rinde gepanzerten Armen griff die Wildnis nach der eisernen Stadt.
Obwohl der Rost, die uralte Farbe Tomis, unter dem regenglänzenden Grün allmählich verschwand, fraß er doch im Verborgenen und von der Feuchtigkeit verheerend beschleunigt weiter; unter Blüten und Efeu wurden die eisernen Fensterläden löchrig, brüchig wie Pappe, zerfielen; geschmiedete Zäune knickten ein, aller Zierrat, metallene Lilien, Lanzenblätter und auch die Geländer der Stege über den Bach brachen ab; Drahtgitter verrotteten wie Geflechte aus Gras.
Unter den Umarmungen der Zweige war schließlich nicht mehr zu erkennen, ob ein Wetterhahn oder eine Giebelfigur noch an ihrem Platz stand oder längst zerfallen war. Das wuchernde Grün ahmte die Formen, die es umfing, anfänglich spielerisch und wie zum Spott nach, wuchs dann aber nur noch seinen eigenen Gesetzen von Form und Schönheit gehorchend weiter und unnachgiebig über alle Zeichen menschlicher Kunstfertigkeit hinweg ..."

Quelle: Christoph Ransmayr: Die letzte Welt, Eichborn Verlag, Frankfurt am Main

1. Konzeption für ein Filmplakat (20)

Notieren Sie zeichnend und/oder malend erste bildhafte Assoziationen zum Text in einer Reihe von Skizzen auf ein größeres Blatt!
Verdichten Sie mindestens zwei dieser Arbeiten so, dass vor allem der Stimmungsgehalt nachvollziehbar wird!
Entwickeln Sie nun ausgehend von Ihren vorbereitenden Arbeiten ein bildnerisches Konzept für ein farbiges Filmplakat! Erproben Sie zu diesem Zweck geeignete Motive und Farbkonstellationen in unterschiedlichen Zusammenstellungen!
Entwerfen Sie für den Filmtitel „Die letzte Welt" eine prägnante Typografie und stellen Sie die Buchstaben in eine überzeugende Beziehung zu den Bildmotiven!

2. **Plakatgestaltung** (20)
   Setzen Sie nun ihre bildnerischen Überlegungen großformatig in ein Plakat um!
   Gestalten Sie dabei eine farbige, atmosphärisch dichte Lösung, die in besonderem Maße den Stimmungsgehalt der Textpassage widerspiegelt!
   Sie können Ihr Plakat als Zeichnung, Malerei oder Mischtechnik ausführen.
   Achten Sie auf den überlegten Einsatz der Werkmittel und eine differenzierte Ausführung!
   Format: DIN A 2 bis DIN A 1

3. **Kunstgeschichtliche Reflexion** (20)
   Themen, die um Tod und Vergänglichkeit kreisen, durchziehen die Geschichte der Kunst. Viele Künstler sind fasziniert von Erscheinungsformen des Morbiden, des Ver- und Zerfalls.
   Gerade zum Ende des 19. Jahrhunderts setzten sich bedeutende Maler intensiv mit derartigen existentiellen Fragestellungen auseinander, aber auch nach 1945 sind sie für zahlreiche Künstler Ausgangspunkt bildnerischer Gestaltung.
   Stellen Sie je einen Protagonisten aus den angesprochenen Zeiträumen kurz vor!
   Beschreiben sie je ein Werkbeispiel und erläutern Sie dessen inhaltliche Dimensionen!

Materialien und Hilfsmittel
Mal- und Zeichenpapiere (auch farbig) DIN A 5 bis DIN A 1, Bleistifte verschiedener Härtegrade, Farbstifte, farbige Kreiden, Zeichenfedern, Tusche, Kohle, Deck-, Aquarell-, Acrylfarbe

---

Lösungsansätze

3. **Kunstgeschichtliche Reflexion**

   Ferdinand Hodler, „Die Lebensmüden", 1892, Öltempera auf Leinwand, 149,7 × 294 cm
   Mit einem schockierenden Realismus zeigt **Ferdinand Hodler** in seinem großformatigen Gemälde „**Die Lebensmüden**" die Unausweichlichkeit des körperlichen Verfalls. Fünf Greise sitzen, dem Betrachter frontal zugewandt, auf einer Bank. Sie sind in weiße Gewänder gehüllt und starren auf den Boden oder blicken ins Leere. Der Hintergrund, der fast ausschließlich von einer weißen Fläche geprägt ist, lenkt nicht vom Schicksal der Männer ab. Die Betonung der Konturen und die Übersteigerung der Hell-Dunkel-Kontraste unterstreichen die Auswegslosigkeit der Situation. Der Mann in der Mitte, der als Achse in dem symmetrisch aufgebauten Bild fungiert, trägt als einziger keinen Vollbart, das Gewand ist ihm vom Oberkörper und den Armen gerutscht. Er streckt, im Gegensatz zu den anderen, die ihre Hände im Schoß gefaltet haben, die Arme von sich, als hätte er sich schon völlig aufgegeben. Die Farbe seiner Haut ähnelt in ihren Grün- und Blautönen schon der eines Toten.
   War in C. D. Friedrichs Bild „Lebensstufen" die Darstellung von Alter neben Jugend noch ein Symbol für den ewigen Kreislauf der Natur mit einem würdevollen letzten Lebensabschnitt, so ist der Blick auf das Alter in Hodlers Bild schonungslos und unversöhnlich. Die Industrialisierung führt dazu, dass die jungen Leute in die Städte abwandern, die traditionelle Großfamilie existiert nicht mehr. Von der Gesellschaft als nutzlos angesehen, werden die Alten abgeschoben und vegetieren in Anstalten abgestumpft vor sich hin. Ohne Hoffnung und des Lebens müde warten sie auf den Tod.

Die Empörung des Publikums über den Bildinhalt und die Art der Darstellung war damals groß. Auch die Radikalität des Bildaufbaus stieß auf allgemeine Ablehnung. Erst mit der Zeit erkannte man die Qualität des Gemäldes, vor allem aufgrund seines kühnen Bildaufbaus.

Der Schweizer Ferdinand Hodler (1853–1918), der nach impressionistischen Anfängen den französischen Symbolismus kennen lernte, entwickelte sich nach 1890 zum wichtigsten Jugendstilmaler seines Landes. Kennzeichnend für seine Malerei, wie auch in diesem Bild erkennbar, war die Betonung der Kontur, symmetrische, friesähnliche Kompositionen und eine flächige, bisweilen übersteigerte Farbgebung.

Dieter Roth, „Große Tischruine", 1970–1998

In **Dieter Roths** raumfüllender Installation „**Große Tischruine**" ist das Thema Vergänglichkeit und Zerfall schon im Titel des Kunstwerkes enthalten. Das Ruinenhafte wird zum Programm seiner Arbeit, die „Große Tischruine" zum zentralen Kunstwerk seines Lebens. Er arbeitete fast drei Jahrzehnte daran und es begleitete ihn wie ein Tagebuch bis zu seinem Tod 1998.

Der Beginn der Arbeit an der „Großen Tischruine" war 1970 eher zufällig. Ein verschütteter Farbkübel fixierte nach dem Eintrocknen unterschiedliche Gegenstände auf einem Tisch in seinem Stuttgarter Atelier. Dies war der Ausgangspunkt für ein ständig wachsendes Gebilde aus unterschiedlichsten Materialien. Ähnlich wie bei Schwitters „Merzbau" in den 20er Jahren erweiterte er sein Werk kontinuierlich. Die Installation war aber im Gegensatz zum „Merzbau" nicht an einen festen Ort gebunden, sie wurde ständig an verschiedenen Orten auf- und abgebaut, erweitert und umgewandelt. Der Prozess der Wandlung wurde dokumentiert und in die Installation durch Film- und Tonaufnahmen integriert. Roth ging es nicht um die Schaffung einer konstruktiven Skulptur, sondern er war ein manischer Sammler; das Archivieren und Dokumentieren stand im Vordergrund. Die gesammelten Objekte, verstreut auf Tischen und Stühlen oder eingelagert in Regalen, wurden nicht aufgrund ästhetischer Qualitäten ausgewählt, sondern es waren meist Dinge, die in unserer Wegwerfgesellschaft als minderwertig, unbrauchbar und nicht kunstwürdig erscheinen. Darunter waren Zigarettenstummel, Zeitungen, leere Verpackungen, alte Lampen, Verkabelungen und bisweilen auch Essensreste, deren Verfallsprozess zu einem Teil der Arbeit wurde und den Roth durch keine Konservierung verhindern wollte. Ihm widerstrebte es, das gefundene Material zu bezwingen, indem er es bearbeitete oder durch einen kreativen Akt dem Alltäglichen enthob, wie viele seiner Kollegen vor ihm (z. B. Beuys oder die „Neuen Realisten").

Die auf den ersten Blick heiter und verspielt wirkende Installation entpuppt sich bei näherem Hinsehen als der gescheiterte Versuch, das Alltägliche zu bändigen. Roth sammelte dessen Reste und wandelt sie zu einer Installation des Vergänglichen um. Nicht das fertige Kunstwerk interessierte ihn, sondern dessen Entstehungs- und Verfallsprozess. Die „Große Tischruine" kann, auch aufgrund ihres autobiografischen Charakters, als ein Symbol für die Vergänglichkeit und Vergeblichkeit der menschlichen Existenz gesehen werden.

Dieter Roth, 1930 in Hannover geboren, wuchs in der Schweiz auf und arbeitete nach einer Ausbildung zum Werbegrafiker ab 1951 als Künstler. Roth war ein Autodidakt, der sich nirgends einordnen ließ. Beeinflusst durch Spoerri und die „Neuen Realisten" entwickelte er eine ganz eigene Bildsprache. Er befreite sich von den formalen Konventionen der bisherigen Kunst und wandte sich, ohne damit provozieren zu wollen, den minderwertigen und vergänglichen Materialien zu. Thema seiner Arbeit wurde das Werden und Vergehen. Er hatte Kontakte zur Fluxus-Bewegung der 60er Jahre, ging aber immer eigene Wege. In der Kunstszene, die früh die Bedeutung seines Werkes erkannte, war er schon bald eine feste Größe, aber erst gegen Ende seines Lebens und nach seinem Tod 1998 wurde er durch zwei Großinstallationen während der Documenta 2002 einem breiten Publikum zugänglich.

Leistungskurs Kunsterziehung: Abiturprüfung 2005
Gruppe II: Aufgaben mit schriftlich-theoretischem Schwerpunkt

Aufgabe III   Analyse und Interpretation

Otto Dix „Großstadt" (Triptychon), (1927/28)
(1891–1967) Mischtechnik auf Holz, 181 × 403 cm
Stuttgart, Galerie der Stadt Stuttgart

Betrachten Sie das große, dreiteilige Bild in all seinen Einzelheiten!

1. **Erste Eindrücke und Beschreibung** (6)
   Schildern Sie Ihre ersten Eindrücke bei der Betrachtung des Triptychons in knapper Form! Geben Sie dabei Empfindungen und Assoziationen wieder!
   Richten Sie sodann Ihre Aufmerksamkeit auf eine Figur, die Ihnen besonders auffällt! Beschreiben Sie diese Person und ihr näheres Umfeld differenziert und anschaulich!

2. **Bildnerische Analyse** (18)
   Setzen Sie sich in Skizzen und Studien mit der Komposition des Triptychons auseinander! Untersuchen Sie dabei Bildfläche, Bildraum, Farb- und Formgebung!
   a) **Bildfläche**
      Geben Sie die Bildkomposition etwa in Größe der Reproduktion zeichnerisch wieder! Beschränken Sie sich dabei auf die Andeutung von Figuren und Räumen!
      Zeigen Sie in dieser Zeichnung mittels Farbstiften, wie Otto Dix die drei Bildflächen in sich ordnet, sie aufeinander bezieht bzw. zueinander in Kontrast setzt!
   b) **Bildraum**
      Klären Sie an einer der drei Bildtafeln die Art und Weise, wie Dix Bildraum schafft und diesen mit Körpern füllt!
   c) **Form und Farbe**
      Greifen Sie eine der Gestalten aus dem Vordergrund einer Bildtafel heraus und zeichnen Sie diese in starker Vergrößerung (mindestens doppelt so groß wie auf der Reproduktion)!
      Verdeutlichen Sie in Ihrer Figurenstudie die charakteristische Form- und Farbgebung durch einfühlsame Linienführung und farbige Ausarbeitung!

   Legen Sie Ihre Skizzen und Studien auf einem großen Blatt übersichtlich an!

3. **Schriftliche Analyse** (14)
   Formulieren Sie nun bisher gemachte Beobachtungen und Erkenntnisse in geordneter Form!
   Erklären Sie dabei, wie Otto Dix sein großformatiges Bild in Fläche und Raum strukturiert, wie er Figuren und Räume zueinander ordnet sowie zeichnend und malend eine ganz spezifische Bildwirkung erzielt!
   Verweisen Sie in Ihren Ausführungen an geeigneten Stellen auf Ihre Studien und Skizzen!

4. Interpretation (14)
Entwerfen Sie eine Interpretation dessen, was uns Dix vor Augen führt! Überlegen Sie dabei, wie der Künstler seine Welt sieht und das Leben in der „Großstadt" deutet!
Stellen Sie Überlegungen dazu an, was den Künstler veranlasst haben könnte, die Form des Triptychons aufzugreifen!

5. Kunstgeschichtliche Reflexion (8)
Auch in der zweiten Hälfte des 20. Jahrhunderts gab es immer wieder Künstlerpersönlichkeiten, die sich in ihrem Werk kritisch mit der Gesellschaft auseinandergesetzt haben.
Stellen Sie von zwei Künstlern je ein Werk vor und zeigen Sie, wie diese Künstler in den Werken ihre Meinung bildnerisch formulierten!

Materialien und Hilfsmittel
Zeichenpapiere (auch farbig), Bleistifte verschiedener Härtegrade, Kohle, Farbstifte, Ölkreiden, Deck-, Aquarell-, Acrylfarbe

Otto Dix, Großstadt, 1927/28;
Mischtechnik auf Holz, 181 × 403 cm
Stuttgart, Galerie der Stadt Stuttgart

Lösungsansätze

1. **Erste Eindrücke und Beschreibung**

   Widersprüchliche und groteske Szenarien offenbaren sich dem Betrachter in dem dreiteiligen Bild „**Großstadt**" von **Otto Dix**. Ist hier ein Albtraum oder die Szene aus einem absurden Theaterstück wiedergegeben? Verstörung und Verwirrung stellen sich ein. Man ist angeekelt und abgestoßen, zugleich kann man sich aber der Faszination des Morbiden nicht entziehen.
   Während die Seitenflügel Darstellungen von Prostituierten, Kriegskrüppeln und Außenseitern der Gesellschaft in einer bedrohlichen und düsteren Architektur zeigen, ist auf dem großen Mittelbild ein rauschendes Fest in einem Nachtclub zu sehen. Mondän gekleidete Menschen tanzen exaltiert zu einer Jazzband. Aber auch dieses Bild hat eine eigenartige Ausstrahlung. Die Menschen sind seltsam überdreht und scheinen keinen Kontakt zueinander zu haben. Die Perspektiven stimmen nicht, der Tanzboden ist abschüssig und alles scheint aus den Fugen zu geraten.
   Auf dem rechten Flügel des Triptychons gehen Frauen in grellfarbenen Phantasiekostümen, wie in einer Prozession, eine Treppe herunter. Sie scheinen Prostituierte zu sein, was sich besonders an der Frau im Vordergrund erkennen lässt. Sie ist stark geschminkt und ansonsten nur leicht bekleidet. Ihre Frisur ist asymmetrisch, eine Kopfhälfte ist zur Glatze geschoren und blau eingefärbt. In der Mitte ihres Kopfes ist eine kleine Glaskugel angebracht. Sie trägt ein kurzes, rotes Kleid und über ihren Schultern hängt ein Fuchsschwanz, der fast bis zum Boden reicht. Die ovale Form, die sich aus dem Pelz ergibt, und das leicht geöffnete Kleid lassen sie wie ein wandelndes, weibliches Geschlechtsteil erscheinen. Ihr zu Füßen sitzt unbeachtet ein Kriegskrüppel, der seine Beinstümpfe zeigt und diesem schweigenden Aufmarsch salutiert. Im Gegensatz zum Straßenstrich auf dem linken Flügel sieht man hier die teure Prostitution. Unterstrichen wird dieser Eindruck durch die schwülstig-barocke Architektur am rechten Rand des Bildes. Ohne Funktion dient sie nur als Kulisse für den absurden Auftritt.

2. Bildnerische Analyse
   a) Bildfläche

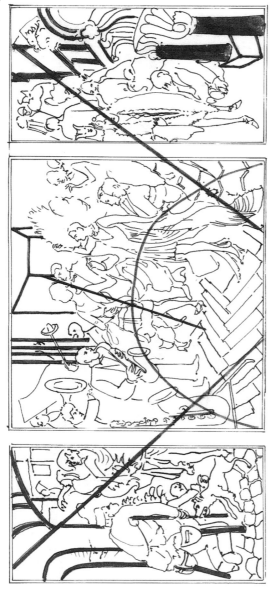

b) Bildraum

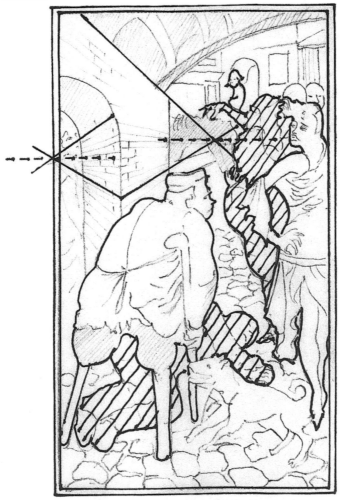

- EXTREME FLUCHTPUNKTPERSPEKTIVE MIT UNTERSCHIEDLICHEN HORIZONTEN
- ÜBERSCHNEIDUNG UND STARKE VERKLEINERUNG DER PERSONEN IM HINTERGRUND

c) Form und Farbe

3. Schriftliche Analyse

Eine Vorstrukturierung des Bildes entsteht aus der Dreiteilung des Werkes. Die beiden Seitentafeln geben durch ihren ruhigen Bildaufbau und die statische Architektur an den jeweiligen Außenrändern der Gesamtkomposition einen gewissen Halt. Sie stehen damit im Kontrast zum dynamischen und kompositorisch etwas instabilen Mittelteil. Durch die Verlängerung der Oberkanten der Architektur wird der Blick auf die Bühne des Mittelteils gelenkt. Die imaginären Fluchtlinien werden von der Schräge des Parketts aufgenommen und treffen sich fast in der Mitte des unteren Randes des Tanzbodens. Im Mittelbild fehlen die stabilisierenden Elemente der Seitenbilder fast völlig. Der Bildaufbau ist bewegt und unruhig. Das tanzende Paar in der Mitte bildet eine leichte Schrägachse und unterstützt dadurch diesen Eindruck. Auch die vertikalen Linien, wie die Stangen neben dem Orchester oder die Raumkanten sowie der nach oben gewölbte Halbkreis, der sich aus den Figuren im Vordergrund ergibt, verhindern nicht, dass das Bild förmlich in den Abgrund gezogen wird.

Unterstützt wird diese Wirkung durch die unterschiedlichen und verschobenen Perspektiven. Die Horizonte der drei Bilder sind in unterschiedlichen Höhen angesetzt und die klassische, zentralperspektivische Darstellung mit einem Fluchtpunkt wird somit durchbrochen. Ganz offensichtlich wird dies an dem Parkett des Tanzbodens, der ohne verkürzende Darstellung in die Bildebene geklappt ist. Auf den Außentafeln kleben die Figuren förmlich an den Bildrändern, die an den Mittelteil anschließen. Dicht hintereinander gestaffelt und sich überschneidend werden die Personen zum jeweiligen Bildhintergrund stark verkleinert. Die Hauptpersonen im Mittelbild ordnen sich halbkreisförmig um die freigelassene Bühne im Vordergrund. Auch hier werden die dahinter postierten Figuren stark verkleinert. Diese Anordnung der Personen in den drei Bildern trägt maßgeblich zu dem übersteigerten Raumeindruck des Triptychons bei.

Entscheidender noch als die Raumdarstellung ist für die Wirkung des Bildes seine Farbigkeit und der Farbauftrag. Dix malt in einer altmeisterlichen Lasurtechnik, die keinerlei Pinselduktus erkennen lässt. Er steht mit dieser Art zu malen in der Tradition von Lucas Cranach und Albrecht Dürer. Seine Malerei betont die Linie, wodurch kleinste Details wie Perlen oder die Haare eines Pelzes präzise dargestellt werden können.

Die Farbigkeit der Seitenflügel ist geprägt vom Kontrast zwischen den düsteren, morbiden Grün- und Brauntönen der Architektur und der Kriegskrüppel, sowie den grellen Rot-, Blau- und Violetttönen, in denen die Prostituierten und deren Kleidung gehalten sind. Das Mittelbild dagegen ist eine Farborgie in Rot mit Abstufungen zu Gelb und Orange. Nur vereinzelt stechen kühle Blautöne, z. B. das Kleid der Frau am rechten Bildrand, und die dunkle Kleidung der Musiker aus den ansonsten warmen Farben hervor.

4. Interpretation

Das Triptychon „Großstadt" zeigt einen ungeschönten Blick auf die „goldenen 20er Jahre". Auf den Außenflügeln sind Außenseiter der Gesellschaft und die Verlierer des Ersten Weltkrieges dargestellt. Auf dem linken Bild sind es die Kriegskrüppel, die sich in einem erbärmlichen Zustand nur mit Betteln über Wasser halten können. Daneben die Prostituierten, die durch den Verkauf ihrer Körper der Armut entfliehen wollen. Ihre Darstellung ist schrill und überzeichnet; ihre Gesichter werden zu Fratzen und ähneln dem bellenden Hund im Vordergrund. Die Menschen werden durch die Notsituation zu Tieren. Es herrscht kein Mitleid und die trostlose Umgebung lässt keine Hoffnung aufkommen.

Auf dem rechten Bild ist eine fast surreale, rätselhafte Prozession dargestellt. Frauen in bunten Phantasiekostümen bewegen sich in einer schwülstig-barocken Kulisse. Zu ihren Füßen sitzt noch ein Krüppel, der sich aufgrund von Form und Farbe fast unbemerkt in die Kulisse einfügt. Die Sexualsymbolik der Frau mit dem Pelz ist überdeutlich, sie strahlt jedoch keinerlei Sinnlichkeit aus. Auch hier ist die Atmosphäre nicht positiv; etwas besser gestellt als die Leute von der Straße verspürt man ebenfalls keine Lebensfreude.

Der in rotes Licht getauchte Nachtclub lässt im ersten Moment die Lebenslust vermuten, die man auf den Seitenflügeln vermisst. Menschen in mondäner, modischer Kleidung befinden sich in einem Nachtclub, es sind die Reichen, die „Kriegsgewinnler". Dargestellt ist eine geschlossene Gesellschaft, zur der die Außenseiter keinen Zutritt haben. Bei näherem Hinsehen erkennt man aber die leeren, eingefrorenen Gesichter. Die Tänzer sind merkwürdig verdreht und vollführen groteske Bewegungen. Die Wärme, die durch das rote Licht in das Bild kommt, ist nur künstlich und der abschüssige Boden gibt keinen sicheren Halt. Auch die Reichen sind also nicht auf der sicheren Seite. Sie versuchen in Vorahnung der bevorstehenden Krise ihr Leben mit allen Mitteln zu genießen.

Neben der altmeisterlichen Maltechnik benutzt Dix die Form des Triptychons. Seit dem Mittelalter wurden die dreiteiligen Bildwerke als Flügelaltäre in den Kirchen aufgestellt. Der Mittelteil zeigte häufig das Heilsgeschehen, während auf den Seitenflügeln die Höllenqualen dargestellt wurden. Diese Form der Botschaft übernimmt auch Dix. Im Gegensatz zu den kirchlichen Werken löst er sich vom religiösen Inhalt und ersetzt diesen durch sozialkritische Themen seiner Zeit. Die Bilder sollen moralisch wirken und aufrütteln, aber anders als die mittelalterlichen Künstler, die den Menschen einen Weg zum Heil weisen, sieht Dix keinen Ausweg. Auf allen Bildern ist die Katastrophe und das Elend spürbar, ohne Trost oder Anlass zur Hoffnung.

Seine Art der Malerei wird in den 20er Jahren der „Neuen Sachlichkeit" zugeordnet. Die Künstler der „Neuen Sachlichkeit" (u. a. George Grosz und Christian Schad) wenden sich gegen den expressionistischen Pathos, um mit kühlem Blick auf ihre Umwelt gesellschaftliche Missstände zu entlarven.

5. Kunstgeschichtliche Reflexion

Hans Haacke ist ein Künstler, der sich seit den 60er Jahren ausschließlich mit sozial- und gesellschaftspolitischen Themen beschäftigt. 1998 erhielt er vom Deutschen Bundestag die Einladung, ein künstlerisches Konzept für den nördlichen Lichthof des Reichstages zu entwickeln. Schon im Vorfeld wurde seine Idee im Bundestag und in der Presse heftig diskutiert. Im Jahr 2000 entschied sich der Bundestag, allen Protesten zum Trotz, mehrheitlich für die Durchführung des Projektes.

In einen großen Holztrog sollen alle Abgeordneten des Bundestages einen Zentner Erde aus ihren Wahlkreisen füllen. In der Mitte des Kastens sind die Worte „**Der Bevölkerung**" in großen Leuchtbuchstaben angebracht. Der Schriftzug ist aus allen Stockwerken des Gebäudes lesbar. Auch die künftig neu gewählten Abgeordneten können sich an dieser Aktion beteiligen. Der unvermeidliche, spontane Pflanzenwuchs darf nicht kultiviert werden, sondern bleibt sich selbst überlassen.

Seine Intention formulierte der Künstler sehr klar: „… Das Herbeibringen von Erde aus dem Wahlkreis entspricht der Kooperation Gleicher an einer gemeinsamen Sache, der res publica …".

Als provozierend wurde aber vor allem der Schriftzug „Der Bevölkerung" empfunden. Er bezieht sich auf die Inschrift „Dem Deutschen Volke" auf der Fassade des Reichstagsgebäudes. Für Haacke sind die Begriffe „Volk" und insbesondere „deutsches Volk" durch die nationalsozialistische Vergangenheit negativ belastet. Er wollte einen „absolut unmythischen Begriff, einen präzisen, wissenschaftlichen, möglicherweise trocken-bürokratischen Begriff, der die Chance böte, das nationalistische Potenzial aus der Inschrift herauszunehmen …" (Hans Haacke, 2000).

Seit der Wiedervereinigung gibt es verstärkt Debatten, die den deutschen Nationalstolz und die Forderung nach einem Schlussstrich unter die Vergangenheit zum Thema haben. Künstler wie Hans Haacke arbeiten wider das Vergessen und wollen mit ihrer Arbeit die Diskussion über die Vergangenheit Deutschlands am Leben erhalten.

Als ebenfalls gesellschaftskritisch, aber nicht mit der politischen Dimension wie bei Haacke, kann man die Arbeiten von **Duane Hanson** bezeichnen. Er beschränkte sich in seinen Skulpturen allein auf den Menschen.
Die Figur „**Putzfrau**" von 1972, ausgestellt in der Staatsgalerie Stuttgart, ist faszinierend und irritierend zugleich. Betritt man den Ausstellungsraum im Stuttgarter Museum, so beachtet man die Figur erstmals nicht oder sieht bewusst weg. Dargestellt ist eine ältere Frau, die scheinbar erschöpft am Boden sitzt und eine Hand in einen Putzeimer hält. Sie trägt ein bunt gemustertes, billiges Kleid. Ihre Beine sind geschwollen, der Körper kraftlos und ihr Blick ist resigniert in die Ferne gerichtet. Man empfindet Mitleid, möchte sich ihr aber nicht mit voyeuristischen Augen nähern. Erst bei genauerem Hinsehen wird dem Betrachter bewusst, dass es sich um eine Skulptur handelt. Sie ist bis in die kleinsten Details ausgearbeitet. Dieser Illusionismus ist abschreckend und doch kann man sich ihm nicht entziehen. Man sieht Krampfadern und Hautunreinheiten, nichts ist geschönt.
Hanson formt mit Gipsbinden lebende Modelle ab und stellt aus den Negativen Positivformen aus Fiberglas her. Er bemalt die so entstandenen Figuren, zieht ihnen Kleidung an und setzt ihnen Perücken auf.
Hansons Thema ist der Durchschnittsmensch der amerikanischen Unter- oder Mittelschicht. Menschen, an denen der „american way of life" vorüber gegangen ist, Menschen, denen die Frustration und Ratlosigkeit anzusehen ist. Durch die hyperrealistische Darstellungsweise werden die Grenzen zwischen Realität und Fiktion verwischt und man ist gezwungen, sich mit dem Schicksal und den sozialen Problemen der dargestellten Personen auseinander zu setzen. Hansons Figuren werden zur Anklage und sind auch eine Aufforderung zur Selbstreflexion.

Aufgabe IV Vergleichende Analyse und Interpretation

Piet Mondrian (1872–1944)	„**Der graue Baum**" (1912) Öl auf Leinwand, 78,5 × 107,5 cm Den Haag, Gemeentemuseum
Caspar David Friedrich (1774–1840)	„**Der einsame Baum**" (1822) Öl auf Leinwand, 55 × 71 cm Berlin, Nationalgalerie

„Kunst ist ein Schritt von der Natur zur Unendlichkeit." (Khalil Ghibran)

1. **Erster Eindruck und Beschreibung** (8)
   Schildern Sie Ihren ersten Eindruck der beiden Gemälde und beschreiben Sie diese knapp und prägnant!

2. **Bildnerische Analyse** (20)
   Legen Sie die folgenden Zeichnungen auf einem großen Bogen Papier übersichtlich an!
   a) Geben Sie die Gemälde in ihrer Flächenkomposition zeichnerisch deutlich verkleinert wieder! Wählen Sie geeignete graphische Mittel, um dem unterschiedlichen Duktus der beiden Künstler nahe zu kommen!
   b) Erklären Sie in weiteren Skizzen die Farbkomposition beider Werke! Zeigen Sie dabei, wie die Maler die Farbe als gestalterisches Mittel einsetzen!

3. **Schriftliche Analyse** (12)
   Geben Sie Ihre Beobachtungen und bisher gewonnenen Erfahrungen sinnvoll geordnet wieder! Stellen Sie dabei anschaulich dar, wie Friedrich bzw. Mondrian Fläche und Raum organisieren sowie Linie und Farbe als Ausdrucksmittel handhaben!
   Verweisen Sie in Ihren Ausführungen an geeigneten Stellen auf Ihre Skizzen und Zeichnungen!

4. **Interpretation** (12)
   Sowohl Friedrich als auch Mondrian gehen in den beiden Werken von der sichtbaren Realität aus. Untersuchen Sie die Ihnen vorliegenden Reproduktionen – auch unter Einbeziehung des vorangestellten Zitats – auf ihren Sinngehalt hin! Stellen Sie Überlegungen zu der Frage an, wie die Künstler ihr Motiv sehen und deuten!

5. **Kunstgeschichtliche Reflexion** (8)
   In der zweiten Hälfte des 20. Jahrhunderts wird die Natur erneut Ausgangspunkt künstlerischer Auseinandersetzung. Stellen Sie zwei künstlerische Ansätze vor, die sich auf innovativen Wegen mit dem Bereich Landschaft/Natur befassen! Beziehen Sie sich in Ihren Ausführungen auch auf je ein konkretes Werkbeispiel!

Anmerkung
Khalil Gibran: libanesischer Schriftsteller und Philosoph (1883–1931)

Materialien und Hilfsmittel
Zeichenpapiere (auch farbig), Bleistifte verschiedener Härtegrade, Kohle, Farbstifte, Ölkreiden, Deck-, Aquarell-, Acrylfarbe

Piet Mondrian, Der graue Baum, 1912; Öl auf Leinwand, 78,5 × 107,5 cm, Den Haag, Gemeentemuseum

Caspar David Friedrich, Der einsame Baum, 1822; Öl auf Leinwand, 55 × 71 cm, Berlin, Nationalgalerie

Lösungsansätze

1. Erster Eindruck und Beschreibung

C. D. Friedrich, Der einsame Baum

Der Betrachter blickt auf eine spärlich besiedelte, weite Ebene mit saftigen, grünen Wiesen, aus der sich im Hintergrund ein Gebirge erhebt. Im Vordergrund, am Ufer eines kleinen Weihers, ragt eine uralte, riesige Eiche in den bewölkten Himmel. Kaum sichtbar lehnt an ihr ein Schäfer, der seine Herde bewacht, die neben dem Baum grast. Weiter hinten befindet sich, umringt von einem Wäldchen, eine kleine Ansiedlung mit einer Kirchenruine. Versteckt in einer Senke kurz vor den Bergen liegt eine Stadt, nur die Türme und einzelne, hohe Häuser ragen hervor.

Das Bild strahlt eine ruhige, morgendliche Stimmung aus. Die Atmosphäre ist frisch und klar; wie nach einem nächtlichen Regen oder Gewitter hat es aufgeklart und man hat freie Sicht auf die blauen Berge in der Ferne.

P. Mondrian, Der graue Baum

Ganz anders als bei Friedrich ist der Eindruck bei Mondrian. Mit lockeren, rhythmischen Pinselschwüngen ist ausschließlich in unterschiedlichen Schwarz- und Grautönen ein unbelaubter Baum dargestellt. Mondrian legt keinerlei Wert auf zeichnerische Genauigkeit. Er versucht weder durch Hell-Dunkel-Modellierungen, noch durch Farb- und Luftperspektive Räumlichkeit in seinem Bild zu erzeugen. Wie bei Friedrich wird auch dieses Bild durch einen Baum dominiert. Ein Geflecht aus Ästen überzieht nahezu das ganze Bild. In der Bildmitte, am Stamm des Baumes, ist die Farbintensität noch nahezu schwarz und nimmt zum Bildrand hin ab. Die an den Kubismus erinnernden Formen, die sich aus den Überschneidungen der Äste ergeben, sind undurchdringlich wie eine graue Wand, es ist kein Ausblick in die Ferne möglich.

Auf diesem Gemälde fehlen die Details und kein Illusionismus lenkt von dem starken unmittelbaren Eindruck ab. Man denkt im ersten Moment an Herbst und November, alle Farben sind verschwunden und nur das kahle Gerippe des Baumes ist übrig geblieben.

2. Bildnerische Analyse
   a) Flächenkomposition

P. Mondrian

C. D. Friedrich

b) Farbkomposition

P. Mondrian

C. D. Friedrich

3. Schriftliche Analyse

C. D. Friedrich

Friedrichs Bild ist beherrscht von einem symmetrischen Bildaufbau, in dem die Eiche die senkrechte Mittelachse bildet. Gemeinsam mit dem Horizont, der das Bild waagrecht in zwei nahezu gleich große Hälften teilt, entsteht ein Kreuz. Trotz dieser das Bild prägenden Form wird das Gemälde von waagrechten Linien dominiert. Der Weiher unterhalb der Eiche, die Wiesen sowie die Baum- und Gebüschreihen unterstreichen die horizontale Ausrichtung in der unteren Hälfte. Dies wird in der oberen Bildhälfte durch die aufragenden Berge kurzfristig unterbrochen, aber durch die schmalen Wolkenfelder oberhalb der Berge wieder aufgenommen. Die Linien scheinen über den Bildrand hinauszugehen und geben dem Bild dadurch eine große Weite.

Friedrich setzt in seinem Bild die seit der Renaissance bekannten, Raum schaffenden Mittel der Landschaftsmalerei ein. Luft- und Farbperspektive zeigen sich durch die vorwiegend kräftigen und warmen Farben der Wiesen, Büsche und Bäume im Vordergrund, die im Hintergrund abgelöst werden von den stetig heller werdenden Blautönen der Berge. Das Prinzip der Überschneidung wird hier besonders bei der Eiche sichtbar, die Teile des Vorder- und Hintergrunds verdeckt. Auch durch die Verkleinerung der Büsche und der Häuser in der Ferne sowie durch den oben erwähnten horizontalen Aufbau wird die Illusion von räumlicher Tiefe erzeugt.

Ohne Pinselspuren zu hinterlassen trägt C. D. Friedrich die Farbe auf die Leinwand auf. Die Äste der Bäume verdeutlichen, wie durch diese altmeisterliche Malweise kleinste Details wiedergegeben werden können. Die Farbigkeit ist fein und differenziert. Ein Beispiel hierfür sind die Wiesen mit ihrer Vielzahl von Grün- und Brauntönen und das Grau der Wolken, das mit unterschiedlichen Blau- und Rosatönen angereichert ist. Es sind zwar Warm-Kalt-Kontraste vorhanden (z. B. rosafarbene Wolken vor blauem Himmel), dominiert wird das Gemälde aber durch den Hell-Dunkel-Kontrast, der bei der Eiche besonders deutlich sichtbar ist. Die fast schwarzen Äste heben sich präzise vom hellen Himmel ab.

P. Mondrian

Nahezu die ganze Fläche ist überzogen von einem Geflecht sich überschneidender Linien, die das stark stilisierte Geäst des Baumes darstellen. Die Linien streben auf das Zentrum des Bildes, den Baumstamm, wie auf einen Knotenpunkt zu. Aus den Überschneidungen der Äste ergeben sich geometrische Binnenformen. Die Ausrichtung des Geästs ist zur horizontalen Bildmitte hin waagrecht, zur vertikalen Mitte hin senkrecht. Zu den Bildecken bewegen sich die Zweige in freien, teilweise auch diagonalen Schwüngen und werden zunehmend heller. Durch diese Fokussierung auf die Horizontale und Vertikale im Bildzentrum ist auch bei Mondrian eine Kreuzform erkennbar; sie ist aber nicht so ausgeprägt wie in Friedrichs Bild.

Räumlichkeit ist auf dem Bild so gut wie überhaupt nicht vorhanden. Der Baumstamm und die Äste weisen keinerlei Stofflichkeit auf. Es gibt keine Schlag- und Körperschatten durch eine Modellierung von Hell nach Dunkel. Alles ist sehr flächig gehalten und jegliche Raumillusion durch Luft- oder Farbperspektive wird vermieden. Einzig die Überschneidungen der Äste vermitteln etwas an Räumlichkeit.

Die Farbe ist mit einem deutlich sichtbaren Pinselduktus aufgetragen. Während die Pinselführung des Liniengeflechts frei und weit geschwungen ist, sind die Zwischenräume mit kurzen zueinander parallelen Pinselstrichen ausgemalt. Die Farbigkeit ist ausschließlich in Grautönen gehalten, die eine leichte Tendenz ins Blaugrüne haben. Das Schwarzgrau der Äste steht dem hellen Grau, dem etwas weiße Farbe beigemischt ist, gegenüber. Dieser Hell-Dunkel-Kontrast ist der einzige Farbkontrast auf diesem Bild.

4. **Interpretation**
„Kunst ist ein Schritt von der Natur zur Unendlichkeit" (Khalil Ghibran)
C. D. Friedrich
Die Darstellung von Natur und Landschaft ist das Hauptthema seiner künstlerischen Arbeit. Es ging ihm aber nicht um das Abbilden einer realen Landschaft, sondern er sah die Natur als Spiegel menschlicher Empfindungen und als Ort, an dem sich das Göttliche offenbart. Er fertigte in der Natur Skizzen an und ließ in der Abgeschiedenheit seines Ateliers in ausgeklügelten Bildkompositionen seine Seelenlandschaften entstehen.

„Der einsame Baum" lässt unterschiedliche Interpretationsansätze zu. Es liegt nahe, sich zuerst auf das Verhältnis von Mensch und Natur zu konzentrieren. Ausgelöst durch die beginnende Industrialisierung strebte der Mensch der Romantik nach dem einfachen Leben im Einklang mit der Natur. Diese Sehnsucht stellte Friedrich in seinem Bild mit sichtbarer Liebe zur Natur und großem Gespür für Details dar. Der Mensch, hier in der Gestalt des Schäfers und symbolisiert durch die kaum wahrnehmbaren Ansiedlungen, ist eingebettet in die gewaltige Natur. Er ist winzig in dieser erhabenen Landschaft und die Kreuzform der Komposition könnte für die Größe und die Gegenwart Gottes stehen. Der Baum ist hier ein Symbol für Wachstum, aber auch für Vergänglichkeit, was durch die abgestorbenen Äste an der Spitze verdeutlicht wird. Er verbindet Himmel und Erde und könnte auch als Sinnbild für die menschliche Existenz gesehen werden.

Eine andere Deutungsmöglichkeit eröffnet die politische Dimension der Romantik. Die Eiche ist ein Synonym für Deutschland in der Zeit nach den napoleonischen Kriegen. Man sieht ihr die Unwetter und Katastrophen an, die sie in ihrer Geschichte ertragen musste, aber sie steht noch und treibt neue Äste. Der Schäfer, der für die deutsche Bevölkerung steht, kann sich an den Baum lehnen und wird durch ihn beschützt. Nach Unwetter und Nacht (Symbole für den Krieg) bricht ein neuer Tag an, der Friede und neue Hoffnung bringen soll.

P. Mondrian
Das einzige Motiv in Mondrians Bild ist der Baum. Auf das Wesentliche reduziert, werden keine Details, wie z. B. die Blätter oder die Rinde, dargestellt. Es geht nicht um einen bestimmten Baum, auch nicht um die Wiedergabe eines flüchtigen Augenblicks, wie im Impressionismus oder in der Fotografie, sondern um die Schaffung eines urbildlichen, beständigen Zeichens. Aus einem starken Stamm sprießen kraftvoll die Äste, die in weiten Schwüngen die Bildfläche überspannen. Zwar ist die Baumkrone als solche für den Betrachter noch erkennbar, aber das Liniengefüge aus den Ästen entwickelt ein Eigenleben. Die Reduktion der Farbigkeit auf Grau- und Schwarztöne bringt den fast architektonischen Aufbau des Bildes zur Geltung, in dem Vorder- und Hintergrund miteinander verzahnt werden. Hier wird der Einfluss durch den analytischen Kubismus sichtbar und dessen Streben nach einer ausgewogenen und klaren Bildkomposition. Mondrian geht von der Natur aus, aber vermeidet jegliches illusionistisches Abbilden. Er versucht „... die natürlichen Formen auf reine, unveränderliche Verhältnisse zurückzuführen" (Mondrian). Keine Unruhe soll den Ausgleich von vertikaler und horizontaler Ausrichtung stören. Harmonie und Klarheit ist sein Ziel. Dieses Anliegen muss auch vor dem Hintergrund der verworrenen politischen Situation vor dem Ersten Weltkrieg gesehen werden. Hinter den äußerlichen Erscheinungsformen sucht er nach Gesetzmäßigkeiten, die das Wesen der Dinge widerspiegeln.

„Der graue Baum" steht in einer Reihe von Baumbildern (1909–1912), die einen fortschreitenden Abstraktionsprozess in Mondrians Arbeit erkennen lassen. Sind in den ersten Bildern noch Einflüsse des Impressionismus und van Goghs spürbar, entwickelt er über den analytischen Kubismus (wie in diesem Bild) eine völlig neue und eigene Bildsprache. Er führt seine Idee konsequent weiter bis hin zur absoluten Gegenstandslosigkeit. Ab 1921 beschränkt sich Mondrian in seiner Malerei auf wenige Bildelemente. Seine Bilder sind mit einem Gitternetz aus schwarzen, waagrechten und senkrechten Linien überzogen. Die so entstandenen Flächen werden mit Weiß, Grau und den Primärfarben Rot, Gelb und Blau gestaltet. In immer neuen Variationen will er „... Harmonie durch das Gleichgewicht der Beziehungen zwischen Linien, Farben und Flächen..." erreichen (Mondrian).

So unterschiedlich beide Bilder auf den ersten Blick erscheinen mögen, haben sie doch viele Gemeinsamkeiten. Beide Künstler gingen von der Natur aus, wollten aber kein Abbild von ihr schaffen. Die Gemälde sind geprägt von einem stillen, meditativen Charakter. In klaren, harmonisch ausgewogenen Kompositionen, hier von einer Kreuzform bestimmt, tauchen Friedrich und Mondrian gedanklich in die Natur ein. Sie versuchen das Wesen der Dinge darzustellen. Ähnlich dem pantheistischen Ansatz von Friedrich, der in der Natur Gott widergespiegelt sieht, will Mondrian in seinen Bildern übergeordnete Zusammenhänge darstellen. Er ist beeinflusst durch den Theosophen Schoenmaeker, der dem Universum eine mathematische Struktur zugrunde legt. Ihre Naturdarstellungen werden somit zu Sinnbildern für das Leben und die Vergänglichkeit, für das Göttliche und das Unendliche.

5. Kunstgeschichtliche Reflexion

Walter de Marias bekanntestes Werk, das **„lightning field"**, wurde 1977 auf einer Hochebene in der Wüste von New Mexico installiert. In regelmäßigen Abständen wurden auf einer Fläche von einem Kilometer mal einer Meile 400 Edelstahlpfeiler (ca. sechs Meter hoch) im Boden verankert. Die Länge der Masten ist so gewählt, dass sie die Unregelmäßigkeiten des Untergrunds ausgleicht und ihre Spitzen in einer Ebene liegen. Eine Besichtigung des Kunstwerkes ist nur mit einer Anmeldung möglich, in der sich der Besucher verpflichtet, mindestens 24 Stunden vor Ort zu bleiben. De Maria will, dass sich der Betrachter über einen längeren Zeitraum mit seiner Arbeit auseinandersetzt. Der optische Eindruck seines Werkes ändert sich mit der Tageszeit und den Witterungsverhältnissen. So sind die Stäbe zur Mittagszeit aufgrund des hohen Sonnenstandes kaum wahrnehmbar, am Abend leuchten sie rötlich und in der Morgensonne bläulich. Besonders spektakulär aber sind Gewitter, da die Metallstäbe als höchste Punkte in der Ebene zu Blitzableitern werden. Dem Betrachter wird beim Einschlag eines Blitzes die Macht und die Gefahr der Natur bewusst. Diesem romantischen Ansatz steht die Idee der Bändigung der Naturkräfte durch die moderne Technik gegenüber. De Maria wird zum Prometheus, der in der Lage scheint, die größten natürlichen Energieentladungen auf der Erde zu bändigen.

Walter de Maria ist einer der Hauptvertreter der Land Art, die in den 60er Jahren in den USA entstand. Der ursprüngliche Naturraum wird zum künstlerischen Gestaltungsmittel und die Eingriffe des Menschen in die Landschaft sind der Witterung und somit dem Zerfall ausgesetzt. Dieser Prozess ist ein Teil der Arbeit und nur über einen längeren Zeitraum wahrnehmbar. Anders als herkömmliche Kunstwerke entzieht sich die Land Art der kommerziellen Verwertbarkeit. An entlegenen Orten, abseits der Zivilisation sind diese Kunstwerke nur wenigen Menschen zugänglich und auf die Dokumentation durch Fotografie oder Film angewiesen.

Ein weiterer Künstler, der sich in seiner Arbeit mit der Natur auseinandersetzt, ist **Günther Uecker**. Für seine Installation **„Wald von einem Stamm"**, entstanden 1990, zersägt der Künstler eine vom Sturm gefällte Pappel in sieben unterschiedliche Zylinder. Aufrecht aufgestellt rundet er das obere Ende der Stämme ab und beschmiert es mit einem Brei aus Asche und Leim. Anschließend schlägt er eine große Anzahl an langen Nägeln in den abgerundeten Bereich. Unterschiedlichste Assoziationen kommen beim Betrachter auf. Man denkt unwillkürlich an Igel, aber auch an tote Äste, an Kakteen oder Stoppelfrisuren.

Seit den späten 50er Jahren verwendet Uecker Nägel in seinen Arbeiten. Bekannt sind seine reliefartigen Nagelbilder, auf denen er mal akkurat, mal in heftigen Wirbeln, Nägel in die Bildfläche einschlägt. Zwar ist ihm bewusst, dass das Einschlagen eines Nagels als Symbol für Gewalt und Verletzung angesehen werden kann, doch sieht er in seinen frühen Bildern die ästhetische Komponente im Vordergrund. Durch die Ausrichtung der Nägel und die Wechselwirkungen von Licht und Schatten erhalten die Bilder eine eigene Dynamik.

Erst in den 80er Jahren, ausgelöst durch die Umweltprobleme wie z. B. das Waldsterben und vor allem durch die Katastrophe von Tschernobyl, wendet er sich in seinen Werken politischen Fragestellungen zu. Inspiriert durch die Kunst der Naturvölker verwendet er verstärkt Naturmaterialien in seine Arbeit. Die Nägel bleiben dennoch sein wichtigstes Gestaltungsmittel und bekommen eine größere symbolische Bedeutung. Die Verletzung des Holzstamms durch die Nägel und den Aschebrei, dem Verbrennung und somit Zerstörung vorausging, setzt Uecker in der Installation „Wald von einem Stamm" bewusst ein. Sein seit den 80er Jahren ständig wiederkehrendes Thema „Verletzbarkeit des Menschen durch den Menschen" wird auch in dieser Arbeit sichtbar. Der anfänglich fast humorvolle Eindruck weicht einer betroffenen Stimmung. Die Stämme werden zu einer wankenden Schar von Figuren, die das Gefährdetsein von Mensch und Natur symbolisieren.

Leistungskurs Kunsterziehung: Abiturprüfung 2006
Aufgaben mit bildnerisch-praktischem Schwerpunkt

Aufgabe I Gestaltungsideen zu einem Schulcafé

Schule als Arbeits- und immer mehr auch als Lebensraum benötigt geeignete Aufenthaltsmöglichkeiten, in denen Schülerinnen und Schüler nicht nur schulischen Verpflichtungen nachkommen, sondern auch persönlichen Neigungen nachgehen können. In diesem Zusammenhang ist an Ihrem Gymnasium ein Ideenwettbewerb für Schüler zur Konzeption eines Schulcafés ausgeschrieben.

1. **Zeichnerische Vorüberlegungen / vorbereitende Skizzen**
   a) **Innenraum** (15)
      Entwickeln Sie zeichnerisch Ideen (z. B. frei gezeichnete Grundrisse, Schnitte, Ansichten) für einen Innenraum (z. B. einstöckig/mehrstöckig, rund/eckig, offen/durchbrochen), in dem das Nebeneinander von Essen und Trinken, Begegnung und Entspannung, Kommunikation und Konzentration an Ihrer Schule möglich ist!
   b) **Möbeldesign** (10)
      Entwerfen Sie zeichnerisch ein Beispiel des Mobiliars (z. B. Stuhl, Sofa, Tisch, Leuchtkörper, Raumteiler, Theke), das sich in seiner Gestaltung auf den Raum bezieht! Äußere Erscheinungsform (z. B. in Vorder- und Seitenansicht) und Funktionalität des Möbels sollen dazu dienen, unterschiedlichen Anforderungen an das Schulcafé gerecht zu werden.

   Legen Sie für beide Aufgabenteile mehrere, auch farbige Skizzen auf je einem großen Zeichenblatt (DIN A 2) an, mit denen Sie Ihre unterschiedlichen Innenraumideen und Mobiliarentwürfe darlegen! Ergänzen Sie Ihre Skizzen mit knappen schriftlichen Erläuterungen oder kurzen Kommentaren!

2. **Farbige Visualisierung: „Entwurf eines Schulcafés"** (15)
   Gestalten Sie ein farbiges Bild (DIN A 2), in dem Sie Ihre bisherigen Vorstellungen von Innenraum und Möbeldesign kombinieren und weiter verdeutlichen! Möglich ist auch die Darstellung eines vergrößerten Ausschnitts aus einem geeigneten Blickwinkel. Nutzen Sie Farbe und Malweise, um den besonderen Stimmungsgehalt und die Atmosphäre des geplanten Raums zu betonen! Es sind naturalistische bis hin zu expressiven Lösungen denkbar.

3. **Kunstgeschichtliche Reflexion** (20)
   Mobiliar spielt in der Kunstgeschichte in vielen Bildern, aber auch Objekten und Installationen eine wichtige Rolle.
   Wählen Sie je ein Bild und ein dreidimensionales Werk unterschiedlicher Künstler des 20. Jahrhunderts aus. Erläutern Sie, mit welcher Wirkung das Mobiliar dargestellt oder als Bestandteil des Werkes verwendet wird!

Materialien und Hilfsmittel
Weiße und verschiedene farbige Mal- und Zeichenpapiere bis DIN A 1. Verschiedene Farben (z. B. Deckfarben, Acryl-, Tempera-, Aquarellfarben), Kreiden, Zeichenkohle, Bleistift, Buntstifte

Lösungsansätze

3. Kunstgeschichtliche Reflexion

Der französische Künstler **Henri Matisse** malte 1908 das Bild „**Harmonie in Rot**". Der Titel lässt nicht unmittelbar auf gegenständliche Motive schließen, dennoch ist die Ansicht eines Zimmers mit seiner Einrichtung abgebildet. Am unteren Bildrand sieht man einen Tisch mit einer Decke, auf dem blumengeschmückte Obstschalen und Karaffen arrangiert sind. Stark vom linken Bildrand angeschnitten steht am linken Tischende ein Stuhl, und über das rechte Tischende beugt sich eine Frau, die den Tisch deckt. Die Lehne eines weiteren Stuhls ragt hinter der Tischkante hervor. In der linken oberen Bildecke befindet sich ein Fenster mit Blick auf einen Garten.

Aber nicht die hier beschriebenen Bildteile, die stark vereinfacht dargestellt sind, bestimmen den Charakter des Gemäldes, sondern das intensive, ungebrochene Rot, das Matisse verwendet. Dieses Rot, das in gleicher Intensität Tischdecke und Wand überzieht, ist von einem blauen Blumenmuster durchsetzt, das sich in großen Formen gleichermaßen über Wand und Tisch ausbreitet. Vorder- und Hintergrund verschmelzen so miteinander, und die Illusion des Räumlichen wird nahezu aufgelöst. Nur der linke Stuhl und der Tisch sind in einer einfachen Perspektive wiedergegeben. Ansonsten gibt es weder Schatten noch Modellierungen von Hell nach Dunkel, um eine plastische Wirkung zu erzielen. Kein Bildgegenstand wird hervorgehoben; alles ist in seiner flächigen Gestaltung dem Bildaufbau untergeordnet. Selbst die Frauengestalt, das Mobiliar und die Landschaft hinter dem Fenster werden wie die Muster an der Wand Teile eines Ornaments in einem heiteren Formengebilde.

Auch wenn Matisse sich hier am Gegenständlichen orientiert, will er seine Motive nicht im fotografischen Sinn realistisch wiedergeben. Der Bildtitel wird zum Programm für seine Malerei. Sein gesamtes Werk ist eine harmonische Gesamtkomposition aus klaren Formen und ausdrucksstarken Farben.

Die Figurengruppe „**Der Besuch**" (**La Visita**) von **Marisol** (**Escobar**) aus dem Jahr 1964 erinnert in ihrer Blockhaftigkeit an altägyptische Skulpturen. Aber die Künstlerin hat die Figuren nicht aus Stein gemeißelt, sondern aus unterschiedlichsten Materialien, vor allem Holz, geschaffen.

Zu sehen ist die lebensgroße Darstellung von drei erwachsenen Frauen und einem Mädchen. Die Damen sitzen auf einem gemusterten Sofa, während das Mädchen allein und etwas missmutig schauend daneben auf einem Hocker sitzt. Einige Köpfe und Gliedmaßen sind aus grobem Holz geschnitzt, andere sind sehr realistisch auf Holzquader aufgemalt und nicht vollplastisch ausgebildet. Gesteigert wird diese kuriose Machart durch die Verwendung von Fundstücken. Zwei Oberkörper bestehen aus Fässern, eine echte Handtasche liegt auf dem Sofa, und eine der Frauen trägt einen realen Mantel aus einem groben Stoff. Zwischen den Personen erfolgt keine Kommunikation. Wie in einem Wartezimmer sind sie nebeneinander aufgereiht und erscheinen regelrecht erstarrt. Die Menschen gleichen den Möbeln, auf denen sie sitzen, und scheinen trotz der unterschiedlichen Materialien mit dem Mobiliar zu verschmelzen.

Nach Marisols Aussagen trägt diese Arbeit autobiografische Züge. Die Besuche bei Bekannten und Verwandten waren in ihrer Kindheit von steifen Ritualen und gesellschaftlichen Konventionen geprägt. Ironisch verarbeitet sie in dieser Skulpturengruppe ihre Kindheitserlebnisse.

Die venezolanische Künstlerin lebt seit den 50er-Jahren in New York. Schon bald lernte sie Pop Art Künstler wie Andy Warhol kennen, mit dem sie an zwei Filmen arbeitete. Die Nähe zur Pop Art wird durch den Einsatz der alltäglichen Dinge erkennbar. Dennoch fehlt das Grelle. Subtiler und durch die Volkskunst Südamerikas beeinflusst, verarbeitet sie nicht nur, wie es hier der Fall ist, Kindheitserinnerungen, sondern übt auch ironisch Kritik an der amerikanischen Gesellschaft.

Aufgabe II	Bildgestaltung zum Thema „Wasser: transparent, spiegelnd"

Vor Ihnen befindet sich ein zur Hälfte gefülltes Glas Wasser, in dem ein Teelöffel steht. Beobachten Sie aufmerksam, wie Wasser und Glas den Gegenstand in seiner optischen Erscheinung verändern!

1. **Vorbereitende Arbeiten**

    a) **Studie** (10)
    Drehen Sie das Glas so, dass Glas und Wasser den Löffel deutlich verzerrt erscheinen lassen und die Wasseroberfläche zugleich als Spiegel fungiert! Zeichnen Sie das Wasserglas mit seinem Inhalt in mehreren Skizzen leicht vergrößert aus diesem Blickwinkel! Verdichten Sie nun einen Ausschnitt zur naturalistischen Studie!

    b) **Bildideen** (10)
    Entwickeln Sie in mehreren kleinformatigen, auch farbigen Skizzen unterschiedliche Bildideen für eine Komposition zum Thema „Wasser: Verzerrung, Spiegelung"! Gehen Sie von Ihrer Vorarbeit aus und erweitern Sie Ihre Bildvorstellungen, indem Sie auch an Situationen und Orte denken, in denen Sie Wasser im Zusammenhang mit Verzerrung und Spiegelung erlebt haben! Es sind sowohl naturalistische als auch abstrahierende Lösungen möglich.

2. **Farbige Komposition** (20)
Entscheiden Sie sich für eine Ihrer Bildideen und entwickeln Sie daraus eine Komposition, in der die genannten Eigenschaften des Wassers thematisiert werden!
Sie können diese Aufgabe als Zeichnung, Malerei oder Mischtechnik ausführen. Achten Sie auf den überlegten Einsatz der Werkmittel und eine differenzierte Ausführung!
Format DIN A 3 bis DIN A 2

3. **Kunstgeschichtliche Reflexion** (20)
Wasser hat Künstler immer wieder zu Auseinandersetzungen angeregt. Beschreiben Sie je ein Kunstwerk aus dem 19. und dem 20. Jahrhundert, das in besonderem Maße eine oder mehrere Erscheinungsformen von Wasser thematisiert! Benennen Sie wichtige Gestaltungsmerkmale und charakterisieren Sie in knapper Form die künstlerische Position der von Ihnen gewählten Beispiele!

Materialien und Hilfsmittel
Weißes und auch farbiges Mal- und Zeichenpapier bis DIN A 2, verschiedene farbige Papiere, Farbe zur Realisierung verschiedener malerischer Techniken (z. B. Deckfarben, Acryl-, Tempera-, Aquarellfarben), Kreiden, Zeichenkohle, Bleistift, Buntstifte.

Lösungsansätze

3. Kunstgeschichtliche Reflexion

In **William Turners** Gemälde „**Rain, steam and speed – The Great Western Railway**" (Regen, Dampf und Geschwindigkeit – Die große Eisenbahn nach Westen) von 1844 deuten sich schon im Titel die unterschiedlichen Erscheinungsformen von Wasser an. Als Bild bestimmendes Element ragt von der rechten unteren Bildecke diagonal zur Mitte hin ein Eisenbahnviadukt über einen Fluss. Darauf fährt ein Zug, von dem nur die Lokomotive mit ihrem Kamin deutlich erkennbar ist. Am linken Bildrand ist im Hintergrund eine weitere Eisenbahnbrücke erkennbar. Sie führt ebenfalls über den Fluss, auf dem unter den Brückenpfeilern ein Boot mit Menschen schwimmt. Alles scheint auf diesem Bild durch Regen, Wolken, Dampf und Nässe verschleiert. Eine nur schemenhaft erkennbare Flusslandschaft ist von einer üppigen Vegetation überwuchert, die sich bis zum Horizont erstreckt. Der Horizont, der aufgrund der fließenden Übergänge kaum wahrnehmbar ist, teilt das Bild waagrecht in zwei gleich große Hälften. Über der Landschaft erheben sich Regenwolken, die nur vereinzelt das Blau des Himmels durchscheinen lassen und sich mit dem Dampf der Lokomotive vermischen.

Die Farbigkeit ist von Grau-, Ocker- und Brauntönen bestimmt, die im Kontrast zu den wenigen Blautönen des Flusses und des Himmels stehen. Allein das dominante Viadukt mit der Eisenbahn im Vordergrund hebt sich durch seine dunkelbraune Farbe vom Rest des Bildes ab. Dabei sticht der fast schwarze Schornstein der Lokomotive mit seiner klaren Kontur besonders aus dem Bild heraus, das ansonsten von weichen Übergängen geprägt ist.

Turner steht an der Schwelle zu einer neuen Zeit. Noch ganz im Geist der Romantik sucht er in der Natur das Überwältigende, das Unendliche und Grenzenlose. Er erreicht dies durch die Auflösung der Formen und verhilft dadurch der Farbe als Ausdrucksträger zu größerer Bedeutung. Die Sinne werden in seinen fast abstrakten Farbkompositionen unmittelbar angesprochen. Zu Beginn des Industriezeitalters spürt der Betrachter aber auch die Faszination für die neuen Technologien. Die Gegenstandsauflösung spielt hierbei die entscheidende Rolle, erzielt aber noch eine andere Wirkung. Durch das Verschwimmen der Formen erhält der Betrachter das Gefühl von Geschwindigkeit. Er glaubt, selbst in einem dahinrasenden Zug zu sitzen, an dessen Scheiben der Regen peitscht und die Landschaft vorbeifliegt.

Turners Interesse gilt also nicht nur den überwältigenden Naturerscheinungen mit ihren atmosphärischen Wirkungen, sondern er ist ebenso begeistert von den neuen technischen Errungenschaften (1830 fuhr die erste Eisenbahn zwischen Manchester und Liverpool). Mit seinem für die damalige Zeit experimentellen Malstil und seiner Form auflösenden Malerei ist er seiner Zeit weit voraus und gibt wichtige Impulse für den Impressionismus.

Fabrizio Plessis monumentale Installation „**Tempo Liquido – Flüssige Zeit**" von 1993 erscheint auf den ersten Blick wie ein Relikt aus vergangenen Zeiten. Auf einer Länge von 18 Metern sind ein schmales Becken und ein fünf Meter hohes Mühlrad aufgebaut. Das sich ständig drehende Rad scheint Wasser in das Becken zu schaufeln, man hört ein Rauschen und Plätschern. Bei näherer Betrachtung ist man zunehmend irritiert. Die Objekte sind nicht, wie man annehmen würde, aus Holz, sondern aus verrostetem Stahlblech, und das Mühlrad schaufelt kein reales Wasser. Monitore mit Videobildern von fallendem Wasser sind in die einzelnen Schaufeln des Rades eingebaut, das durch einen verborgenen Motor und nicht durch Wasserkraft in Bewegung gesetzt wird. Auch das Plätschern kommt nur vom Band. Allein das Wasser im Becken ist echt, und beim Eintauchen der Monitore kommt es zu einer Vereinigung von virtuellem und echtem Wasser.

Als Bewohner Venedigs, einer Stadt, die vom Meer umgeben ist, wird Fabrizio Plessi täglich mit dem Medium Wasser konfrontiert. Und so wurde es zwangsläufig zum zentralen Thema seiner Arbeit. Wasser, mit seinem ewigen Kreislauf von Entstehen und Vergehen, gilt als ein Sinnbild des Lebens. Dies ist die eine Ebene, auf der man die Videoskulptur betrachten kann. Plessi, als ein Pionier der Medienkunst, beschäftigt sich aber auch mit den Schnittstellen von Schein und Sein. Was ist wirklich und was ist simuliert? Im Zeitalter von Fernsehen und Internet kommt es zur zunehmenden Verschiebung der Realitäten. Wahr und falsch, real und virtuell scheinen wie das Wasser zu verschwimmen. Viele unserer Erfahrungen beziehen wir nur noch über den Umweg über Technologien wie Fernsehen oder Internet. Sie werden zum Ersatz für das echt Erlebte. Ohne Wertung, aber dennoch bewusst, thematisiert Plessi in seiner Arbeit diese Entwicklung.

Der Titel „**Flüssige Zeit**" erschließt einen weiteren Aspekt dieser Arbeit. Das gefilmte Wasser wird zum Symbol für den Fluss der Zeit. Zusätzlich wird diese Thematik durch das Aufeinandertreffen von Archaik und Hightech unterstützt. Das Wasserrad, eine alte Technologie zur Energiegewinnung, steht den Monitoren gegenüber, die zu Sinnbildern eines neuen Zeitalters werden.

Leistungskurs Kunsterziehung: Abiturprüfung 2006
Aufgaben mit schriftlich-theoretischem Schwerpunkt

Aufgabe III	Vergleichende Analyse und Interpretation

Katharina Fritsch „**Tischgesellschaft**", (1988)
(*1956) Kunststoff, Holz, bedruckte Baumwolle, 140 x 1600 x 175 cm
  Museum für Moderne Kunst, Frankfurt a. M.

Pieter Bruegel d. Ä. „**Bauernhochzeit**", (um 1568)
(1520/25–1569) Öl auf Eichenholz, 114 x 165 cm
  Kunsthistorisches Museum, Wien

Vor Ihnen liegen Reproduktionen eines Environments aus dem Jahr 1988 und eines Gemäldes aus der zweiten Hälfte des 16. Jahrhunderts. Pieter Bruegel hat eine bäuerliche Hochzeitsgesellschaft aus seiner Heimat Flandern dargestellt.
Katharina Fritschs Arbeit „*Tischgesellschaft*" zeigt die Abformung einer männlichen Figur, die 32-mal in Plexiglas gegossen und bemalt wurde. Tisch und Bänke bestehen aus Holz, das Tischtuch aus bedruckter Baumwolle. Ihre Arbeit befand sich zum Zeitpunkt der fotografischen Aufnahme in einem Raum des Museums für Moderne Kunst in Frankfurt.

1. **Erste Annäherung an die Arbeit von Katharina Fritsch und das Gemälde von Pieter Bruegel** (8)

    a) Die „*Tischgesellschaft*" von Fritsch vermag unterschiedliche Empfindungen und Assoziationen auszulösen und wirft Fragen auf. Betrachten Sie die vorliegenden fotografischen Abbildungen des Werks!
    Formulieren Sie persönliche Eindrücke und beschreiben Sie knapp und prägnant die „*Tischgesellschaft*" und eine Einzelfigur!

    b) Geben Sie kurz Ihre ersten spontanen Beobachtungen beim Betrachten der „*Bauernhochzeit*" wieder und beschreiben Sie dabei auch eine der im Vordergrund agierenden Gestalten näher!

2. **Bildnerische Analyse**

    a) **Zeichnerische Studien** (14)
    Katharina Fritsch: Zeichnen Sie eine Profilansicht eines sich gegenübersitzenden Figurenpaares (etwa in Größe der Reproduktion) und verdeutlichen Sie dabei das Neben- und Zueinander figurativer und konstruktiver Formen! Zeigen Sie hier auch die in der Reproduktion sichtbaren Helldunkelwerte auf!
    Pieter Bruegel: Geben Sie in einer vereinfachenden und im Verhältnis zur Reproduktion verkleinernden Studie den Aufbau des Bildes wieder! Erklären Sie mit zeichnerischen Mitteln, wie Bruegel die „*Bauernhochzeit*" in Fläche und Raum organisiert und den Blick des Betrachters lenkt!

b) **Farbige Detailstudie zu Bruegel** (6)
Zeichnen Sie eine der im Vordergrund befindlichen Figuren etwa doppelt so groß wie auf der Reproduktion dargestellt! Achten Sie besonders auf ihre Haltung! Wählen Sie in dieser Figur einen geeigneten, genügend großen Ausschnitt und geben Sie diesen in Farbe wieder! Verwenden Sie in Ihrer Detailstudie geeignete Werkmittel und achten Sie auf Plastizität!
Ordnen Sie Ihre bildnerischen Arbeiten auf einem Zeichenblatt übersichtlich an!

3. **Schriftliche Analyse** (12)
Stellen Sie dar, wie Katharina Fritsch und Pieter Bruegel menschliche Figuren in Szene setzen! Zeigen Sie dabei insbesondere, wie sie Figuren im Raum ordnen und mit welchen Mitteln sie die jeweils spezifische Atmosphäre erzeugen!

4. **Interpretationsansätze** (12)
Erläutern Sie, welches Menschenbild uns Katharina Fritsch vor Augen führt! Um Ihre Aussagen zu verdeutlichen, nehmen Sie Bezug auf das Gemälde von Bruegel!

5. **Kunstgeschichtliche Reflexion** (8)
Seit den 1960er-Jahren sind vor allem in den USA zahlreiche Künstler dazu übergegangen, Alltagssituationen, aber auch außerordentliche Ereignisse mit den verschiedensten Materialien nachzustellen. Beschreiben Sie ein weiteres Environment und machen Sie einen Vorschlag zur Interpretation! Stellen Sie auch heraus, inwiefern sich eine solche plastische Arbeit von traditionellen Werktechniken unterscheidet!

Anmerkung:
Katharina Fritsch ist eine zeitgenössische Künstlerin, die seit den 1980er-Jahren mit ihren Environments internationale Anerkennung erlangt hat. Im Jahr 1995 vertrat sie Deutschland bei der Biennale in Venedig und 2001 hatte sie eine Ausstellung in der Tate Gallery in London.
Pieter Bruegel d. Ä. hat den Beinamen „Bauernbruegel" wegen seiner Vorliebe für ländliche Szenen. Er gehört zu den herausragenden niederländischen Malern des 16. Jahrhunderts.

Materialien und Hilfsmittel
Weißes und auch farbiges Mal- und Zeichenpapier bis DIN A 2, verschiedene farbige Papiere, Farbe zur Realisierung verschiedener malerischer Techniken (z. B. Deckfarben, Acryl-, Tempera-, Aquarellfarben), Kreiden, Zeichenkohle, Bleistift, Buntstifte.

Katharina Fritsch, Tischgesellschaft, Kunststoff, Holz, bedruckte Baumwolle, 140 x 1600 x 175 cm
Museum für Moderne Kunst, Frankfurt a. M.

Katharina Fritsch, Tischgesellschaft, Kunststoff, Holz, bedruckte Baumwolle, 140 x 1600 x 175 cm
Museum für Moderne Kunst, Frankfurt a. M.

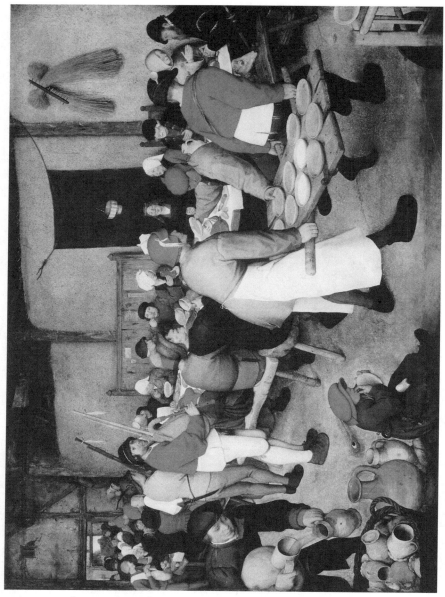

Pieter Bruegel d. Ä., Bauernhochzeit, Öl auf Eichenholz, 114 x 165 cm
Kunsthistorisches Museum, Wien

Lösungsansätze

1. **Erste Annäherung an die Arbeit von Katharina Frisch und das Gemälde von Pieter Bruegel**

   a) **Katharina Fritsch**

   Eine unheimliche Wirkung geht von der Installation aus. 32 Männer, 16 auf jeder Seite, sitzen sich an einem langen Tisch gegenüber. Die Kleidung und die Haare sind in einem tiefen Schwarz, die Gesichter und Hände der Figuren in einem ungebrochenen Weiß gehalten. Der Tisch und die Sitzbänke sind grau; den einzigen farbigen Akzent bildet die rot-weiß gemusterte Tischdecke. Stumm und steif aufgereiht, besteht unter den Sitzenden keinerlei Kommunikation.

   Die Eindrücke gestalten sich widersprüchlich. Einerseits erinnert die karge und asketische Stimmung an ein klösterliches Zusammensein. Gekleidet in kuttenähnliche Gewänder sitzen die Männer wie zum Gebet am Tisch. Aber auch Assoziationen an eine Häftlingsspeisung in einem Gefängnis kommen auf. Alles ist uniformiert, nichts Individuelles ist erkennbar. Die Situation scheint ausweglos und entspricht nicht dem, was man sich unter einer Tischgesellschaft vorstellt.

   Bei näherem Hinsehen wird dem Betrachter bewusst, dass 32-mal die gleiche Figur dargestellt ist. Bekleidet mit einem Hemd und einer Hose sitzt ein Mann leicht nach vorn gebeugt am Tisch. Die Beine und Arme sind rechtwinklig abgeknickt. Mit einem neutralen, aber konzentrierten Gesichtsausdruck ist sein Blick auf seine Hände gerichtet, die wie für eine Meditationsübung in einer Dreiecksform vor ihm auf dem Tisch liegen.

   b) **Pieter Bruegel**

   Ganz anders ist der erste Eindruck von Bruegels „Bauernhochzeit". In vorwiegend warmen Farben gehalten, ist eine Gesellschaft bei einem Festmahl in einer Scheune dargestellt. Auch hier scheinen sich die Menschen kaum zu unterhalten, dennoch herrscht ein lebhaftes Treiben und die Atmosphäre macht einen gelösten Eindruck. Die Menschen genießen das Essen und Trinken.

   Das Mädchen, das im Bildvordergrund am Boden kauert, kann stellvertretend für die ganze Gesellschaft betrachtet werden. Sie ist in ein einfaches, rotbraunes Kleid und eine dunkelblaue Schürze gekleidet. Eine rote Mütze, geschmückt mit einer Pfauenfeder, ist tief in ihr Gesicht mit den geröteten Wangen gezogen, sodass man die Augen nicht sehen kann. Sie leckt sich genüsslich die Finger der rechten Hand. In der anderen Hand hält sie einen Teller, und ein Stück Brot liegt auf ihrem Schoß. Sie spricht mit niemandem und scheint fast verlassen in dem Trubel. Dennoch strahlt sie, ganz in ihre Mahlzeit versunken, Zufriedenheit aus.

2. Bildnerische Auseinandersetzung
   a) Katharina Fritsch Profilstudie

Pieter Bruegel Kompositionsstudie

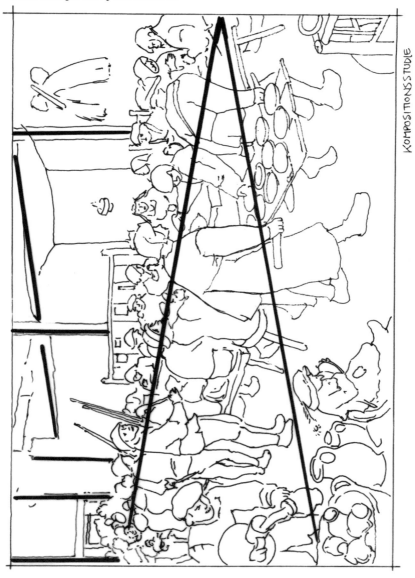

b) Pieter Bruegel Detailstudie

Beispiel für die Anordnung auf dem Blatt

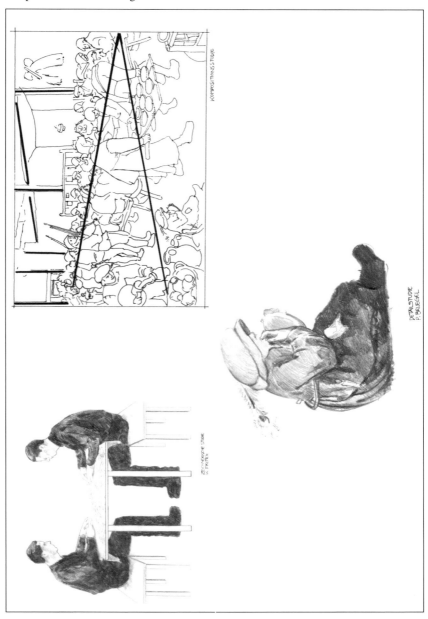

3. Schriftliche Analyse

Katharina Fritsch

Der Grundriss der Installation ist ein präzises Rechteck, auf dem zwei gleich lange Bänke und ein ebenso langer Tisch stehen. Auf den Bänken sitzen 32 Männer, 16 auf jeder Seite. Jeweils zwei der absolut identischen Figuren sitzen sich spiegelbildlich gegenüber. Der Abstand zur Nachbarfigur ist immer gleich. Unterstützt wird diese Monotonie durch das sich ständig wiederholende, geometrische Rautenmuster der Tischdecke und die Kargheit des Mobiliars. Betrachtet man die Installation vom Tischende aus, so entsteht ein Sog, der den Blick zu einem imaginären Fluchtpunkt hinzieht. Kleidung und Haare, Gesicht und Hände der Figuren verschwimmen scheinbar unendlich reproduziert in der Ferne zu schwarzen und weißen Farbbändern.

Neben dieser Anordnung trägt die Gestaltung der Figur maßgeblich zur Atmosphäre der Arbeit bei. Der Mensch ist deutlich erkennbar, aber dennoch eigenartig abstrahiert. Die Falten des Hemdes sind präziser abgeformt als die stark stilisierten Gesichter und Hände, die dem Menschen normalerweise Individualität verleihen. Die Farbigkeit der Figuren beschränkt sich auf schwarz und weiß. Die Farbe ist gleichmäßig ohne sichtbaren Pinselstrich aufgetragen. Alles wirkt distanziert und hat einen unpersönlichen Charakter, der auch nicht durch die nur scheinbar belebende rote Farbe der Rautentischdecke abgemildert wird. Alles Individuelle und Handschriftliche ist entfernt, was den Figuren etwas Zeichenhaftes verleiht.

Pieter Bruegel

In dem Bild existieren zwei Fluchtpunkte und entlang der beiden Fluchtlinien ist der Großteil der Personen aufgereiht. Die eine Linie beginnt leicht ansteigend in der linken unteren Ecke. Dort gießt ein Mann ein Getränk in einen Krug. Über das Mädchen am Boden und die beiden Knechte, die mit zwei Stangen ein mit Essen gefülltes Brett tragen, wird der Blick zu einem Mann geleitet, der am rechten Ende des Tisches und am Schnittpunkt der Fluchtlinien sitzt. Hier vollzieht sich eine Wendung des Blicks in Richtung des zweiten Fluchtpunktes am linken, oberen Bildende. Zu beiden Seiten des Tisches sind die Menschen wie an einer Kette aufgereiht und definieren diese zweite Hauptflucht, die in einer Menschenansammlung an der Eingangstür endet. Die Verkleinerung und die häufige Überschneidung der Personen an den Fluchtpunkten erzeugen zusätzlich eine räumliche Tiefe. Trotz des scheinbaren Gewimmels erkennt man, dass die Anordnung der Menschen geometrischen Gesichtspunkten folgt. Ein zusätzliches statisches Gerüst erhält das Bild durch die Architektur mit ihren stützenden, senkrechten Balken.

Die Atmosphäre des Bildes wird in erster Linie durch die warme Farbigkeit geprägt. Erdtöne in verschiedensten Abstufungen von dunklem Braun bis zu hellem Ocker verleihen dem Ganzen etwas Naturnahes und Vertrautes. Die roten, blauen und grünen Farbtupfer der Kleidung bringen Leben in die ansonsten tonige Farbigkeit. Auch die rundlichen Formen der Figuren, die im Kontrast zur Konstruktion der Architektur stehen, tragen zum Charakter des Bildes bei. Sie wirken sympathisch, aber auch etwas plump und ausgestopft.

4. Interpretationsansatz

Natürlich denkt der Betrachter bei Fritschs Installation durch die Normierung der Figuren und die Monotonie unwillkürlich an das Klonen und die Biotechnologie mit ihren Gefahren. Der Mensch als Massenartikel; Bilder aus Science-Fiction-Filmen drängen sich auf. Sieht so die Zukunft der Menschheit aus? Alles ist gleich, alles ist genormt, ohne jegliche Individualität ist alles beliebig reproduzierbar?

Die Installation von Fritsch nur als pessimistisches Mahnmal am Ende des 20. Jahrhunderts zu sehen wäre aber zu kurz gegriffen. Die Figur scheint in sich zu ruhen und macht keinen deprimierten, sondern einen sehr konzentrierten und gelassenen Eindruck. Möglicherweise besteht doch eine nonverbale Kommunikation zwischen den Menschen, die sich durch die meditative Haltung ausdrückt. Passend zu diesem Ansatz wäre auch der hermetische Charakter der Installation. Ist hier ein Geheimzirkel dargestellt, in dem es keiner Worte bedarf?

Die Klarheit und Ordnung, die das Erscheinungsbild der Installation prägen, könnten Ausdruck einer Sehnsucht nach einer klaren und geordneten Welt sein, die schon die Arbeit von Künstlern wie **Mondrian** prägten.

Aber vielleicht ist das Ganze ja nur ein Spiel. Das Rautenmuster erinnert an ein Schachbrett und die 32 schwarz-weißen Männer an Schachfiguren. Schach ist ein Spiel der unendlichen Variationen. Verborgen unter der monotonen Oberfläche erschließt sich so eine Welt der unbegrenzten Möglichkeiten.

Diese unterschiedlichen und ambivalenten Interpretationsansätze machen den Reiz der Arbeit aus und sind von der Künstlerin auch so gewollt. Es liegt nicht in ihrem Interesse, eine eindimensionale, leicht entschlüsselbare Arbeit zu schaffen, sondern sie will dem Ganzen ein Geheimnis bewahren, das vielschichtige Zugänge ermöglicht.

Einfacher scheint sich das Menschenbild bei Bruegel zu gestalten. In heiteren Farben ist ein Festmahl dargestellt, wie man es sich vorstellt. Musik und reichlich zu essen sind vorhanden. Stutzig wird der Betrachter aber bei der Tatsache, dass die Personen sich auch nicht unterhalten. Zwar sind die Menschen hier nicht uniformiert wie bei Fritsch und sehr unterschiedlich in Aussehen und Gestik, dennoch verleiht diese Sprachlosigkeit der Szenerie etwas Dumpfes. Die Menschen kennen sich und haben sich möglicherweise nicht mehr viel zu sagen. Das Wichtigste scheint das Essen und Trinken. Auch die Braut scheint schon verlassen. Flankiert von zwei Frauen sitzt sie ohne den Bräutigam da. So hat dieses Bild nach intensiverer Betrachtung nicht nur seine heiteren Seiten.

Es wäre zu einfach Bruegels „Bauernhochzeit" nur als ein Bild der „guten, alten Zeit" zu sehen. Durch einen verklärenden Blick auf die Vergangenheit, in der alles besser zu sein schien, wird man dem Bild nicht gerecht. Genauso wenig kann man die „Tischgesellschaft" nur als Vision einer unheilvollen Zukunft sehen, in der der Mensch vereinsamt und anonym sein Dasein fristet. In beiden Kunstwerken sind inhaltliche Brüche eingebaut, die einseitige Interpretationen verhindern.

5. Kunstgeschichtliche Reflexion

„**Das tragbare Kriegerdenkmal**" (The Portable War Memorial) von **Edward Kienholz**, entstanden 1968, ist ein ungewöhnliches und verwirrendes Werk. Das Environment beeindruckt nicht nur durch seine Größe (285 cm x 240 cm x 950 cm), sondern fesselt auch inhaltlich. Wie auf einer Bühne sind unterschiedliche und widersprüchliche Dinge zu einem verstörenden Ensemble arrangiert. Kienholz kombiniert einen typisch amerikanischen Schnellimbiss mit einer verkleinerten Version des monumentalen Kriegerdenkmals vom Militärfriedhof in Arlington (Washington DC), welches zum Gedenken an die gefallenen Soldaten des Zweiten Weltkrieges dort aufgestellt wurde. Bei Kienholz sind die fünf Soldaten der Monumentalplastik auf Lebensgröße geschrumpft und versuchen, auf einem Gartentisch vor dem Imbiss die amerikanische Flagge zu hissen. Links daneben sind an einem umgedrehten Mülleimer ein Kopf und zwei Beine montiert. Aus diesem Eimer erklingt von einem Tonband das Lied „God Bless America" und dahinter an der Wand hängt das „Uncle Sam"-Plakat mit dem Spruch „I Want You". Der Imbiss wird von zwei Tafeln eingerahmt, die an große Grabsteine erinnern. Auf einer der beiden Tafeln sind in Kinderschrift die Namen von 475 Nationen aufgeschrieben, die durch Kriege ausgelöscht wurden. Das Ganze ist mit einer silbrigen Farbe überzogen, die dem Environment etwas Geisterhaftes gibt.

Im Entstehungsjahr 1968 beginnen weltweit die Proteste gegen den Vietnamkrieg, und Kienholz ist einer der ersten, der dazu künstlerisch Stellung bezieht. Er stellt dem „American Way of Life", symbolisiert durch den Schnellimbiss, die amerikanischen Sinnbilder für Krieg und Patriotismus gegenüber. Der Song „God Bless America" war ein patriotischer Hit aus dem Zweiten Weltkrieg, und das Plakat „I Want You" richtete sich an die Freiwilligenarmee im Ersten Weltkrieg. Das geschrumpfte Kriegerdenkmal von Arlington ist mit Haltegriffen versehen und somit beliebig verrückbar. Es kann also auch in einer billigen amerikanischen Imbissbude neben Gartenstühlen aufgestellt werde. Die Begriffe Heldentum und Patriotismus werden durch diese Austauschbarkeit und Beliebigkeit der Lächerlichkeit preisgegeben. Kienholz will aber keinen Klamauk oder antiamerikanische Stimmung erzeugen, sondern er sieht sich als amerikanischer Moralist, der auf die Probleme der Gesellschaft hinweist.

Das Environment der 60er-Jahre hat seine Vorläufer im Dadaismus. Marcel Duchamp war mit seinen Readymades der Erste, der nahezu unbearbeitete Alltagsgegenstände in einen künstlerischen Kontext stellte. Kurt Schwitters weitete dieses Prinzip in seinem Merzbau zu einem mehrere Räume füllenden Ensemble aus. Alltägliches wird mit dem Unerwarteten konfrontiert, und es kommt zu einer Umdeutung des Vertrauten. Dieses Prinzip verwendet auch Kienholz. Traditionelle Techniken des dreidimensionalen Gestaltens, wie Stein- und Holzbildhauerei oder das Modellieren mit Ton, Gips oder Wachs, kommen hier nicht mehr zum Einsatz.

Aufgabe IV	Vergleichende Analyse und Interpretation

Edgar Degas (1834–1917)	„**Konzertcafésängerin beim Vortrag**" (1878) Kohle mit Weißhöhungen auf grauem Papier, 47,5 x 31 cm Musée du Louvre, Le Cabinet des Dessins, Paris
	„**Café-Sängerin mit Handschuh** (Chanteuse au gant)" (1878) Pastell und Tempera auf Leinwand, 63 x 50,4 cm Cambridge, Fogg Art Museum, Harvard University Art Museums

Edgar Degas besuchte häufig die im Paris des ausgehenden 19. Jahrhunderts äußerst beliebten Café-Concerts, in denen vor allem Chansons und Tanz dargeboten wurden. Mit dem Zeichenstift hielt er fest, was er sah. Seine Skizze war für ihn später im Atelier der Ausgangspunkt zu einer farbigen Interpretation seines Seh- und Hörerlebnisses.

1. **Beschreibung der Zeichnung:** *„Konzertcafésängerin beim Vortrag"* (6)
   Schildern Sie Ihre ersten Eindrücke, die Sie bei der Betrachtung der Zeichnung gewinnen! Versetzen Sie sich dabei in die Situation des Künstlers, der inmitten des Lokals arbeitet, und beschreiben Sie, was Degas zeichnet!

2. **Bildnerische Analyse zu** *„Café-Sängerin mit Handschuh"* (20)
   Setzen Sie sich nun mit dem in Farbe ausgeführten Bild auseinander!

   a) **Komposition**
   Legen Sie eine Kompositionsstudie an, in der Sie die Ordnung in Fläche und Raum anschaulich erklären!
   Zeigen Sie in einer weiteren kleineren Studie, wie Degas das Helldunkel thematisiert!

   b) **Farbe**
   Greifen Sie einen geeigneten Bildbereich für eine im Verhältnis zur Reproduktion leicht vergrößernde Detailstudie heraus!
   Zeigen Sie an Stellen, wo Degas verschiedene Oberflächen suggeriert, wie er Pinsel und Stift handhabt und wie er Farben aufträgt! Wählen Sie Werkmittel, mit denen Sie den Duktus des Künstlers nachempfinden können!

   Ordnen Sie Ihre bildnerischen Studien auf einem größeren Blatt an!

3. **Schriftliche Analyse zur Zeichnung und zum farbig ausgeführten Bild** (14)
   Vergleichen Sie Zeichnung und farbiges Bild! Stellen Sie dabei geordnet und anschaulich dar, wie unterschiedlich Degas jeweils Bildfläche organisiert und wie er mit dem Bildraum umgeht!
   Erklären Sie die farbige Gesamtanlage des Pastell-Tempera-Bildes sowie die Art und Weise, wie der Künstler dort Farben aufträgt, zueinander in Kontrast setzt und Oberflächen malt!

4. **Interpretationsansatz zu** *„Café-Sängerin mit Handschuh"* (12)
   „Man kann den Impressionismus und seine Vorläufer als den Beginn der Befreiungsbewegung verstehen. Es war die große Vorbereitungszeit für das Suchen nach der einzigen Realität, dem Licht."
   (Robert Delaunay, 1913; Zitat aus: Aufzeichnungen und Briefe von Robert Delaunay, 1913, in: Walter Hess: Dokumente zum Verständnis der modernen Malerei. Hamburg, 1956, S. 66)

   Entwickeln Sie einen Deutungsansatz, ausgehend von den bisher angestellten Beobachtungen und Erfahrungen aus bildnerischer Untersuchung und schriftlicher Analyse! Reflektieren Sie in diesem Zusammenhang das Zitat von

Delaunay und die zentrale Rolle des Lichts und der Momenthaftigkeit im vorliegenden Gemälde! Führen Sie aus, inwieweit sich im Bild von Degas aus heutiger Sicht künstlerische Tendenzen des beginnenden 20. Jahrhunderts andeuten!

5. **Kunstgeschichtliche Reflexion** (8)
Menschliche Gestik und Mimik sind auch seit der zweiten Hälfte des 20. Jahrhunderts immer wieder Anlass zu vielfältiger künstlerischer Auseinandersetzung. Beschreiben und erläutern Sie Form, Inhalt und Aussage einer entsprechenden künstlerischen Arbeit aus diesem Zeitraum!

Materialien und Hilfsmittel
Zeichen- und Malpapiere bis zu DIN A 2, Deckfarben, Pastellkreiden, Bleistifte, Farbstifte.

Edgar Degas, Konzertcafésängerin beim Vortrag, Kohle mit Weißhöhungen auf grauem Papier, 47,5 x 31 cm
Musée du Louvre, Le Cabinet des Dessins, Paris

Edgar Degas, Café-Sängerin mit Handschuh (Chanteuse au gant), Pastell und Tempera auf Leinwand, 63 x 50,4 cm
Cambridge, Fogg Art Museum, Harvard University Art Museums

Lösungsansätze

1. **Beschreibung der Zeichnung „Cafésängerin beim Vortrag"**

   Mit flottem Strich bringt Degas das Abbild einer Sängerin zu Papier. Ihre Geste ist theatralisch. Den Mund weit geöffnet und die Augen fast geschlossen, setzt sie möglicherweise gerade zu einem hohen Ton an. Sie scheint hochkonzentriert in ihrem Vortrag. Unterstrichen wird die dramatische Momentaufnahme durch die hocherhobene rechte Hand. Die Skizze ist sicher vor Ort entstanden. Degas saß fast am Bühnenrand, sodass er die Sängerin von schräg unten beobachten konnte. Eingekeilt zwischen anderen Zuhörern hatte er Mühe, den Augenblick festzuhalten. Alles musste schnell gehen. Er beschränkte sich auf die Darstellung des Oberkörpers und des Kopfes. Die Gestik und Mimik der Sängerin waren ihm wichtig. Obwohl er die Binnenzeichnung weitgehend vernachlässigte und sich auf die Konturen konzentrierte, erzielte er dennoch durch wenige Schraffuren wie an der Kleidung oder am Handschuh eine plastische Wirkung.

2. **Bildnerische Analyse zu „Café-Sängerin mit Handschuh"**

   a) Hell-Dunkel-Studie

HELL DUNKELSTUDIE

Kompositionsstudie

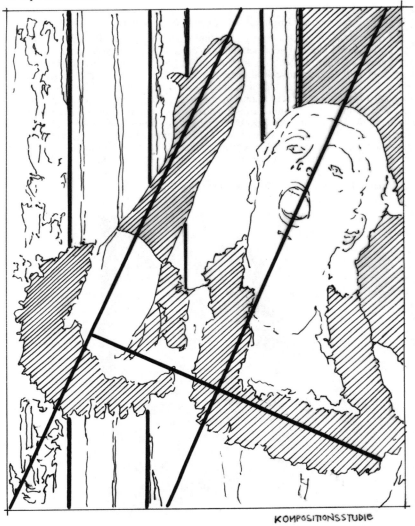

b) Farbige Detailstudie

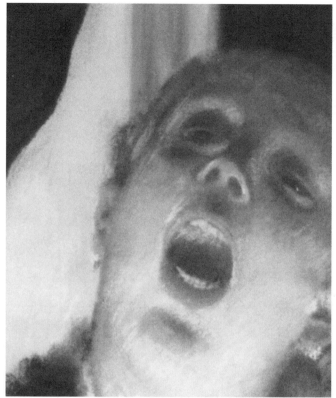

Beispiel für die Anordnung

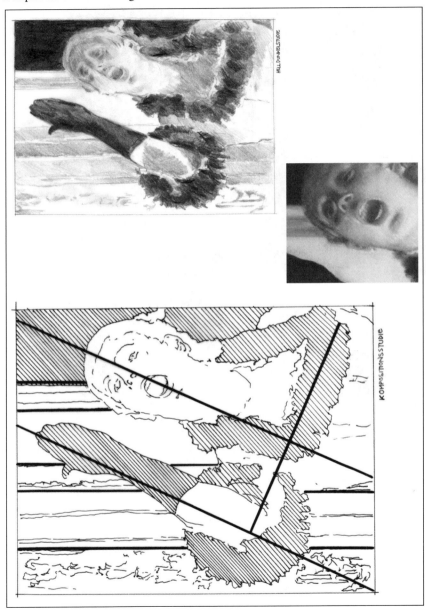

3. Schriftliche Analyse zur Zeichnung und zum farbig ausgeführten Bild

Zeichnung: Die Organisation der Bildfläche ist hier nicht bewusst gewählt. Degas wollte den Augenblick festhalten und machte sich auch aufgrund des Zeitmangels um den Bildaufbau keine großen Gedanken. Er musste das Wesentliche aufs Blatt bannen und so setzte er die Figur ins Zentrum. Die Ränder des Blattes blieben weitgehend ungestaltet, wodurch die Figur zu schweben scheint. Räumlichkeit ist kaum vorhanden. Einige wenige Schraffuren neben dem Kopf der Frau lassen einen Bildhintergrund erahnen. Auch die plastische Modellierung des Kopfes und des Oberkörpers sind, wie in Aufgabe 1 schon erläutert, nur angedeutet.

Gemaltes Bild: Im Gegensatz zur Zeichnung weist das Gemälde eine wohldurchdachte Komposition auf, in der die ganze Bildfläche gestaltet ist. Die bewegten Formen der Frau im Vordergrund stehen im Kontrast zu den statischen senkrechten Farbbahnen, die den Bildhintergrund definieren. Diese klare Gestaltung mit dem Kontrast von Ruhe und Dynamik unterstützt die dramatische Geste des Bildes. Der schwarze Handschuh und der Unterarm liegen auf einer aufsteigenden Diagonalen, die von links nach rechts führt. Parallel dazu ist die Neigung des Kopfes. Verlängert man den Pelzbesatz am Dekolleté, so trifft die Linie im rechten Winkel auf die Diagonale.

Die Figur ist aus der Bildmitte zum rechten Bildrand hin verrutscht und teilweise angeschnitten. Dies geschieht bewusst und gibt dem Bild etwas Ausschnitthaftes und Zufälliges. Man wird an einen Schnappschuss mit dem Fotoapparat erinnert.

Die plastische Modellierung der Gestalt geschieht allein durch effektvolle Weißhöhung von Gesicht und Arm, während das Kleid mit seinem Pelzbesatz und der schwarze Handschuh, ähnlich wie die Farbbahnen des Hintergrundes, fast flächig gehalten sind. Eine Verzahnung von Vorder- und Hintergrund ist die Folge, und die Darstellung von räumlicher Tiefe wird nahezu aufgehoben.

Meist wird Degas zu den Impressionisten gezählt. Bei ihm kommt aber mit Schwarz ein Farbton zum Einsatz, den die Impressionisten von ihrer Farbpalette verbannt hatten. Auch den impressionistischen Farbauftrag mit seinen die Form auflösenden Tupfen verwendet Degas nicht. Er trägt Temperafarbe flächig mit dem Pinsel auf und überzeichnet diese mit trockener Pastellkreide. Diese Methode wird in diesem Bild durch die strichhafte Weißhöhung mit ihren klar erkennbaren Schraffuren deutlich. Das Bild erhält dadurch fast einen zeichnerischen Charakter.

Die Farbigkeit ist relativ gedämpft. Die Bahnen im Hintergrund sind in dezenten Grün-, Rot- und Gelbtönen gehalten, zwischen denen auch ein Cremeweiß zu sehen ist. Der breiteste Streifen liegt am rechten Bildrand hinter dem Kopf der Sängerin und ist schwarz. Das Gesicht ist in dezenten Haut- und Weißtönen gehalten, die sich sehr gut vom dunklen Hintergrund abheben. Das Kleid ist in schwachen Rosatönen und das Dekolleté in einem Blaugrau gemalt. Auch wenn hier ein schwacher Warm-Kalt-Kontrast zu erkennen ist, so wird das Bild im Wesentlichen vom Hell-Dunkel-Kontrast beherrscht, der am deutlichsten am hellen Kopf der Sängerin vor der schwarzen Farbfläche im Hintergrund erkennbar wird.

4. Interpretationsansatz zu „Café-Sängerin mit Handschuh"

In künstlicher Beleuchtung und schräg von unten ist eine Sängerin dargestellt. Man sieht ihr Doppelkinn und einen weit aufgerissenen Mund. Dies ist nicht unbedingt die Ansicht, in der sich Frauen gerne dargestellt sehen. Degas geht es aber nicht um den schönen Schein, sondern er interessiert sich für den dramatischen Moment und die Atmosphäre im Theater. Menschen der Großstadt waren sein Motiv und die Sängerin in dem Café gehörte dazu. Paris, schon damals eine pulsierende Großstadt, bot eine Vielzahl an Vergnügungsmöglichkeiten, die ein völlig neues Lebensgefühl vermittelten. Ein Teil davon waren die Musiktheater, die sich großer Beliebtheit erfreuten.

Neben den Motiven ist Degas' Arbeitsweise wichtig für das Verständnis seiner Bilder. Zum Malen geht er nicht wie die Impressionisten in die Natur, sondern er fertigt vor Ort Skizzen an, die er im Atelier zu Gemälden weiterverarbeitet. Er ist der Meinung, dass ein Gemälde immer ein Produkt der Fantasie und niemals ein reiner Abklatsch der Wirklichkeit sein sollte. Diese Haltung ist ein Seitenhieb auf die Impressionisten, denen er zwar freundschaftlich verbunden war, sich aber nie zugehörig fühlte.
Gemeinsamkeiten mit dem Impressionismus sind vorhanden, dennoch gibt es, wie die Arbeitsweise schon zeigt, deutliche Unterschiede. Seine Motive, die Darstellung der Stadtmenschen und ihres urbanen Alltags, sind auch Themen der Impressionisten, die sich im Gegensatz zu Degas aber immer stärker der Landschaft zuwendeten. Das Ausschnitthafte, das sich bei Degas zeigt, prägt auch die Bilder der Impressionisten. Die Einflüsse der Fotografie und der japanischen Holzschnitte werden hier sichtbar. Degas' Bilder haben aber einen klaren, wohldurchdachten Bildaufbau, der für die Impressionisten zunehmend nebensächlich wurde. Für ihre Malerei wurde die Bedeutung des Lichts entscheidend. Sie wollten die Stimmung eines flüchtigen Augenblicks einfangen und die sich wandelnde Farbigkeit der Gegenstände unter verschiedenen Lichteinflüssen darstellen. Alles schien sich in einem Flirren und Flimmern aufzulösen. Keinerlei Konturen störten das Spiel der Farben, die zunehmend an Eigenwert erlangten. Das Malen musste schnell gehen, und der Bildaufbau verlor an Bedeutung. Degas' Umgang mit dem Licht war ein anderer. War es bei den Impressionisten vorwiegend das Tageslicht, mit seinen sich ständig wandelnden Stimmungen, faszinierte Degas die Künstlichkeit des Bühnenlichts. Nicht das Flimmern der Farben und die Auflösung der Formen, sondern die kühle Distanz der Bühnenbeleuchtung mit ihren klaren Konturen interessierte ihn. Das zeichnerische, konstruktive Moment rückte in den Vordergrund.
Mit seinem Credo für einen klar konstruierten Bildaufbau steht er in einer Linie mit **Cezanne**, der in ausgeklügelten Kompositionen den Impressionismus überwand und wichtige Impulse für die Moderne gab. Ein weiterer Blick in die Zukunft zeigt sich bei Degas in der Expressivität der Darstellung. In einer asymmetrischen Bildkomposition werden Gestik und Bewegung betont. Es geht ihm nicht um den schönen Schein, sondern um den Ausdruck.

5. Kunstgeschichtliche Reflexion

Parallel zur technologischen Entwicklung in der zweiten Hälfte des 20. Jahrhunderts beschäftigen sich die bildenden Künstler zunehmend mit neuen Medien.
Beeinflusst durch den Komponisten und Konzeptkünstler **John Cage** wendet sich **Bruce Nauman** in den 60er-Jahren von der Malerei ab und beginnt mit dem Medium Video zu arbeiten. 1992 zeigt er auf der documenta 9 in Kassel seine Videoinstallation „**Anthro/ Socio. Rinde Spinning**", die heute in der Kunsthalle Hamburg zu sehen ist.
Noch bevor man die Installation betritt hört man einen lauten, klagenden Sprechgesang. In einem abgedunkelten Raum wird man auf drei Projektionsflächen und sechs Monitoren mit dem kahl geschorenen Schädel eines Mannes konfrontiert. Der Kopf, dargestellt in unterschiedlichen Größen und Ansichten, dreht sich um die eigene Achse und intoniert in ständiger Wiederholung „HELP ME/HURT ME/SOCIOLOGY" (Hilf mir, verletze mich, Soziologie[1]) und „FEED ME/EAT ME/ANTHROPOLOGY" (Füttere mich, iss mich, Anthropologie[2]). Der Gesang ertönt aus sechs verschiedenen Lautsprechern und schwillt durch die fehlende Synchronisation zu einem peinigenden Lärm an, aus dem nur vereinzelte Wortfetzen zu verstehen sind. Mund und Augen des Mannes sind weit aufgerissen und sein Gesicht scheint von Schmerzen verzerrt. In Kombination mit der Lautstärke und den irritierenden Bildern versetzen die widersprüchlichen und verwirrenden Aufforderungen der beiden Sätze den Betrachter in einen Zustand von extremer physischer und psychischer Belastung. Die Schmerzgrenze ist überschritten, Gedanken an Flucht stellen sich unwillkürlich ein. Nauman will diese unmittelbare Erfahrung, dieses Ausgeliefert-

sein. Er will den Betrachter durch diese schockierenden Sinneswahrnehmungen zum Nachdenken über seine eigene Rolle als Mensch in der Gesellschaft anregen. Man glaubt sich in einer multimedialen Umsetzung von **Edvard Munchs „Der Schrei"** von 1893 zu befinden. Munchs Gemälde mit seiner übersteigerten Mimik und Gestik wurde zum Sinnbild für die gepeinigte Kreatur an der Schwelle zum 20. Jahrhundert. Bei Bruce Nauman ist es 100 Jahre später das gefilmte Antlitz einer realen Person, des Sängers Rinde Eckert. Wie ein Verrückter (vgl. Titel *Rinde Spinning*) verzieht er sein Gesicht, reißt Augen und Mund weit auf. Nur sein Kopf ist zu sehen, und im Gegensatz zu Munch hört man sein Schreien, aber er hat keine Arme, um zu gestikulieren. Diese Bewegung übernimmt das Medium Video, das den Kopf um seine eigene Achse drehen lässt und so zum virtuellen Ersatz für menschliche Gestik wird.

[1] Anthropologie – die Wissenschaft vom Menschen
[2] Soziologie – die Wissenschaft von der Gesellschaft

Leistungskurs Kunsterziehung: Abiturprüfung 2007
Aufgaben mit bildnerisch-praktischem Schwerpunkt

Aufgabe I **Mein Traum vom Fliegen**
Entwurf eines phantastischen Flugobjektes

Im Jahr 1994 verstarb der oberschwäbische Flugradbauer Gustav Mesmer, der sogenannte „Ikarus vom Lautertal". Er erfand das Flugrad für den „kleinen Flugverkehr von Dorf zu Dorf". Im deutschen Pavillon in Sevilla stand eines seiner kuriosen Flugobjekte und in seiner Heimat, der Schwäbischen Alb, wird er durch ein kleines Museum mit einer ständigen Ausstellung seiner Werke geehrt.
Mesmer lebte vierunddreißig Jahre in der Psychiatrie und träumte sich hinein in die Welt der Fluggeräte. Jahrelang montierte er Eisen, Holz, Latten, Plastiktüten, Regenschirme etc. zu skurrilen, farbenfrohen Objekten.

Vor Ihnen liegen verschiedene zeichnerische und malerische Mittel, diverse Zeichenpapiere sowie Zahnstocher, Schaschlikstäbe, Folien, Transparentpapier, Klebstoff, Schnüre und Schere.

1. **Vorbereitende Skizzen**
    a) **Flügel für ein Flugobjekt** (8)
    Entwickeln Sie in einer Reihe von Skizzen verschiedene Flügel für ein phantastisches Flugobjekt! Lassen Sie sich dabei auch durch Formen, die in der Natur vorkommen, inspirieren (z. B. Flugsamen, Tierflügel)! Thematisieren Sie bei Ihren Gestaltungen den Gegensatz zwischen konstruktiv-stützenden und flächig-gespannten Elementen!

    b) **Mechanische Konstruktionen** (7)
    Versetzen Sie sich in die Rolle eines Erfinders wie Gustav Mesmer und skizzieren Sie Ihre Überlegungen zum mechanisch-phantastischen Anteil eines Flugapparates! Sammeln Sie zeichnerisch verschiedene Möglichkeiten konstruktiver Verbindungen (Elemente zur Kraftübertragung, Treibriemen, Zahnräder etc.) ohne Anspruch auf technische Realisierbarkeit!

    Wählen Sie gemäß Ihren Darstellungsabsichten für beide Aufgaben geeignete Gestaltungsmittel und legen Sie Ihre Skizzen auf je einem Zeichenpapier (DIN A 1) an!

2. **Komposition: „Phantastisches Flugobjekt"** (25)
    Kombinieren Sie aus Ihren bisherigen Überlegungen Flügelformen und mechanische Verbindungen zu einem utopischen Flugobjekt! Erweitern Sie Ihre Vorstellung durch zusätzliche Elemente und Konstruktionsteile, die das Zusammenspiel filigraner, transparenter bzw. dichter, schwerer Teile betonen!
    Experimentieren Sie mit malerischen und zeichnerischen Mittel! Sie können auch die weiteren zur Verfügung gestellten Materialien mit verwenden und durch Einfügen von flächigen als auch reliefartigen Elementen, durch Korrigieren, Überkleben und Übermalen Ihren „Traum vom Fliegen" konkretisieren!
    Finden Sie nach und nach zu einem komplexen Gesamtgebilde!
    Legen Sie Ihre Arbeit auf einem nicht zu kleinen Bogen kräftigen Papiers an, den Sie im Laufe der Zeit durch Zuschneiden und Ankleben Ihren Vorstellungen entsprechend verändern können. Dabei ist es auch möglich, das rechteckige Format zu verlassen. Das Ergebnis kann auch fragmentarisch bleiben.

Achten Sie auf den überlegten Einsatz der Werkmittel sowie eine überzeugende Bildwirkung!

3. Kunstgeschichtliche Reflexion (20)

Bewegung hat viele Künstler des 20. Jahrhunderts zur Gestaltung angeregt. Beschreiben Sie je ein Werk aus der Malerei, aus der Plastik und aus der Aktionskunst, für das Bewegung ein zentrales Moment ist! Gehen Sie auf Gestaltungsmittel und die jeweilige Intention der verschiedenen Künstler ein!

Materialien und Hilfsmittel
Weiße Zeichenkartons und -papiere DIN A 4 bis DIN A 1
Bleistifte verschiedener Härtegrade, Farbstifte, farbige Kreide, Zeichenkohle, Tusche und Federn, Deck-, Aquarell- und Acrylfarben
Zahnstocher, Schaschlikstäbe, Klarsichtfolie, Transparentpapier, Klebstoff, Schnüre und Schere

---

Lösungsansätze

3. Kunstgeschichtliche Reflexion

Umberto Boccioni (1882–1916)

Eines der skulpturalen Meisterwerke, das sich mit Bewegung beschäftigt, ist **Umberto Boccionis** futuristische Plastik „**Forme uniche dela continuità nello spazio**" von 1913. Eine genaue Übersetzung des Titels ist schwierig. Häufig wird er mit „Einzigartige Formen der Kontinuität im Raum" angegeben, jedoch kommt der Titel „Urform der Bewegung im Raum" der italienischen Bedeutung wohl am nächsten, da dieser auch dem erklärten Ziel Boccionis, der Darstellung von Bewegung, am ehesten entspricht.
Der Künstler hat die 118 cm hohe Skulptur in Gips ausgeführt und erst nach seinem Tod wurden mehrere Bronzegüsse angefertigt. Dargestellt ist eine mit großen Schritten voranschreitende Gestalt. Nahezu kopflos und mit zu kleinem Oberkörper konzentriert sich alles auf die Beine, die jeweils auf einem kleinen, quaderförmigen Sockel stehen. Angeregt durch den Kubismus wird die Gestalt zergliedert und aus eckigen, kristallinen Formen aufgebaut. Aber nicht die Darstellung unterschiedlicher Perspektiven wie in der kubistischen Malerei, sondern das Sichtbarmachen von zeitlichen Abläufen ist Boccioni wichtig. Die gleichzeitige Wiedergabe mehrerer Bewegungsmomente in einer Skulptur hat eine Auflösung der Form in stilisierte Fetzen und flossenartige Einzelteile zur Folge.
Der Figur haftet etwas Maschinenhaftes an, und sie erinnert durch ihren panzerhaften Charakter an die Kampfroboter der heutigen Science-Fiction-Filme. Boccioni wäre von diesen Parallelen sicher angetan gewesen; sind doch der unbedingte Fortschrittsglaube, der durch das stürmische Voranschreiten der Figur symbolisiert wird, die Verherrlichung von Krieg und Gewalt sowie die Beseitigung des Alten wichtige Ziele des Futurismus.

Jackson Pollock (1912–1956)

Ein Maler, für den Bewegung in ganz anderer Form zum zentralen Thema seiner Arbeit wurde, ist **Jackson Pollock**. Als Begründer des Actionpaintings ist Bewegung und Dynamik auf seinen Bildern nicht nur sichtbar, sondern es ist auch ein wichtiger Bestandteil des Entstehungsprozesses. Er heftete großformatige Leinwände auf den Boden und war somit in der Lage, um das Bild herumzugehen. Durch dieses Arbeiten war er nach eigenen Aussagen dem Bild näher und fühlte sich als Teil von ihm. Beim Malen dieser Riesenbilder entwickelte er eine neue Maltechnik, das sogenannte Drip-painting. Pollock trug die Farbe nicht mehr direkt mit dem Pinsel auf, sondern er verwendete durchlöcherte Dosen oder Stöcke, mit denen er die Farbe auf die Leinwand träufelte oder spritzte.
In dem monumentalen Gemälde „**Number 32**" (269 × 457 cm) aus dem Jahr 1950 kann man seine Arbeitsweise gut nachvollziehen. Ausschließlich mit zäher, schwarzer Lackfarbe

gemalt, ist die Leinwand von wilden Linien und Schleifen überzogen. An den Stellen, an denen er seine Bewegung stoppte, kommt es zu einer Verdichtung der Farbe, und es entstehen Knotenpunkte auf der unbehandelten, ockerfarbenen Leinwand, die wie eine Hintergrundfarbe wirkt. Ohne kompositorische Schwerpunkte verteilt er gleichförmige Elemente, die sich aus seiner Körperbewegung ergeben, über das ganze Bild. Im Gegensatz zu den zeitgleich entstandenen Bildern „Number 30" und „Number 31", die neben Schwarz auch Weiß- und Ockertöne aufweisen, verzichtet er in dieser puristisch anmutenden Arbeit auf eine differenzierte Farbigkeit. Frei von jeglichen figurativen Elementen und illusionistischen Tendenzen werden die wild bewegten schwarzen Farbspuren zur spontanen Niederschrift der psychischen Verfassung des Künstlers.

Yves Klein (1928–1962)

Aktionskunst ist von ihrem Wesen her auf Bewegung ausgelegt und so könnte man hier nahezu jede Aktion als Beispiel anführen. An der Schnittstelle zwischen Malerei und Aktionskunst steht **Yves Klein**, der in erster Linie durch seine monochromen blauen Bilder und die Abdrücke weiblicher Körper auf Leinwand, die sogenannten „Anthropometrien", bekannt wurde. Für Pollock war der Entstehungsprozess seiner Bilder zwar sichtbar und wichtig, stand aber nie in Zentrum seines Schaffens. Bei Klein ist das anders; neben seinen Bildern wird die Aktion selbst gleichberechtigt Teil des Kunstwerkes.
Am 9. März 1960 lädt Yves Klein 100 sorgfältig ausgewählte Gäste in die vornehme Pariser Galerie des Comte d'Arquian zur Performance **„Anthropometrien der blauen Epoche"** ein. In feiner Abendgarderobe begibt sich das Publikum in die Galerie, dessen Bühnenbereich mit Papierbögen ausgelegt ist. Daneben platziert er ein neunköpfiges Kammerorchester und drei Chorsänger. Auf seinen Einsatz hin lassen die Musiker einen gleichförmigen Ton aufsteigen, die „Symphonie monoton-silence" – eine sphärisch anmutende Musik, die der Künstler selbst komponiert hat. Daraufhin erscheinen drei nackte Damen auf der Bühne, jede hat einen Eimer mit blauer Farbe in der Hand. Nach einem weiteren Zeichen durch den Künstler beginnen sie, sich mit der Farbe zu bemalen und ihre Körper anschließend auf den Papierbögen abzudrucken. In einer klaren Choreografie leitet Yves Klein die Bewegungsabläufe und das Geschehen. Nach 20 Minuten endet das Ritual der Abdrucke und auch die Musik verstummt. Weitere 20 Minuten verharren alle Beteiligten, auch das Publikum, in absoluter Stille. Nach 40 Minuten ist die Aktion beendet. Die anfängliche Aktion und Bewegung wird in der zweiten Hälfte durch eine meditative Ruhe abgelöst, in der die vorangegangenen Ereignisse ihren Nachhall finden. Seine aufsehenerregende Performance hat etwas mit dem Leben zu tun und soll einfache, elementare Dinge des Lebens bewusst machen: Bewegung und Stillstand, Bewegung von Körpern im Raum, Spuren, die der Körper im Raum hinterlässt.

Aufgabe II   **Selbstinszenierung mit absurder Kopfbedeckung**

Vor Ihnen liegen Papierbahnen, Schere, Schnüre, Heft- und Büroklammern sowie Klebestreifen. Fertigen Sie aus den Materialien mindestens drei verschiedene skurrile Kopfbedeckungen, indem Sie das Papier schneiden, knüllen, falten, kleben, montieren, arrangieren! Diese grotesken Objekte können so geformt sein, dass sie ein Gesicht auch teilweise verdecken können. Kontrollieren Sie die Wirkung im ebenfalls bereitstehenden Spiegel!

1. **Detailstudie** (10)
Entscheiden Sie sich für eine der Kopfbedeckungen und setzen Sie diese auf! Betrachten Sie sich im bereitgestellten Spiegel und suchen Sie einen geeigneten Ausschnitt, in dem sowohl Ihr Gesicht als auch das Papiergebilde zu sehen sind! Untersuchen Sie in einer Detailstudie die unterschiedlichen Erscheinungsformen von Papier und Haut! Konzentrieren Sie sich dabei auf Oberflächenbeschaffenheit und Plastizität!

2. **Skizzen** (10)
Erproben Sie nun auch Ihre anderen „Hüte" in verschiedenen Stellungen auf Ihrem Kopf und beobachten Sie die jeweilige Wirkung im Spiegel! Fertigen Sie einige Skizzen an, in denen Sie effektvolle Möglichkeiten der Selbstinszenierung untersuchen! Denken Sie dabei auch an unterschiedliche Blickwinkel oder vergrößerte Ausschnitte!
Wählen Sie dafür Papier und Zeichenmaterialien, die Ihren Darstellungsabsichten entsprechen! Ordnen Sie Ihre Skizzen auf einem größeren Blatt an!

3. **Komposition** (20)
Wählen Sie die Skizze aus, die Sie am meisten überzeugt, und entwerfen Sie auf deren Grundlage eine Komposition zum Thema „Selbstinszenierung mit absurder Kopfbedeckung"! Das Bild kann entweder eine Gesamtansicht von Kopf und Kopfbedeckung oder einen effektvollen, ggf. stark vergrößerten Ausschnitt zeigen. Sie haben die Wahl zwischen einer malerischen (auch farbig) oder grafischen Lösung. Sie können aber auch Mischtechniken anwenden. Achten Sie auf einen differenzierten Einsatz der Gestaltungsmittel!
(Format: DIN A 5 bis DIN A 1)

4. **Kunstgeschichtliche Reflexion** (20)
Künstler des 20. Jahrhunderts haben sich in Selbstdarstellungen häufig in auffälliger Weise inszeniert. Stellen Sie von drei verschiedenen Künstlern je ein Werk aus unterschiedlichen Gattungen vor (z. B. Malerei, Fotografie, Aktion), in denen jene auf charakteristische Weise eine bestimmte Rolle einnehmen! Beschreiben sie auf einfühlsame Weise die genannten Arbeiten und die damit verbundene Aussageabsicht.

Materialien und Hilfsmittel
Weiße Zeichenpapiere DIN A 5 bis DIN A 1,
Bleistifte verschiedener Härtegrade, Farbstifte, farbige Kreide, Zeichenkohle, Tusche und Federn, Deck-, Aquarell- und Acrylfarben
Spiegel, Papierbahnen, Schere, Schnüre, Heft- und Büroklammern und Klebestreifen

Lösungsansätze

4. Kunstgeschichtliche Reflexion
Die vielfältigen Möglichkeiten, wie Künstler im 20. Jahrhundert die eigene Person in ihre Arbeit einbinden, werden an den nachfolgenden Beispielen aufgezeigt. Der Einsatz unterschiedlicher Medien und verschiedener Konzepte zeigt den Weg von der Abbildung der eigenen Person im klassischen Sinn, hin zur Selbstinszenierung und der Einbindung des Körpers in den künstlerischen Prozess.

Lovis Corinth (1858–1926)
Seit der Renaissance beschäftigten sich Künstler zeichnerisch und malerisch mit der eigenen Person. Neben Max Beckmann ist **Lovis Corinth** wohl der bekannteste deutsche Maler im 20. Jahrhunderts, der sich vom Beginn seines künstlerischen Schaffens bis kurz vor seinem Tod immer wieder selbst porträtierte. Die selbstbewusste Demonstration der eigenen künstlerischen Fähigkeiten, vor allem in den frühen Porträts, weicht der Darstellung von Selbstzweifeln, Depression und körperlichem Verfall in den späten Bildern. Anfangs noch unregelmäßig, begann Corinth ab dem 40. Lebensjahr jedes Jahr im Juli um seinen Geburtstag herum, ein Porträt von sich anzufertigen. Eines seiner letzten und eindrucksvollsten Selbstbildnisse ist das **„Große Porträt vom Walchensee"** (137 × 107 cm) aus dem Jahr 1924.
Der Künstler malt sich in Dreiviertelansicht vor einer Landschaft mit dem Walchensee und den Bergen im Hintergrund. Er hat ein weißes Hemd mit roten und blauen Streifen an. Während die rechte Hand die Palette hält, führt die linke den Pinsel zur nicht sichtbaren Staffelei. Die Sonne scheint und die Farbigkeit des Bildes ist vorwiegend in heiteren Blau- und Grüntönen gehalten. Corinth fixiert mit einem zweifelnden und etwas angespannten Blick den Betrachter. Sein Gesicht liegt im Schatten. Nur seine Stirn leuchtet im gleißenden Licht. Seine düstere Selbstdarstellung will so gar nicht zu der heiteren Umgebung passen.
Das Bild entstand zwei Jahre vor seinem Tod und zeigt einen alten, von Krankheit und Depressionen gezeichneten Mann. Seit einem Schlaganfall fehlten seinen Bildern der gekonnte Pinselstrich und die Virtuosität seiner frühen Werke, die ihn neben Liebermann und Slevogt zum gefeierten Künstler des deutschen Impressionismus machten. Sein Pinselduktus in diesem Bild ist heftig und fast unbeholfen, zeugt aber von großer expressiver Kraft. Nicht die Wiedergabe von Oberflächen ist ihm wichtig, Corinth geht es vielmehr um den Ausdruck. Der melancholische Blick und das verschattete Gesicht deuten Angst und Unsicherheit an. Während die Natur um ihn herum vor Leben strotzt, wähnt sich der Künstler auf der Schattenseite und möglicherweise schon dem Tode nahe.

Gilbert und George (geb. 1942 und 1943)
Die schwarzweiße Fotoarbeit **„The Queue"** („Die Schlange") von **Gilbert und George** aus dem Jahr 1978 misst 241 × 201 cm und ist aus 16 gleich großen, mit schmalen schwarzen Rahmen versehenen Einzelbildern zusammengesetzt. Die Arbeit ist horizontal in drei Teile aufgeteilt. Im oberen Bereich sieht man eine Schlange von wartenden Menschen auf der Straße. Leicht unscharf fotografiert lässt sich der Ort nicht festmachen, vor dem die Menschen warten. Stehen sie vor einem Laden, vor einem Kino oder gar vor dem Arbeitsamt an? Darunter sieht man zwei Jungen, die vor einem vergitterten Laden stehen. Aus ihren Gesichtern sprechen Unsicherheit und Trotz. Ihrer Kleidung nach zu urteilen stammen sie aus ärmeren Verhältnissen. In der unteren Reihe haben die beiden Künstler ihre Köpfe vor schwarzem Hintergrund in effektvoller, künstlicher Beleuchtung im Profil bzw. im Halbprofil abgelichtet. Ihr Blick führt weg vom Betrachter und geht scheinbar ins Leere. Die Abbildung der beiden Jungen in der Mitte nimmt genauso viel Platz ein, wie die sie einrahmenden Bildstreifen zusammen. Sie stehen somit, auch aufgrund der Größe,

im Mittelpunkt des Interesses. Herausgehoben aus der anonymen Masse der Schlange im oberen Bildviertel werden sie zu Stellvertretern dieser Menschen.

Gilbert und George, ihre Nachnamen nennen sie prinzipiell nicht, leben im Londoner East End, einem Viertel, in dem in den 60er- und 70er-Jahren die ärmeren Bevölkerungsschichten wohnten. Dort finden sie ihre Motive, die, neben der eigenen Person, das Großstadtleben, das Außenseitertum, soziale Konflikte und immer wieder junge Männer von der Straße sind. Nicht so offensichtlich und plakativ wie in den späteren Arbeiten, die bunt verpackt Tabus brechen, ist hier die homoerotische Komponente ihres Schaffens erkennbar. Daneben spürt man aber immer, wie auch in diesem Fall, die Anteilnahme am Schicksal der Menschen ihres Viertel, denen sie ohne jeglichen Voyeurismus gegenübertreten.

Die beiden Künstler sind seit 1967 ein Paar und lernten sich während ihres Studiums in einer Bildhauerklasse an der St. Martin's School of Art in London kennen. Die eigene Person stand von Beginn ihrer Zusammenarbeit im Mittelpunkt ihres Schaffens. 1968 stellten sie sich als „Living Sculptures" in einer Galerie aus. Nicht eine Abbildung, sondern die Künstler erklärten sich selbst zum Kunstwerk. In den frühen 70er-Jahren wandten sie sich dem Medium Fotografie zu, mit dem sie bis heute arbeiteten.

Marina Abramovic (geb. 1946)
Abramovics aufsehenerregende und auf der Biennale in Venedig 1997 prämierte Performance **„Balkan Baroque"** beschäftigt sich mit dem Krieg im ehemaligen Jugoslawien. Die serbische Künstlerin sitzt während ihrer Aktion auf einem Berg von 1500 frischen Rinderknochen. An den Wänden befinden sich drei Projektionen, auf denen Bilder ihrer Eltern und sie selber zu sehen sind. Am Boden stehen zwei Kupfereimer und eine Kupferwanne, die mit Wasser gefüllt sind. Über einen Zeitraum von 4 Tagen sitzt sie an jedem dieser Tage jeweils sechs Stunden auf dem Knochenberg und reinigt die Knochen mit einer Bürste. Dazu singt sie ohne Unterbrechung Volkslieder aus ihrer Heimat. Auf den Projektionen sind nur die Köpfe ihrer Eltern zu sehen. Sie flankieren wie bei einem Triptychon die größere Projektion in der Mitte, auf der Abramovic in unterschiedlichen Rollen zu sehen ist. Einmal gibt sie eine kühl dozierende Wissenschaftlerin, die von den jugoslawischen Wolfsratten berichtet, einer Rattenart, die sich selbst vernichtet. Das andere Mal tanzt sie ekstatisch zu serbischen Volksliedern.

Mit dieser verstörenden Performance gelingt der Künstlerin eine gleichermaßen aggressive wie poetische Aussage. Abramovic, 1946 in Belgrad geboren, setzt sich auf sehr persönliche Weise mit dem unmenschlichen Krieg auseinander, der zum Zerfall Jugoslawiens führte. Ihre eigene und die Biografien ihrer Eltern, die nach dem Zweiten Weltkrieg am Aufbau des Landes mitwirkten, sind eng mit dem Vielvölkerstaat verwoben. Mit der rituellen Waschung der Knochen, die für die Opfer des Krieges und der ethnischen Säuberungen stehen, will sie die Verbrechen gegen die Menschlichkeit anklagen und zugleich ihren persönlichen Beitrag zur Aufarbeitung der Geschehnisse leisten. Nach eigenen Aussagen müsse Kunst auf gesellschaftliche Veränderungen und Bedürfnisse reagieren, denn ohne Ethik sei sie nur Kosmetik.

> **Leistungskurs Kunsterziehung: Abiturprüfung 2007**
> **Aufgaben mit schriftlich-theoretischem Schwerpunkt**

Aufgabe III Vergleichende Analyse und Interpretation

Georges de la Tour (1593–1652)	„Der Falschspieler mit dem Karo-As", (1619/20) Öl auf Leinwand, 106 × 146 cm Paris, Louvre
Paul Cézanne (1839–1906)	„Zwei Kartenspieler", (1890–1892) Öl auf Leinwand, 45 × 57 cm Paris, Musèe d'Orsay

Das Kartenspielen übt seit Jahrhunderten eine nicht nachlassende Faszination auf sehr viele Menschen aus. Georges de la Tour zeigt uns in seinem Bild, wie ein prächtig gekleideter junger Mann (recht) beim Kartenspiel betrogen wird. In Paul Cézannes Werk werden zwei Bekannte aus seinem Heimatort beim Kartenspiel dargestellt.

1. **Erster Eindruck und Beschreibung** (8)
   Schildern Sie kurz, wie die beiden Szenen auf Sie wirken!
   Wählen Sie aus jedem der beiden Bilder eine Person aus und beschreiben Sie deren Erscheinung, Gestik und Mimik!

2. **Bildnerische Auseinandersetzung**

   a) **Detailstudie** (12)
   Geben Sie aus jedem Bild einen deutlich vergrößerten Ausschnitt wieder, in dem je ein bis zwei Hände oder ein Händepaar beim Spiel gezeigt werden! Arbeiten Sie bei de la Tour mit zeichnerischen Mitteln und lösen Sie die Aufgabe bei Cézanne mit Pinsel und Farbe! Achten Sie dabei auf die besondere Beziehung von Figur und Grund und setzen Sie Ihre Gestaltungsmittel so ein, dass der Duktus des betreffenden Künstlers erkennbar wird!

   b) **Kompositionsskizzen zu Cézanne** (8)
   Zeigen Sie in mehreren kleinen Skizzen, wie der Künstler das Gesamtbild in Farbe, Fläche und Raum ordnet!

3. **Schriftliche Analyse** (10)
   Stellen Sie dar, wie Cézanne sein Bild komponiert hat. Analysieren Sie die Organisation der Bildfläche und den Aufbau des Bildraums sowie die farbige Gestaltung!
   Vergleichen Sie zudem das Zueinander der Kartenspieler bei Cézanne mit dem szenischen Gefüge bei de la Tour und zeigen Sie wie die beiden Künstler Menschen darstellen! Beziehen Sie auch Ihre Erfahrungen aus der bildnerischen Auseinandersetzung mit ein!

4. **Interpretationsansätze** (14)
   Stellen Sie auf der Grundlage Ihrer bisherigen Beobachtungen und Erkenntnisse Überlegungen zum jeweiligen Bildgehalt an!
   Erläutern Sie die Beziehungen der Personen zueinander und gehen Sie dabei auch auf die Position des Betrachters ein!

Diskutieren Sie das Für und Wider der Behauptung Georges de la Tour sei „Regisseur" und Paul Cézanne „Konstrukteur"!

5. Kunstgeschichtliche Reflexion (8)

Spiel und Experiment kennzeichnen die Vorgehensweise zahlreicher Künstler in der ersten Hälfte des 20. Jahrhunderts. Stellen Sie zwei Künstler vor, die spielerisch-experimentell arbeiten! Beschreiben Sie deren Arbeitsmethoden sowie die künstlerischen Intentionen an je einem Werkbeispiel!

Materialien und Hilfsmittel
Weiße Zeichenpapiere DIN A 4 bis DIN A 3
Bleistifte verschiedener Härtegrade, Farbstifte, Deck-, Aquarellfarben
Abbildungen der Kunstwerke

Georges de La Tour, Der Falschspieler mit dem Karo-Ass, 1619/20; Öl auf Leinwand, 106 × 146 cm; Paris, Louvre

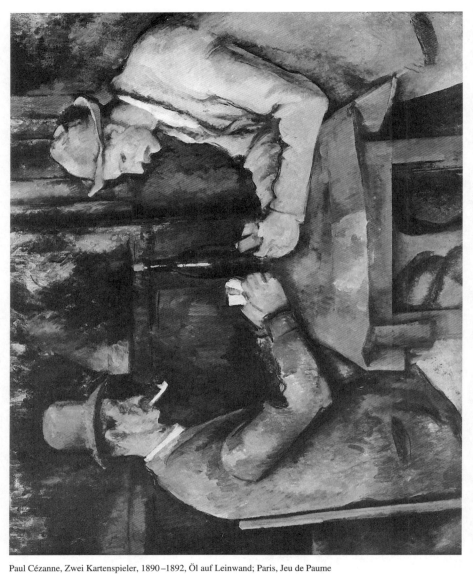

Paul Cézanne, Zwei Kartenspieler, 1890–1892, Öl auf Leinwand; Paris, Jeu de Paume

Lösungsansätze

1. **Erster Eindruck und Beschreibung**
   Cézannes Bild strahlt Ruhe und eine nahezu feierliche Stimmung aus. Gänzlich ohne jegliches Spektakel ist hier eine alltägliche Szene abgebildet. Zwei Männer, dargestellt im Profil, sitzen sich an einem Tisch gegenüber und spielen Karten. Die Zeit scheint stillzustehen und nichts lenkt die beiden Spieler ab. Wortlos und ohne Blickkontakt besteht dennoch eine große Vertrautheit zwischen den beiden.
   Der linke Spieler sitzt etwas stärker aufgerichtet als der rechte und trägt einen hohen zylinderförmigen Hut. Seine Unterarme ruhen auf dem Tisch und die Hände halten die Karten, deren Symbole nicht erkennbar sind. Er raucht eine Pfeife und trägt einen Schnurrbart. Seine erdfarbene Kleidung ist einfach und bäuerlich. Obwohl der Farbauftrag etwas grob ist und die Gesichtszüge deshalb nicht so deutlich erkennbar sind, geht von der Mimik des Mannes dieselbe Würde aus, die die Atmosphäre des Bildes bestimmt.

   De La Tours Bild hingegen versetzt den Betrachter in Spannung. Auch hier wird Karten gespielt. Vier Personen sind auf diesem Halbfigurenbild vor einem dunklen Hintergrund in ein grelles, künstliches Licht getaucht. Drei von ihnen sitzen in prachtvollen, barocken Gewändern am Tisch und spielen, während eine Dienstmagd die Spieler mit Getränken versorgt. Wie in einem Film wird der Betrachter in die Szene hineingesogen und zum Augenzeuge eines Betruges, der von zwei Spielern und der Magd inszeniert wird.
   Das Opfer ist ein Mann, der am rechten Tischende sitzt. Er ist im jugendlichen Alter und mit wertvollen Gewändern bekleidet. Über einer reichverzierten Weste trägt er einen roten Umhang. Sein weiches, fast mädchenhaftes Gesicht ist im Profil abgebildet. Auf dem Kopf trägt er einen roten Hut, der mit einer großen, orangefarbenen Feder geschmückt ist. Die Hände halten die Karten hoch und sein Blick ist ganz auf diese gerichtet. Im Gegensatz zu den Mitspielern ist sein Gesichtsausdruck ruhig, fast teilnahmslos. Er scheint nichts von dem Komplott zu ahnen, das gegen ihn im Gange ist.

2. **Bildnerische Auseinandersetzung**
   a) Detailstudien
   de la Tour   Cézanne

b) Kompositionsskizzen zu Cézanne

Farbe

Fläche

Raum

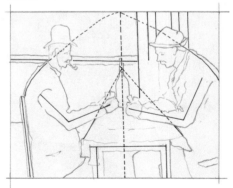

3. Schriftliche Analyse

Organisation der Bildfläche

Cézannes Gemälde ist fast achsensymmetrisch aufgebaut, wobei die Flasche, die die senkrechte Achse markiert, leicht nach rechts verschoben ist. Weiterhin verleihen die Waagrechten der Tischplatte und des Fensters im Bildhintergrund sowie die Senkrechten der Stuhllehnen, der Tischbeine und des Fensterrahmens dem Bild eine klare strenge Struktur. Die angewinkelten Arme der Männer, ihre Oberkörper, deren Krümmung in ihrer Verlängerung einem Spitzbogenfenster gleicht, und die Köpfe sind in das Gitternetz aus Senkrechten und Waagrechten gut integriert. Das Ergebnis ist eine Komposition, die auf Harmonie bedacht ist, aber immer leicht von einer strengen geometrischen Konstruktion abweicht und somit nie spannungslos wirkt.

Aufbau des Bildraumes

Die Darstellung des Raumes befindet sich bei Cézanne schon in der Auflösung. Zwar wird durch Überschneidungen eine Einteilung in Vorder- und Hintergrund erreicht, diese Ebenen sind aber durch Farbgebung und Pinselduktus stark ineinander verzahnt. Es ist keine Farbperspektive vorhanden, da es keine klare Zuordnung von warmen Farben im Vordergrund und kalten Farben im Hintergrund gibt, und es fehlt eine klare Modellierung der Körper von Hell nach Dunkel, die ihre Plastizität hervorheben würde. Die Tischplatte scheint nach vorn gekippt. Der Fluchtpunkt der Tischkanten liegt in der Spitze des Flaschenhalses.

Farbgestaltung

Erdfarben bestimmen den Charakter des Bildes. Die Farbe ist in kurzen schraffurähnlichen Pinselstrichen aufgetragen und behandelt alle Bildteile gleich. Grau- und Brauntöne in unterschiedlichsten Abstufungen sind zu erkennen. Das obere Viertel des Hintergrunds ist schwarz und blau, während der untere Teil des Hintergrunds in dunklen Brauntönen gehalten ist, aus dem einzelne rotbraune Flecken hervorstechen. Vereinzelt schimmert die Leinwand durch. Die Jacke des linken Mannes ist graubraun mit einzelnen Grün-, Gelb- und Violetttönen. Die Jacke des rechten Mannes leuchtet in lichtem Ocker, dem Gelb- und Grüntöne zugesetzt sind. Die Schatten sind in einem Blauviolett gehalten. Am auffälligsten stechen der Tisch in seinem Rotbraun und die Tischdecke mit ihrem Braunorange hervor. Eine Vielzahl von Kontrasten ergibt sich aus der starken Differenzierung. Hierzu einige Beispiele: Warme und kalte Farben sind im Hintergrund in dem Schwarzblau der Fensterscheibe und dem Rotbraun des Fensterrahmens erkennbar. Ein Hell-Dunkel-Kontrast ergibt sich durch den linken Mann, der sich vom dunklen Hintergrund abhebt. Eine Vielzahl von Komplementärkontrasten ist auf der Bildfläche verteilt. Besonders subtil ist die Gestaltung mit den Komplementärfarben Gelb und Violett, die in verschiedenen Abstufungen auf den Jacken der Männer schillern.

Zueinander der Personen bei Cézanne

Die Männer sitzen sich gegenüber und sind achsensymmetrisch angeordnet. Sie haben keinen Blickkontakt und wechseln keine Worte. Ihre Körperhaltung ist ähnlich. Die Art wie sie die Karten halten, ist fast identisch. Trotz dieser Gemeinsamkeiten behält jede Gestalt ihre Individualität, die sich z. B. in unterschiedlichen Kopfformen oder den Hüten äußert.

Szenisches Gefüge bei de la Tour

Die drei Verschwörer sind durch Mimik, Gestik und formale Elemente miteinander verbunden. Die Frau im Zentrum des Bildes hält Blickkontakt mit der Magd. Die Hände der Betrüger treffen sich, mit Ausnahme der linken Hand des Mannes, der nach der falschen Karte greift, fast an einer Stelle im Zentrum des Bildes. Ihre Körper sind durch Überschneidungen verbunden. Der junge Mann hat keinen Kontakt zu den anderen und ist kompositorisch in erster Linie über die Beleuchtung und die Farbe Rot, die sich wie ein Leitfaden von links nach rechts zieht, in das szenische Gefüge eingebunden.

4. Interpretation

Cézanne
Der anfängliche Eindruck bei Cézanne bleibt auch bei genauerer Untersuchung bestehen. Die Ruhe und die Stimmung werden durch die klare achsensymmetrische Komposition und die fein abgestufte Farbgebung unterstützt. Aufgebaut wie ein Stillleben vermittelt es Beständigkeit. Nicht der momentane Eindruck wie bei den Impressionisten wird wiedergegeben, sondern etwas Unverrückbares geht von dem Bild aus. Die Männer wirken unzertrennlich. Cézanne demonstriert mit diesem Gemälde seine enge Verbundenheit mit den Menschen seiner Heimat und man verspürt seine Sehnsucht nach einem harmonischen und friedlichen Zusammensein der Menschen, die sich formal und inhaltlich in der Darstellung der beiden Männer vorbildhaft zeigt. Der Betrachter bleibt außen vor und dringt nicht in diese abgeschlossene Welt ein.

de la Tour
Ganz anders gibt sich die Angelegenheit im Gemälde „Der Falschspieler mit dem Karo-As". Der Betrachter fühlt sich als Tatzeuge, der unmittelbar in das Geschehen einbezogen wird. Er glaubt, eingreifen zu können. Dieser Eindruck gelingt durch die realistische Darstellung, die alle Details, wie z. B. die Kartensymbole, fast fotografisch genau erkennen lässt. Auch die Dimensionen des Bildes, die die Figuren fast lebensgroß wirken lassen, spielen hierbei eine Rolle.
Ob das Gemälde als moralisches Lehrstück über die Verderbtheit der Welt gedacht war oder als ironische Anekdote über die Dummheit und Leichtgläubigkeit der Menschen, kann ohne nähere Beschäftigung nicht so leicht beurteilt werden. Auf jeden Fall erzählt das Bild eine spannende Geschichte und zieht den Betrachter in seinen Bann.

Die Behauptung de la Tour sei ein „Regisseur" und Cézanne sei ein „Konstrukteur" mag auf den ersten Blick zutreffen. Cézanne entwirft eine strenge Bildarchitektur, in die alle Bildelemente, auch die Menschen, gleichberechtigt eingebaut sind. Die Malweise und die Farbgestaltung verhindern eine starke Individualisierung der Personen und geben dem Ganzen etwas Überzeitliches. De la Tour entwirft dagegen eine dynamische, lebendige Szene, die durch die Beleuchtung und die realistische Darstellung an Film oder Theater erinnert. Bei genauerer Betrachtung ist sein Bild ebenso „konstruiert" und klar im Aufbau. Die Reduktion auf geometrische Grundformen klingt durch den starken Hell-Dunkel-Kontrast auch bei de la Tour an und es ist ein Gerüst aus waagrechten und senkrechten Linien erkennbar. Im Gegensatz zu Cézanne steht bei de la Tour aber die erzählerische Komponente im Vordergrund, die durch die ausformulierten Details begünstigt wird.

5. Kunstgeschichtliche Reflexion

Die spielerischen und experimentellen Vorgehensweisen in der Kunst vor 1950 zeigen sich besonders im Dadaismus und Surrealismus.
Raoul Hausmanns (1886–1971) Dada-Kopf **„Der Geist unserer Zeit/Mechanischer Kopf"** von 1919 spiegelt diese Aspekte auf anschauliche Weise wider. Seine Vorgehensweise bei dieser Arbeit kann mit der Anfertigung einer Fotomontage oder Collage verglichen werden, nur dass deren Prinzipien auf ein dreidimensionales Objekt übertragen wurden. Er nimmt den Holzkopf einer Schaufensterpuppe und dekoriert diesen, nach eigenen Aussagen, lustvoll mit unterschiedlichen Utensilien. An die Stirn heftet er ein Maßband und ein Stück Pappe, auf dem die Zahl 22 gedruckt ist. Am Hinterkopf befestigte er eine Geldbörse und auf dem Scheitel einen kleinen Metallbecher. An die Ohren schraubt er neben einem Holzlineal einige Abfälle aus technischen Geräten, wie z. B. ein Messinggewinde. Zufällig gefundene Objekte oder Alltagsgegenstände werden zum künstlerischen Arbeitsmaterial und spielerisch miteinander kombiniert.
Sein Objekt steht für die voranschreitende Technisierung des Lebens und ist ein ironischer Angriff auf die damalige Zeit, die im Verlauf der Industrialisierung zunehmend von Ma-

schinen dominiert wurde. Der Erste Weltkrieg mit seinen Materialschlachten hatte nach Ansicht der Dadaisten gezeigt, wohin die Fortschrittsgläubigkeit und die Mechanisierung der Welt führten. Dieser Maschinenpessimismus zeigte sich auch in den Filmen „Metropolis" (1926) von Fritz Lang und „Modern Times" (1938) von Charlie Chaplin, die die Automatisierung des menschlichen Lebens zum Thema haben.

Max Ernst (1891–1976) ist ein weiterer Künstler, dessen Werk von Experimenten und spielerischen Arbeitsmethoden geprägt ist. Als Mitbegründer der Kölner Dada-Szene siedelte er Anfang der 20er-Jahre nach Paris über und entwickelte sich dort zum Surrealisten. Das Bild **„Napoleon in der Wüste"** von 1941 scheint auf den ersten Blick aufgrund seiner fast altmeisterlichen Machart wenig mit Experimenten und Spielerei zu tun zu haben. Im Vordergrund ragen zwei eigentümliche Gestalten und eine Säule, die zwischen den Figuren platziert ist, aus einer üppig wuchernden Mooslandschaft in den hellblauen Himmel. Dahinter ist ein spiegelglattes Meer zu sehen. Die linke Gestalt ist ein Zwitterwesen aus einem Menschen und einem eselähnlichen Tier. Sie erinnert in ihrer Feldherrenpose und durch den Hut an Napoleon. Am rechten Bildrand schält sich eine Frauenfigur aus einer pflanzenähnlichen Hülle und hält ein saxophonähnliches Instrument in der rechten Hand. Sie ist größer als die mit Blumen bedeckte Säule und der etwas klein geratene Napoleon.

Das Bild besticht durch die Stofflichkeit seiner Oberflächen, die aber keine naturalistischen Abbildungen sind, sondern durch ein Zufallsverfahren, die Decalcomanie, entstanden. Nasse Farbe wurde auf eine Platte aufgebracht und anschließend auf der Leinwand abgedruckt. Durch dieses Abklatschverfahren entstanden assoziationsreiche Schlieren und Verästelungen, die die Fantasie des Künstlers stimulierten und von ihm in das Bild miteinbezogen wurden.

Die durch diese Methode entstandenen, rätselhaften Figuren lassen unterschiedliche Assoziationen und widersprüchliche Interpretationsansätze zu. Das Pflanzliche hat etwas Bedrohliches, die halbentblößte Frau und die Säule mit ihrer Phallusform stehen für Sexualität, während dem hölzern wirkenden Feldherrn etwas Kriegerisches anhaftet. Der blaue Himmel verkörpert Hoffnung. Der Bildtitel trägt zur Verrätselung des Bildes bei, da der Begriff „Wüste" kaum mit wucherndem Grün und Meer in Verbindung gebracht werden kann. Als Surrealist ging es ihm nicht um die klare Ausformulierung von bewussten Bildinhalten. Das Irrationale und das Unbewusste standen im Vordergrund. Um dies zu erreichen, entwickelte Max Ernst neben der Decalcomanie weitere spielerisch-experimentelle Zufallstechniken, wie die Frottage und Grattage, die das Rationale zurückdrängten, und ihm halfen, sich dem Reich des Unterbewussten zu nähern.

Aufgabe IV	Vergleichende Analyse und Interpretation

Erich Heckel „**Frühling in Flandern**" (1916)
(1883–1970) Tempera auf Leinwand, 83 × 96 cm
  Hagen, Städtisches Karl Ernst Osthaus Museum

1. **Beschreibung** (6)
Geben Sie erste, persönliche Eindrücke wieder, die Sie bei der Betrachtung des Landschaftsgemäldes gewinnen! Beschreiben Sie sodann in knapper Form, was Sie auf dem Bild sehen! Berücksichtigen Sie dabei auch, welche Position Ihnen als Betrachter zugewiesen wird!

2. **Bildnerisch-praktische Untersuchung**
Setzen Sie sich nun mit dem in Farbe ausgeführten Bild auseinander!

   a) **Farbige Details** (10)
   Wählen Sie für Ihre Studie einen etwa handgroßen Bereich innerhalb der Reproduktion aus! Legen Sie mit Pinsel und Farbe eine Studie an! Vergrößern Sie dabei den ausgewählten Bereich! Geben Sie in Ihrer Studie dem Bewegungsrhythmus des Pinsels nach, den Heckels Hand geführt hat!

   b) **Kompositionsstudie** (8)
   Fertigen Sie eine im Verhältnis zur Reproduktion etwas verkleinerte Studie an, welche das Bild als Ganzes vereinfacht in seinen Grundzügen wiedergibt! Zeigen Sie innerhalb dieser Studie mit geeigneten bildnerischen Mitteln, wie der Maler die Bildfläche organisiert und inwiefern er Bildraum suggeriert!

3. **Schriftliche Analyse** (12)
Fassen Sie Ihre in der bildnerischen-praktischen Untersuchung gewonnenen Ergebnisse schriftlich zusammen! Erklären Sie dabei, wie Heckel bei der Ordnung von Fläche und Raum vorgeht! Gehen Sie ferner auf seinen malerischen Duktus und den Umgang mit Farbe und Licht ein!

4. **Interpretation** (12)
Interpretieren Sie das Werk von Erich Heckel! Stellen Sie auf der Grundlage Ihrer bisher angestellten Beobachtungen und gewonnenen Erkenntnisse dar, wie der Künstler – als Expressionist sowie als Kriegsteilnehmer – den „Frühling in Flandern" deutet!

5. **Kunstgeschichtliche Reflexion**

   a) Während einer sog. „Säuberungsaktion" wurden 1937 ca. 700 Bilder von Erich Heckel aus deutschen Museen beschlagnahmt und seine expressionistischen Werke als „entartet" diffamiert.
   Erläutern Sie, wie das Menschen- und Weltbild der Nationalsozialisten auch deren Kunstauffassung prägte! Erklären Sie, warum diese mit den Zielsetzungen der Moderne unvereinbar war! (6)

   b) Die abstrakte Kunst wurde in Europa nach 1945 als Gegenentwurf zur Ästhetik des Nationalsozialismus empfunden.
   Setzen Sie sich mit der Frage auseinander, warum sich die Abstraktion in Europa als zentrale Position über Jahrzehnte hielt. Stellen Sie ein Werkbeispiel vor, mit dem Sie Ihre Überlegungen konkretisieren! (6)

Anmerkung:
Erich Heckel war während des Ersten Weltkrieges von 1916 bis 1918 in Flandern als Sanitäter an der Front eingesetzt. Verständnisvolle Vorgesetzte ermöglichten ihm, auch während dieser Zeit ab und zu seiner künstlerischen Arbeit nachzugehen. Im Freien zu malen war allerdings aus militärischen Gründen untersagt. So entstanden auch seine Landschaftsbilder in Baracken.
Als „entartet" diffamiert, verbrachte er während des Dritten Reiches die meiste Zeit im europäischen Ausland.

Materialien und Hilfsmittel
Weiße Zeichenpapiere DIN A 4 bis DIN A 3
Bleistifte verschiedener Härtegrade, Farbstifte, Deck-, Acryl- und Aquarellfarben
Abbildung des Kunstwerks

Erich Heckel, Frühling in Flandern, 1916; Tempera auf Leinwand, 83 × 96 cm;
Hagen, Städt. Karl Ernst Osthaus Museum; © Nachlass Erich Heckel, Hemmenhofen

Lösungsansätze

1. **Beschreibung**
   Von einem erhöhten Standpunkt aus blickt der Betrachter auf eine karge Landschaft aus der schwarze, verbrannte Baumstümpfe in einen wild bewegten, wolkenverhangenen Himmel ragen. Das Sonnenlicht, das in der Mitte des Himmels durch die Wolken bricht, legt nur einen fahlen Schleier über das Ganze und vermag die Landschaft nicht wirklich zu erhellen. Frühlingsstimmung kommt hier nicht auf. Von dem Bild geht nichts Positives aus, auch die Farben Blau und Grün helfen hier nicht, die ausweglose Stimmung zu verbessern. Es scheint kaum vorstellbar, dass diese Öde jemals wieder zum Leben erwachen kann. Die Felder und Wasserflächen im Bildvordergrund werden von einem Weg und einem Kanal eingerahmt. Der von kahlen Bäumen gesäumte Weg am linken Bildrand und der Kanal am rechten Bildrand streben zum Horizont, wo neben Bäumen eine Ortschaft erkennbar ist. Auf dem Weg bewegt sich nur schemenhaft erkennbar eine einzelne Gestalt.

2. **Bildnerisch-praktische Untersuchung**
   a) Farbige Detailstudie

b) Kompositionsstudie

3. Schriftliche Analyse

Ordnung der Bildfläche
Die Bildfläche ist durch den Horizont in zwei nahezu gleich große Bildhälften geteilt. Die Baumstümpfe markieren die Vertikalen und geben dem Bild in Kombination mit der waagrechten Ausrichtung fast etwas Statisches. Dies wird durch die wild bewegten Wolken und den unruhigen, in unterschiedliche Richtungen strebenden Vordergrund aufgebrochen. Der Weg, der von der linken unteren Bildecke zum Horizont führt, steigt steil, fast senkrecht an, während der Kanal von rechts unten diagonal in die Bildmitte ragt. Der Durchbruch der Sonnenstrahlen im Himmel ergibt eine ovale Form, die, an ein Auge erinnernd, in der Mitte des Himmels platziert ist.

Aufbau des Bildraumes
Die Darstellung des Raumes löst Verwirrung aus. Die in der Renaissance entdeckte Zentralperspektive zur Konstruktion von Bildräumen ist hier aufgelöst. Die Verlängerungen der Fluchten des Weges und des Kanals treffen sich in unterschiedlichen Fluchtpunkten, die zudem nicht auf dem Horizont liegen. Die Felder im Vordergrund sieht man fast von oben, während das Dorf am Horizont und der Mensch auf dem Weg in einer Seitenansicht dargestellt sind. Weiterhin ist keine Farb- und Luftperspektive vorhanden. Es gibt kein Verblauen und keine Aufhellung der Farben hin zum Horizont. Einzig die Verkleinerung der Bäume am Wegrand erinnert noch an die klassische Raumdarstellung.

Malerischer Duktus
Die Farbe ist mit einem heftigen, deutlich erkennbaren Pinselstrich aufgetragen. Teilweise schimmert die Leinwand durch. Ohne Virtuosität und mit dünnflüssiger Farbe schnell gemalt, hat das Bild einen skizzenhaften Charakter.

Farbe und Licht
Vorwiegend Blau- und Grüntöne bestimmen die Farbigkeit, die an manchen Stellen mit Schwarz (z. B. Bäume) und Braun (z. B. Weg) durchsetzt ist. In der Mitte des Himmels ist

darüberhinaus noch ein fahles Gelb zu sehen. Die Farbigkeit ist wenig differenziert, es gibt kaum Zwischentöne. Durch die Dominanz kühler Farben – selbst das fahle Gelb des Himmels strahlt keine Wärme aus – sind die Kontraste fast ausschließlich auf helle und dunkle Farben reduziert (z. B. heben sich die schwarzen Baumstümpfe vom blassblauen Himmel ab). Ansatzweise ist zwischen dem Gelb und dem Blauviolett der Wolken ein Komplementärkontrast erkennbar.
Das Licht ist, wie schon anfangs erwähnt, fahl und unwirklich. Die Bäume werfen vereinzelt Schatten und auf den Wasserflächen erkennt man Spiegelungen. Trotz der Sonnenstrahlen lässt sich keine eindeutige Lichtquelle ausmachen. Der Vordergrund scheint wie durch ein künstliches Licht zusätzlich ausgeleuchtet.

4. Interpretation
Ohne das Wissen, dass dieses Bild an einem Kriegsschauplatz entstanden ist, wirkt es dennoch bedrückend. Ruhelos und zerrissen in der Darstellung steht die Natur hier stellvertretend für das triste Leben, durch das sich der Mensch in der Person des einsamen Fußgängers hindurchkämpfen muss. Wie schon in der Romantik wird die einzelne Person auf dem Bild zur Identifikationsfigur für den Betrachter. Aber nicht Erhabenheit und Schönheit sind das Thema, sondern Unruhe und Depression. Schonungslos ist der Mensch den rätselhaft-bedrohlichen Kräften der Welt ausgeliefert. Auch die Sonnenstrahlen am aufgerissenen Himmel, die durch die Augenform dem Ganzen fast eine religiöse Dimension geben, bringen nur wenig Hoffnung.
In dem Gemälde „Frühling in Flandern" verspürt man nichts mehr von der heiteren und ungestümen Atmosphäre der lebensreformerischen Bilder aus der Zeit vor dem Ersten Weltkrieg. Entstanden an den Seen in der Umgebung von Dresden zeigen sie nackte Menschen in der freien Natur, die, ganz im Sinne der Romantik, nach der verlorenen gegangenen Einheit von Mensch und Natur streben.
Weitere Interpretationsmöglichkeiten ergeben sich, wenn man sich der Umstände bewusst wird, in denen das Bild entstanden ist. Heckel ist seit 1916 als freiwilliger Sanitäter beim Roten Kreuz unmittelbar am Ersten Weltkrieg beteiligt. Naheliegend wäre es, das Leid und Elend zu malen, das er tagtäglich im Lazarett erfährt. Aber anstatt geschundene Leiber abzubilden, verarbeitet Heckel seine Erfahrungen in der Darstellung von Landschaften, die so zum Spiegel seiner Empfindungen und Gefühle werden.

5. Kunstgeschichtliche Reflexion
a) Die Rassenlehre des Nationalsozialismus prägte dessen Welt- und Menschenbild. Laut der nationalsozialistischen Ideologie setzt sich die Menschheit aus höher- und minderwertigen Rassen zusammen, wobei die germanischen Völker, die Arier, nach ihrer Meinung an der Spitze stehen. Sämtliche großen Errungenschaften der Menschheit in Kunst, Wissenschaft und Technik waren nach der Auffassung Hitlers das Produkt der arischen Rasse. Deren Reinhaltung wurde somit zu einem der wichtigsten Ziele des Dritten Reiches. Wie in diesem Zusammenhang eine deutsche Kunst auszusehen hatte, bestimmten von nun an ausschließlich die Nationalsozialisten.
Mit der Machtübernahme 1933 vollzog sich schnell eine Gleichschaltung des politischen sowie des gesamten kulturellen Lebens. Sämtliche Künstler, die als Lehrer tätig und dem Geist der Moderne verpflichtet waren, wurden unverzüglich aus ihren Lehrpositionen entfernt. Das Bauhaus, als Keimzelle der Moderne, wurde im April 1933 geschlossen und die Künstler, sofern sie nicht emigrierten, mit Berufsverbot belegt. Kunst hatte nur noch Propagandafunktion und diente ausschließlich zur Verherrlichung der nationalsozialistischen Weltanschauung. Die Themen sollten volksnah sein. Arbeiter und Bauern, kampfbereite Soldaten und Familien, die mit einer großen Kinderschar eine heile Welt vorgaukelten, waren die bevorzugten Motive der Malerei. Gemalt wurde in einem naturalistischen Einheitsstil, der sämtliche Errungenschaften der modernen

Malerei verleugnete. Gleiches galt für die Bildhauerei, die mit überdimensionalen germanischen Heldenfiguren aus Marmor und Bronze die Stärke der arischen Rasse demonstrieren sollte.

Diese Einschränkungen und Unterdrückungen standen ganz im Gegensatz zu den Idealen der Moderne, die den Menschen als Individuum in einer demokratischen, aufgeklärten Gesellschaft sah. Der Einzelne hat Anspruch auf die Selbstbestimmung seines Handelns. Diese Haltung wirkte sich auch auf die bildende Kunst aus. Der subjektive Ausdruck stand über einem kollektiv verordneten Einheitsstil. Unterschiedliche Ideen und Stile existierten gleichberechtigt nebeneinander. Alte Schönheitsideale wurden angezweifelt und man wandte sich gegen den reinen Naturalismus. Kunst musste nicht mehr nur abbilden und sie musste nicht unbedingt schön sein, sondern sie konnte auch provozieren oder schockieren.

b) Die Abstraktion entwickelt sich nach dem Zweiten Weltkrieg zu einem internationalen Stil. Sie stand für alles, was es im Dritten Reich nicht gab, für die Freiheit des Menschen und die Freiheit des künstlerischen Ausdrucks. Nach Ansicht ihrer Vertreter gab es in der abstrakten Kunst keine Sprachbarrieren mehr, sie konnte von allen verstanden werden. Der Kunsthistoriker Werner Haftmann bezeichnete sie gar als die „Weltsprache". Die erste Documenta 1955 in Kassel zeigte die Kunst, die dem Publikum über zwei Jahrzehnte vorenthalten worden war. Neben der klassischen Moderne mit Mondrian und Kandinsky, den „Vätern" der abstrakten Malerei, wurden auch zeitgenössische Künstler gezeigt. Die bekanntesten deutschen Maler dieser Zeit waren Ernst **Wilhelm Nay** (1902–1968) und **Willi Baumeister** (1889–1955). Beide wurden schon vor dem Dritten Reich durch die Kunst der Moderne beeinflusst und entwickelten trotz Malverbots ihren eigenen Stil, mit dem sie in den 50er-Jahren Anschluss an die internationale Entwicklung fanden.

Ernst Wilhelm Nay, ein Vertreter des abstrakten Expressionismus, entwickelte in den 50er-Jahren seine sogenannten **„Scheibenbilder"**. Auf dem Gemälde „Dunkle Melodie", entstanden 1956, sind verschieden große Kreise („Scheiben"), die sich teilweise überlappen, auf der Bildfläche angeordnet. Sie sind nicht geometrisch genau, sondern mit einem lockeren, malerischen Duktus auf die Leinwand gesetzt. Die Scheiben sind in unterschiedlichen Brauntönen gestaltet, die von wenigen Grün- und Blautönen durchsetzt sind. Befreit vom Gegenstand entsteht eine harmonische, etwas melancholische Komposition, die sich ausschließlich mit Bewegung und Rhythmus beschäftigt. Die Formen und Farben bedürfen keiner speziellen Erläuterung und können auch ohne Kenntnis des Titels von jedem, der sich auf das Bild einlässt, verstanden werden.

Leistungskurs Kunsterziehung: Abiturprüfung 2008
Aufgaben mit bildnerisch-praktischem Schwerpunkt

Aufgabe I   Storyboard für einen Werbeclip

Eine Straße führt auf einen Berg hinauf. Neben dem Straßenrand geht es steil bergab. Dort parkt ein Wagen, der Fahrer ist ausgestiegen, stützt sich mit beiden Armen am Auto ab und genießt die beeindruckende Aussicht.
Ein weiteres Fahrzeug nähert sich. Dessen Fahrer isst oder trinkt beim Fahren das Produkt, für welches geworben werden soll. Er bemerkt die andere Person am Straßenrand und interpretiert die Situation, die er vor sich sieht: Seine Hilfe wird gebraucht!
Er springt aus seinem Fahrzeug und „hilft" der anderen Person, den am Rand geparkten Wagen mit einem Ruck in den Abgrund zu schieben. Zufrieden fährt er essend und trinkend weiter und lässt die andere Person verdattert zurück.

Erstellen Sie ein Storyboard[1] für einen Werbeclip zu dieser Handlung! Lesen Sie dazu zunächst die Textfassung der Filmidee mehrmals aufmerksam durch! Stellen Sie sich die Handlung als Werbefilm vor! (Die Protagonisten der Geschichte können sowohl männlich als auch weiblich sein).

[1] Das Storyboard ist ein gezeichnetes Drehbuch, in dem der Beginn jeder Szene und jede Kameraeinstellung dargestellt werden.

1. **Vorbereitende Skizzen für die Filmkulisse und die Charaktere** (10)
   Entwickeln Sie in mehreren Skizzen Kulisse und Ausstattung für den Film (Produkt, Tages- und Jahreszeit, Landschaft, Fahrzeuge) und die Protagonisten (z. B. deren Aussehen, Alter, Geschlecht, Typ)! Achten Sie auf die Auswahl geeigneter graphischer Mittel und präsentieren Sie Ihre Ideen auf einem großformatigen Blatt.

2. **Storyboard** (30)

   a) **Auflösung der Handlung in Einzelbilder** (5)
   Setzen Sie den Ablauf der Geschichte in 10–15 Einzelbilder in der Form schneller Skizzen um! Entscheiden Sie dabei vor allem, was in jedem einzelnen Bild zu sehen sein soll!

   b) **Storyboard** (15)
   Überlegen Sie sich, wie Sie den Handlungsablauf mit dem zu bewerbenden Produkt im Mittelpunkt inszenieren wollen und zeigen Sie diese Inszenierungsidee in Ihrem Storyboard! Die Einzelbilder (Querformat, mindestens 5 cm × 7 cm) des Storyboards sollen nun detaillierter ausgearbeitet werden. Sie können einzelne Zeichnungen auch zusätzlich mit kurzen schriftlichen Anweisungen für die Filmregie versehen.

   Mit jedem Wechsel der Kameraeinstellung wird ein neues Bild benötigt. Achten Sie bei den einzelnen Zeichnungen vor allem auf folgende filmisch-dramaturgische Mittel:
   – Kameraperspektive (Normalsicht, Untersicht, Aufsicht)
   – Ausschnitt (Totale, Halbtotale, Halbnah, Nahaufnahme, Großaufnahme, Detail)
   – Beleuchtung
   – Mimik und Gestik der Handelnden

c) **Farbige Ausarbeitung eines Einzelbildes** (10)
Auch in einem Werbefilm werden bei Filmaufnahmen unterschiedliche Filter an der Kameralinse eingesetzt, um eine bestimmte Lichtfarbe und Atmosphäre zu erzeugen. Vergrößern Sie ein bildnerisch ergiebiges Einzelbild aus Ihrem Storyboard (ca. DIN A 3)! Gestalten Sie dieses farbig und verleihen Sie „Ihrem Film" dadurch eine spezifische Atmosphäre!

3. **Kunstgeschichtliche Reflexion** (20)
Der Film eignet sich besonders für die Visualisierung von Geschichten. Doch auch in anderen bildnerischen Medien werden Geschichten erzählt.
Stellen Sie insgesamt drei Werkbeispiele des 20. Jahrhunderts dar, in welchen das erzählerische Moment eine bedeutende Rolle spielt! Erläutern Sie die spezifische Bedeutung des Narrativen in dem jeweiligen Werk und die damit verbundene künstlerische Position innerhalb des kunsthistorischen Kontexts!
Wählen Sie Ihre Beispiele aus mindestens zwei unterschiedlichen Gattungen!

Materialien und Hilfsmittel
Bleistifte verschiedener Härtegrade, Tusche und Federhalter, Faserschreiber (Fineliner und Marker) und Kugelschreiber, Aquarell- und Deckfarben, farbige Kreide, Acryl, Papier in verschiedenen Größen und Stärken.

Lösungsansätze

3. Kunstgeschichtliche Reflexion

Das Erzählen galt in der europäischen bildenden Kunst lange Zeit als edelstes Anliegen. Vom 15.–19. Jahrhundert bestand nicht nur in der Malerei ein ungebrochenes Interesse an der Darstellung denkwürdiger Geschehnisse aus Geschichte, Politik und Mythologie, wobei der jeweilige Blick auf die *story* dabei von verklärend über dokumentarisch bis kritisch ausfallen konnte – je nach Intention und Macht des Auftraggebers und künstlerischer Eigenständigkeit des Malers, Bildhauers oder Grafikers.

Das Aufkommen von Fotografie und Film stürzte die Malerei in ihrer darstellenden Funktion Ende des 19. Jahrhunderts in die Krise.

In der Reflexion der bildenden Kunst des 20. Jahrhunderts, bestimmt von den Kategorien „Abstraktion" und „Expression", führt das Moment des Erzählerischen bis in die 70er-Jahre ein bisweilen nicht unumstrittenes Dasein.

Beispiel 1: Pablo Picasso, „Die Minotauromachie", Radierung, 1937
Erzählen zwischen Mythos und eigenem Leben

Pablo Picasso, einer der produktivsten Künstler des 20. Jahrhunderts, hat nie vom Geschichtenerzählen abgelassen, und das, obwohl – oder vielleicht auch weil – er für seine radikalen Stilbrüche und -erfindungen, seine Perspektivwechsel quer durch alle künstlerischen Medien berühmt geworden ist.

Er habe ein Leben lang gebraucht, um wieder malen zu können wie ein Kind, hat Pablo Picasso von sich selbst behauptet; seine kindliche Liebe zu Geschichten hat er nie verloren. So steht auch ein Kind, genauer ein rund 10-jähriges Mädchen, im Zentrum seiner Radierung, die im Jahr 1937 entstanden ist. In einem knielangen Sommerkleid und das Haupt von Lorbeer geschmückt, in der Hand eine Kerze, deren Schein sich konzentrisch ausbreitet, steht sie vollkommen ruhig da und schaut einem bulligen Wesen, halb Stier, halb Mensch, entgegen. Der Minotaurus verharrt in der Vorwärtsbewegung. Eine Hand hat er dem von der Kerze ausgehenden Schein zugewandt; es scheint, als könne er deren Helligkeit nicht ertragen. Die andere Hand zückt ein seltsam verkümmertes Schwert. Zwischen den beiden befindet sich ein zwergwüchsiges Pferd, dessen Anzahl an Beinen sich nicht klar bestimmen lässt – es trägt eine auf seinem Rücken hingestreckte, barbusige Frau in der Kluft eines Matadors, deren Beine merkwürdig verrenkt zwischen den Beinen des Pferdes auftauchen. Das Pferd hat Augen und Maul weit aufgerissen, in seinem Rücken klafft eine tiefe Wunde. Am linken Bildrand lehnt eine Leiter, auf der sich ein junger, bärtiger Mann in kläglichem körperlichem Zustand befindet. Gehetzt blickt er auf das Monstrum zurück, wobei unklar bleibt, ob er hinauf- oder hinabsteigt.

Die Szenerie wird von zwei Frauen, die in den Händen jeweils eine Taube halten, beobachtet. Sie befinden sich am linken oberen Bildrand in einer theaterähnlichen Loge, der einzigen Öffnung innerhalb eines schlichten Gebäudes, von dem ansonsten lediglich Wand zu sehen ist. Rechts bietet sich ein Ausblick auf ein bewegtes Meer unter von Regen gestricheltem Himmel; am Horizont, unmittelbar hinter dem gewaltigen Leib des Minotaurus, ist eine Barke mit weißen Segeln zu erkennen.

Titel und Figuren führen den Betrachter mitten in den griechischen Minotaurus-Mythos. „Halb Mensch, halb Stier, Sohn des König Minos, verlangt es das Ungeheuer Minotaurus regelmäßig nach Jungfrauen, die ihm in seinem labyrinthähnlichen Palast nach Kreta zu Spiel und Speise ausgeliefert werden sollen. Erst dem Helden Theseus gelingt es, das Unwesen zu besiegen. Ein roter Faden, Geschenk der Nymphe Ariadne, weist ihm den Weg aus dem Irrgarten."

Ein Minotaurus, zwei Jungfrauen, ein – wenn auch reichlich ängstlicher – Held, mediterrane Kulisse und sogar das Schiff mit den weißen Trauersegeln, das dem Vater des Helden fälschlicherweise den Tod des Sohnes vor Augen führt, werden in Picassos Radierung

aufgeboten, allerdings in reichlich Verstrickungen und Widersprüche gefasst. So erscheint als eigentliche Heldin des Bildes jenes Mädchen, auf das sich alle Personen immer wieder zu beziehen scheinen. Theseus selbst wird als Feigling dargestellt, der sich der Gefahr vielleicht nicht eindeutig entzieht, aber sich ihr auch nicht stellt. Ein Matador (siehe Beinkleidung der liegenden Frau) taucht im Mythos nicht auf. Und welche Rolle spielen jene beiden Zuschauerinnen?
Von klein auf ist Picasso vom Stierkampf fasziniert. Minotaurus und Stier sind rekurrente Motive in seinem Werk – als Stellvertreter für das Männliche in seiner aggressiv-kreativen sowie auch zerstörerischen Dimension. Die Taube wird in späteren Arbeiten zum Symbol des Friedens – und ähneln die beiden Frauen nicht seiner Lebensgefährtin Marie-Therese Walter? So scheint das Bild einige Fäden aus Werk und Leben des Künstlers aufzunehmen, die sich raffiniert mit dem antiken Drama verknüpfen. Es ergibt sich ein symbolisches Bedeutungsgewebe, das sich nicht rein linear aufwickeln lässt.
Nach Erfindung des Kubismus wendet sich Picasso in den 20er- und 30er-Jahren des 20. Jahrhunderts nicht nur formal der klassischen Tradition zu; eine Haltung, die zur Erneuerung der Kunst nicht mehr länger im Widerspruch stehen musste. Nicht mehr Spiel und Kampf mit der perspektivischen Darstellung von Dingen und Köpfen, also Stillleben und Porträt, sondern szenische Darstellungen, die Hinwendung zu Beziehungen und Geschichten bewegen die thematische Suche Picassos in diesen Jahren. Er malt Historienbilder, erzählt in Anlehnung an einen klassischen Sinn und verschränkt dabei die Symbolsprache des Mythos mit persönlich aufgeladenen Zeichen.
Die „Minotauromachie" stellt sowohl formal (also in ihrer Orientierung an einer sehr plastisch ausgefallenen Formensprache, in die sich hie und da kubistische Anklänge eingeschlichen haben) wie inhaltlich (durch die antiken Zitate) ein Hauptwerk seiner klassischen Periode dar.

Beispiel 2: Joseph Beuys, „Wie man dem toten Hasen die Bilder erklärt", Aktion in der Galerie Schmela, Düsseldorf, 1965
Erzählen als magisch-bekehrende Handlung

Rund 30 Jahre später hält ein deutscher Künstler in einer Düsseldorfer Galerie eine recht ungewöhnliche Führung ab. Das Gesicht mit einer Maske aus Honig und Blattgold versehen, trägt der in ein weißes Hemd und eine Workerweste gekleidete Mann einen toten Hasen in seine Arme gebettet durch die Ausstellungsräume. In einem Monolog erklärt er dabei dem toten Tier das Wesen seiner Werke.
Der Gehalt von Joseph Beuys Aktion lässt sich erschließen, indem man ihm zuhört, zusieht und seine Zeichnungen und Texte liest. Dinge, Materialien, Linie, Farbe, Schrift und Aktion – sie alle gemeinsam bilden einen Werkzusammenhang, in dem Beuys den Versuch unternimmt, die Komplexität einer eigenen Philosophie auf künstlerischem Wege darzustellen. Er erfindet seine eigene ikonologische Sprache; jedes Element verweist dabei symbolisch auf einen höheren Zusammenhang. Rückzug zur Natur, Ablehnung der analytischen, rationalen Wissenschaft, Hinwendung zu geistigen Dimensionen, stets gepaart mit einem politischen, demokratischen Anspruch, lassen Joseph Beuys bisweilen den Nimbus eines Magiers annehmen. Er erzählt, erklärt, klärt auf und sucht zu bekehren … Besonders in seinen Aktionen erscheint diese Sprache verdichtet. Der Hase steht dabei für Geburt und Erneuerung, Honig gilt als wärme- und kraftspendendes Medium, durchlässig für die menschliche Energie und Kreativität, symbolisiert durch das Blattgold; beide können den Erzeuger sprichwörtlich zur Ikone werden lassen. Doch der Hase ist tot – hat hier jemand zuviel rationalisiert?
Joseph Beuys lässt sich mit seinen Happenings innerhalb der Fluxusbewegung verorten, die mit unmittelbarer, frecher Sprache und Aktion die Starre der hohen Kunst aufzubrechen suchte. Dabei war es jedoch nicht sein Anliegen, dem Rezipienten einen sprichwörtlichen Bären (oder Hasen) aufzubinden, sondern er hatte stets die gesellschaftliche Veränderung im Blick.

Beispiel 3: Maria Lassnig, „Selbstporträt mit Maulkorb", 1973, Öl auf Leinwand, 96 × 127 cm
Erzählen von nicht gesehenen Dingen, Botschaften aus dem Körper
Eine vollkommen andere Art des Erzählens findet sich bei Maria Lassnig: Sie erzählt aus einem „blinden Verständnis" heraus.
Ihr Selbstporträt mit Maulkorb ist in leichtem Querformat gemalt und hat eine hellblaue Umgebung. Die Büste einer nackten Frau ist zu sehen. Ober- und Unterarme stehen in rechtem Winkel zueinander und bilden ein Dreieck zum Körper hin. Die Flanken der Frau erscheinen seltsam ausgestellt, sie sind braunfarbig gestaltet und auf Brusthöhe mit Nietenbändern versehen. Das Gesicht ist erst ab der geschlossenen Augenpartie sichtbar. An Kinn- und Augenpartie sind zwei rechteckige, mittig miteinander verbundene Glasplatten gepresst. Die Stirn sowie Teile des Halses sind von der Umgebungsfarbe übermalt. Die Farbigkeit des Körpers bewegt sich im Fleisch-Hautspektrum, er ist modellierend gemalt und weist lineare Betonungen auf.
Der Titel des Bildes verrät bereits, dass es sich um ein Selbstporträt der Künstlerin handelt. Ähnlichkeit ist vorhanden, doch scheint das Bild mehr als ein Erkennen zu fordern. Glasplatten an den Wangen, die Flanken mit Nietenbändern bewehrt – handelt es sich um ein surreal aufgefasstes Porträt? Als man Frieda Kahlo begeistert als Surrealistin feiern wollte, lehnte sie ab, ihre Bilder seien weder Traum- noch Fantasiegebilde, entstammten keinesfalls dem Unbewussten, sondern seien Abbildung einer höchst bewussten, leiblich empfundenen, grausamen Realität. Ebenso verhält es sich bei Maria Lassnig – zwar lässt sich der Einfluss der surrealistischen Arbeitsweise nicht leugnen, doch auch ihr geht es weder um die Schilderung skurriler noch um die unbewusster Momente. Sie bildet unmittelbar ab, was sie fühlt, versucht in „Selbstporträt mit Maulkorb" von ihren Sensationen in bildlich verstehbaren Symbolen zu erzählen.
Dabei tastet sich das Erzählerische in ihrem Werk immer wieder vom anschaulichen Schildern an unmittelbar expressive Elemente heran. Thema ihrer erfühlten Narrationen bleibt stets der eigene Körper.

Aufgabe II „Handicap" – Bildnerische Auseinandersetzung mit Hand und Bandage

Mit ihren vielfältigen Möglichkeiten des Bewegens, Tastens und Greifens ist die Hand wichtigstes „Werkzeug" des Menschen. Verliert die Hand ihre Bewegungsfreiheit, stellt sich das Gefühl der Behinderung bzw. des Eingeschränktseins ein.

Vor Ihnen liegen Bandagen, Mullbinden, Verbandmaterial, Klebebänder, Gummibänder, textile Stoffe, Stricke und Schnüre.

Erproben Sie zunächst, wie man mit diesen Materialien den Bewegungsspielraum der Hand einschränken kann! Entscheiden Sie sich für eine Möglichkeit und beobachten Sie das Zusammenwirken bzw. den Kontrast von plastischer Form und Bandage!

1. **Zeichnerische Studien** (15)
   Betrachten Sie die Situation aus zwei bis drei unterschiedlichen Blickwinkeln!
   Legen Sie mit Kreide, Kohle oder Graphit Studien Ihrer umwickelten (bandagierten, umklebten usw.) Hand in Originalgröße auf einem Zeichenblatt (DIN A 3 bis DIN A 2) an! Arbeiten Sie formale Kontraste heraus und geben Sie plastische und stoffliche Werte detailliert wieder!

2. **Komposition: „Handicap"** (15)
   Entwickeln Sie auf der Grundlage Ihrer Studien eine Komposition, in der das Gefühl des Gefangenseins bzw. der Bewegungsunfreiheit der Hand besonders deutlich zum Ausdruck kommt.
   Wählen Sie für die Umsetzung Ihrer Komposition zwischen einer a) zweidimensionalen Gestaltung in Farbe **oder** einer b) dreidimensionalen Gestaltung mit Ton!
   Um Ihre Aussageabsicht zu unterstreichen, können Sie dabei die Form vereinfachen und abstrahieren bzw. expressiv übersteigern.

   a) **Gestaltung in Farbe**
      Farbige Skizzen (10)
      Entwickeln Sie in mehreren kleinen farbigen Skizzen Bildideen für eine Komposition in Farbe, die sich mit dem Thema der umbundenen Hand auseinandersetzt. Denkbar wäre sowohl eine formale Reduktion auf einen spannungsreichen Ausschnitt als auch eine Zusammensetzung verschiedener Blickwinkel des Motivs.
      Farbige Komposition (15)
      Setzen Sie nun eine geeignete Ideenskizze in eine großformatige farbige Komposition bis DIN A 2 um!

   b) **Gestaltung mit Ton** (25)
      Gestalten Sie, ausgehend von Ihren zeichnerischen Studien, eine Tonplastik, in welcher das Zusammenwirken von Hand und Umwicklung sowie die Spannung der Kräfte thematisiert und deutlich herausgearbeitet werden! Entwickeln Sie im Prozess des plastischen Gestaltens Ihre anfängliche Idee überzeugend weiter! Berücksichtigen Sie dabei Oberflächenqualitäten, Volumina und die Präsentation Ihrer Plastik!
      Ihre Plastik soll die Maße von $25 \times 25 \times 25$ cm nicht wesentlich übersteigen.

3. **Kunstgeschichtliche Reflexion** (20)
Über viele Jahrhunderte galt die „Eigenhändigkeit" als zentrales Merkmal von Kunst. Die „künstlerische Handschrift" diente als Erkennungsmerkmal eines Künstlers. Seit dem Beginn des 20. Jahrhunderts stellen sich viele Künstler bewusst gegen diese Tradition und lösen die Verknüpfung von eigener Herstellung und künstlerischem Werk.

a) Nennen Sie zwei Künstler, die diesen Prozess im 20. Jahrhundert entscheidend beeinflussten! Beschreiben Sie jeweils zwei Werkbeispiele und zeigen Sie daran die Veränderung des Kunstbegriffs – ausgehend von der Frage nach der Rolle des Künstlers als Autor – auf! (10)

b) Diskutieren Sie das Verhältnis zwischen Eigenhändigkeit und Verzicht auf Eigenhändigkeit in der Entwicklung der Kunst seit dem Beginn des 20. Jahrhunderts anhand dreier geeigneter Künstlerpersönlichkeiten. Dabei können auch Künstler genannt werden, deren Gesamtwerk sich für die Darstellung beider Aspekte eignet. (10)

Materialien und Hilfsmittel
Bandagen, Mullbinden, Verbandmaterial, Klebebänder, Gummibänder, textile Stoffe, Stricke und Schnüre, Schere, Kreide, Kohle, Graphit, Buntstifte, Pastellkreiden, Deckfarben, Aquarellfarben, Acryl- oder Ölfarben, Papiere und Karton in verschiedenen Größen, Ton, Modellierwerkzeug und -bretter.

Lösungsansätze

3. Kunstgeschichtliche Reflexion

a) **Marcel Duchamp** (1887–1968) war der erste Künstler des 20. Jahrhunderts, der bewusst die persönliche künstlerische Handschrift aus seinen Arbeiten verbannte. Seine „Ready mades" sind banale, industriell gefertigte Gebrauchsgegenstände, die jeder Mensch erwerben kann. Die Gegenstände werden durch die Auswahl und die damit verbundene Herauslösung aus ihrem Funktionszusammenhang sowie durch die Präsentation durch den Künstler zu Kunstwerken erklärt. Die Objekte können unverändert bleiben oder einem kleinen Eingriff unterzogen werden.
Duchamp geht mit dieser Vorgehensweise völlig neue Wege. Seine Arbeit „Fontäne" von 1917 ist ein auf den Kopf gedrehtes Urinal, das er mit dem Pseudonym „R. Mutt" signiert. Die Arbeit, eingereicht für eine Ausstellung, löste trotz ihrer Ausjurierung in Kunstkreisen einen Skandal aus, dessen Nachwirkungen in der Kunst noch heute spürbar sind. Duchamp will mit seinem Werk provozieren. Er stellt mit seinen Objekten die Frage nach dem Wesen und den Aufgaben der Kunst und möchte darüber hinaus darauf hinweisen, dass beim künstlerischen Akt die Idee Vorrang vor den handwerklichen Fertigkeiten hat.

In den 60er-Jahren des 20. Jahrhunderts wendet sich **Donald Judd**, ein Konzept- und Minimalkünstler, komplett gegen das eigenhändige Arbeiten. Das künstlerische Konzept steht, wie schon bei Duchamp, in seinem Schaffen im Vordergrund. Die Ausführung seiner dreidimensionalen Objekte überlässt er Handwerkern. Seine Objekte sind frei von jeglichem Illusionismus, ihnen liegt also kein Vorbild aus der Natur zu Grunde.
Judds große geometrische Objekte bestehen aus industriell gefertigten Materialien wie Sperrholz, Metall- und Plexiglasplatten und werden von Handwerkern nach seinen Entwürfen gebaut. Nicht die geringste Spur einer künstlerischen Handschrift ist zu erkennen. Seine Arbeit „Stack" („Stapel") aus der Pinakothek der Moderne in München entstand im Jahr 1968. Zehn gleich große quaderförmige Kästen (deren Maße jeweils 23 × 101 × 78 cm betragen) aus Edelstahl und Plexiglas sind reliefartig übereinander an der Wand befestigt. Der Abstand der Kästen untereinander entspricht jeweils der Höhe eines Quaders. Die Objekte definieren sich ausschließlich über ihre Form, ihre Materialität, ihre Dreidimensionalität und das Verhältnis zum Raum, in dem sie präsentiert werden. Ohne Funktion sollen sie reine Ästhetik verkörpern und auf nichts aus der Welt des Alltags verweisen.

b) **Picasso** war gemeinsam mit Braque der erste Künstler, der seit 1910 in seinen kubistischen Bildern das Prinzip der Collage einsetzte. Realitätsfragmente in Form von Buchstaben und Zahlen aus Zeitungen oder Tapetenmuster werden in die gemalten Bilder geklebt und integriert. In seinen Collagen steht das Handgezeichnete bzw. das Handgemalte aber immer im Mittelpunkt. Er löst sich nie von dem seit der Neuzeit bestehenden Bild des eigenständig und genial wirkenden Künstlers.
Seine „Entdeckung" führt in den darauffolgenden Jahren zu einer Entwicklung (z. B. im Dadaismus), die die Kunst des ganzen Jahrhunderts entscheidend prägt und die Künstler immer weiter vom eigenhändigen Arbeiten Abstand nehmen lässt. Marcel Duchamps „Fahrrad-Rad" von 1913 z. B. ist eine dreidimensionale Collage, bei der ein Rad eines Fahrrades auf einen Hocker montiert wurde.

Nach dem Zweiten Weltkrieg gehört **Jackson Pollock**, einer der Hauptvertreter des abstrakten Expressionismus, zu den Künstlern, die bewusst das Eigenhändige wieder in den Vordergrund ihres Schaffens stellen. Großformatige Leinwände werden auf dem Boden ausgebreitet und in mehreren Schichten und unterschiedlichen Farben mit verschlungenen Linien überzogen. In diesen sogenannten „Drippaintings" kommen die Farbspuren, die der Künstler mit durchlöcherten Dosen oder Pinseln auf die Leinwand aufträgt, einer individuellen Handschrift gleich, die unmittelbar seine persönliche und psychische Verfassung wiedergeben.

Andy Warhols Kunst kann als deutliche Reaktion auf den abstrakten Expressionismus mit seiner metaphysischen Übersteigerung gesehen werden. Warhol wendet sich den banalen Dingen des Alltags zu und verweigert sich einer persönlichen künstlerischen Handschrift, indem er mit dem Siebdruck eine industrielle Reproduktionstechnik verwendet. Nach dem Prinzip „all is pretty" („alles ist schön") wählt er seine Motive aus der Werbung und den Massenmedien. Bekannt sind seine Siebdrucke der „Campbell-Soup-Dosen" oder seine „Marilyn"-Darstellungen, die auf Fotografien basieren. Trotz der fotografischen Grundlage seiner Bilder und der Wahl des Mediums sind seine Siebdrucke oft so „unperfekt" gedruckt, dass der Betrachter seiner Arbeiten wieder eine gewisse Individualität und Eigenhändigkeit verspürt.

Leistungskurs Kunsterziehung: Abiturprüfung 2008
Aufgaben mit schriftlich-theoretischem Schwerpunkt

Aufgabe III Analyse und Interpretation

Francis Bacon „**Kreuzigung**", 1965; Öl auf Leinwand, 3 Teile, je 198 × 147 cm,
(1909 –1992): München, Pinakothek der Moderne.

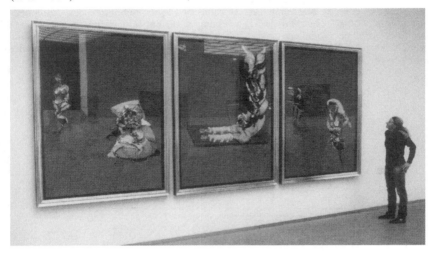

1. **Erster Eindruck und Beschreibung** (8)
   Beschreiben Sie möglichst sachlich, was Sie auf den Bildtafeln sehen!
   Geben Sie erste subjektive Eindrücke wieder! Formulieren Sie Assoziationen
   und Fragen, die das Werk in Ihnen hervorruft!

2. **Bildnerische Analyse** (20)
   Legen Sie die folgenden bildnerischen Untersuchungen auf einem großformatigen Zeichenkarton (ca. DIN A 2) an! Sie können Ihre Beobachtungen neben
   den einzelnen Skizzen notieren, um sich in der anschließenden schriftlichen
   Analyse darauf beziehen zu können.

   a) **Studien zum Bildaufbau** (8)
   Untersuchen Sie in mehreren Studien, wie Francis Bacon den Bildraum in
   der Fläche organisiert, die Figuren zueinander in Beziehung setzt und in
   den Raum fügt!

   b) **Studien zur Farbe** (12)
   Wählen Sie aus der beigefügten Detailabbildung einen Ausschnitt, vergrößern Sie diesen und erkunden Sie so – auch durch die Wahrnehmung der
   Unterschiede Ihres Resultats mit der Abbildung – Farbauftrag und Malweise Bacons! Notieren Sie auch einige wenige Stichpunkte dazu auf dem
   Blatt.

3. **Schriftliche Analyse** (12)

Analysieren Sie das Bild! Stellen Sie dabei – auf der Grundlage Ihrer Erkenntnisse aus der bildnerischen Auseinandersetzung – dar, wie Bacon Körper zeigt! Erklären Sie, wie er Bildfläche und Bildraum organisiert, Figuren einfügt und aufeinander bezieht! Zeigen Sie ferner die Funktion der Farbe als Gestaltungsmittel!

Tragen Sie Ihre Ausführungen in geordneter Form und in engem Bezug zu Ihren Beobachtungen bei Ihren vorangegangenen Studien (Aufgabe 2) vor!

4. **Interpretation** (10)

Entwickeln Sie auf der Grundlage Ihrer anfänglichen emotionalen Reaktionen, Assoziationen und auch Fragestellungen sowie ausgehend von Ihrer Analyse eine Interpretation zu Bacons Gemälde!

Zeigen Sie, wie Bacon Menschen interpretiert und setzen Sie sich mit der Frage auseinander, wie er das Thema „Kreuzigung" deutet und gestaltet!

5. **Kunstgeschichtliche Reflexion** (10)

Gewalt wird in der Kunst immer wieder thematisiert. Stellen Sie zwei Künstler des 20. Jahrhunderts vor, die sich mit unterschiedlichen gestalterischen Mitteln mit diesem Thema auseinandergesetzt haben! Beschreiben Sie je ein Werkbeispiel und erläutern Sie die jeweilige künstlerische Position!

Materialien und Hilfsmittel
Zeichenpapier und Zeichenkarton (ca. DIN A 2), Bleistifte verschiedener Härtegrade, Farbkreiden, Deck-, Gouache-, Acrylfarben, Abbildungen des Kunstwerks.

Francis Bacon, „Kreuzigung", 1965; Öl auf Leinwand, 3 Teile, je 198 × 147 cm, (1909–1992), München, Pinakothek der Moderne.

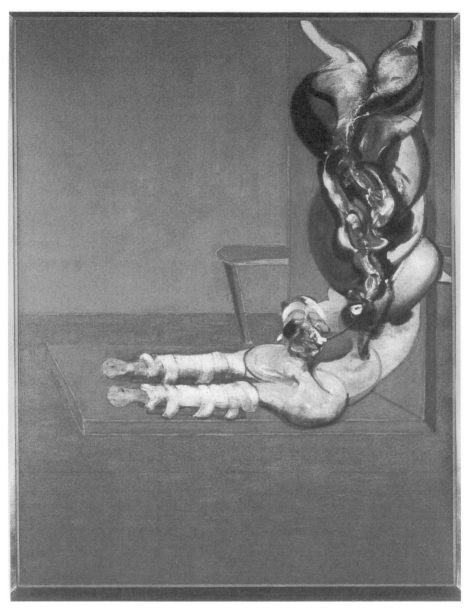

Francis Bacon, „Kreuzigung", 1965; Öl auf Leinwand, 3 Teile, je 198 × 147 cm, (1909–1992), München, Pinakothek der Moderne.

Francis Bacon, „Kreuzigung", 1965; Öl auf Leinwand, 3 Teile, je 198 × 147 cm, (1909–1992), München, Pinakothek der Moderne.

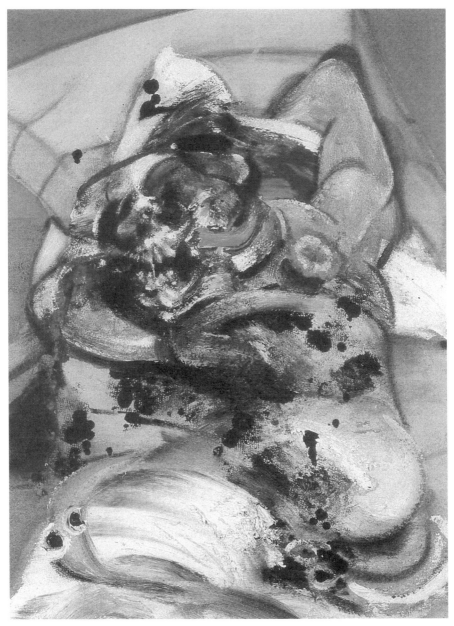

Francis Bacon, „Kreuzigung", 1965; Öl auf Leinwand, 3 Teile, je 198 × 147 cm, (1909–1992), München, Pinakothek der Moderne.

Lösungsansätze

1. **Erster Eindruck und Beschreibung**

    Bei dem vorliegenden Bild handelt es sich um ein Triptychon – drei überlebensgroße Tafelbilder, in geringem Abstand zueinander aufgehängt, jeweils in einen schlichten, dünnen, vergoldeten Rahmen gefasst; die Malflächen werden von leicht spiegelndem Glas geschützt.
    Der Grund aller drei Tafeln ist auf ähnliche Art und Weise durch eine Zweiteilung in eine Wandfläche in branstigem Orange und eine Bodenfläche in olivfarbenem Grün gestaltet. Es entsteht der Eindruck eines großen, quer durch alle Tafeln verlaufenden Raumes, lediglich auf der linken Bildtafel öffnet sich am linken äußeren Bildrand eine schwarze, hochrechteckige Fläche.
    In dem nicht weiter definierten Raum befinden sich sechs menschliche Wesen bzw. Körpermassen; vier davon sind mit unterschiedlichen Gestellen verbunden, aber schattenfrei, zwei weitere (die beiden äußeren Gestalten) sind mit einem jeweils sehr sonderbaren Schatten versehen.
    Die Mitteltafel wird beherrscht von einem sich nach links öffnenden, rot dominierten, winkelförmigen Gestell, das sich bis zum oberen Bildrand erstreckt und an dem sich eine bläulich-rosa changierende menschlich-tierische Masse herablässt, die im unteren Teil an das Gerüst gefesselt hingestreckt ist. Sie gleicht dabei dem geöffneten Kadaver eines Ochsen, dessen Innereien und Rippen teilweise zu sehen sind.
    Die hingestreckten, umwickelt-gebundenen Extremitäten enden in abgerundeten Klumpen. Im Übergang von der Vertikalen zur Horizontalen des Gerüsts befindet sich ein auf den Betrachter ausgerichteter menschlicher Kopf, die Augen geschlossen, die Züge verzerrt. Verbunden mit dem Gerüst schwingt sich in Höhe dessen unteren Drittels eine thekenförmige Lehne in die rechte Bildtafel hinein. An ihr lehnen zwei Herren in dunklen Anzügen und hellen Hüten. Sie sind dem Geschehen auf der Mitteltafel zugewandt, aus Körperhaltung und Mimik geht eine belustigte Anteilnahme hervor. Am äußeren Rand der rechten Bildtafel befindet sich eine männlich-muskulöse, gekrümmte Gestalt in einer Drehbewegung, derjenigen eines Diskuswerfers nicht unähnlich. Sie erscheint nackt, in der Farbigkeit ähnelt sie dem Kadaver, jedoch wird sie von einem seltsamen, unter ihr liegenden Schatten befallen. Am linken Oberarm dieses Mannes sieht man eine rote Armbinde mit Hakenkreuz. Ein nicht näher definierbares militärisches Abzeichen rutscht sein Knie hinab.
    Auf der linken Bildtafel befindet sich vor einer dunklen Öffnung eine weibliche, nackte Gestalt, die von einem kleinen Schatten am Boden festgehalten wird; sie ist in Bewegung nach links begriffen, wendet ihren Kopf jedoch nach rechts unten der zweiten Gestalt auf der Tafel zu. Diese zweite menschliche Gestalt liegt auf einem beigen Feldbett hingestreckt, das zum Betrachter hin ausgerichtet ist. Ihre Knie sind angewinkelt und nach links gekippt, die Arme sind über dem Kopf verschränkt; es ergibt sich ein S-Schwung des deutlich versehrten Körpers. Die Beine sind von Bandagen umwickelt und ein Bettlaken ist verrutscht. Anstelle des Kopfes scheint ein nackter Totenschädel, nach links gewendet, zu schreien. An der rechten Schulter befindet sich das gleiche Abzeichen, das bereits am Knie des vermeintlichen Diskuswerfers zu sehen ist.
    Der Betrachter wird auf den ersten Blick zugleich gepackt und abgestoßen. Besonders die dargestellte Körperlichkeit zumindest drei der „Wesenheiten" erweckt Ekel und Beklemmung. Trotz aller ästhetischen Strenge des Raumes und des abgebildeten Mobiliars kann sich der Betrachter nicht klar orientieren. Er wird Zeuge eines gewaltsamen Geschehens, das die auf dem Bild dargestellten Zeugen jedoch seltsam ruhig lässt. Handelt es sich um eine Schlachtung, sehen wir isolierte Szenen aus Krieg und Folter, verweisen Hakenkreuz und Abzeichen in eine eindeutige politische Richtung?

2. a)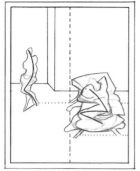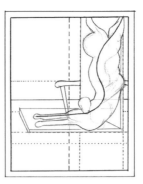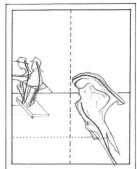

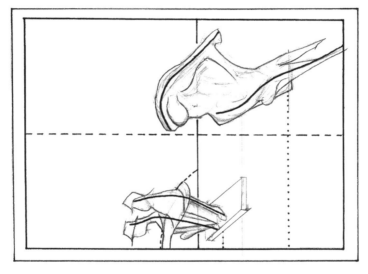

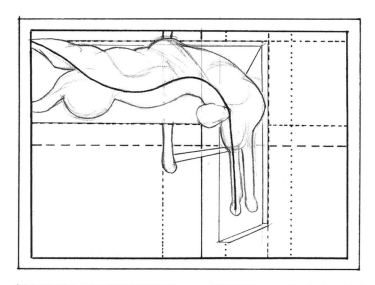
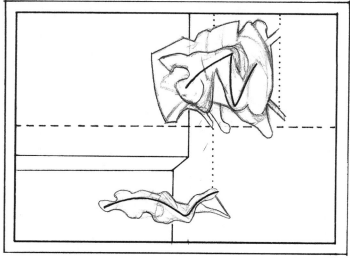

b)

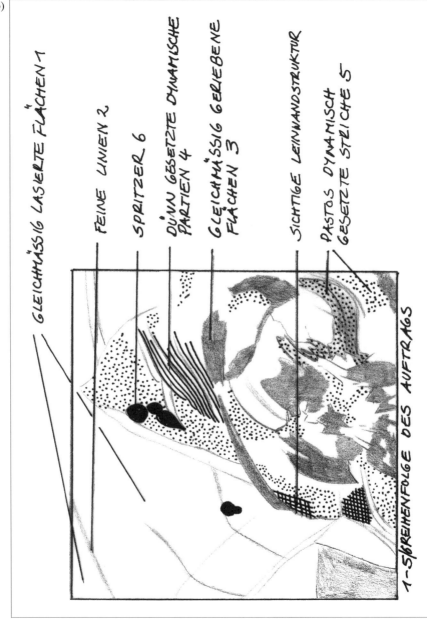

- GLEICHMÄSSIG LASIERTE FLÄCHEN 1
- FEINE LINIEN 2
- SPRITZER 6
- DÜNN GESETZTE DYNAMISCHE PARTIEN 4
- GLEICHMÄSSIG GERIEBENE FLÄCHEN 3
- SICHTIGE LEINWANDSTRUKTUR
- PASTOS DYNAMISCH GESETZTE STEICHE 5

1.-5. REIHENFOLGE DES AUFTRAGS

3. Schriftliche Analyse

a) zur Formulierung des Körpers

Bacons Körper sind eine Zumutung an die Erkenntnisfähigkeit des Betrachters; sie führen den Sehsinn in die Irre, faszinieren und verstören ihn zugleich; es ist ein Spiel mit Zuckerbrot und Peitsche.

Bacons Körper bieten sich an, eine Fläche, eine klare Rundung – doch wenn man mit dem Blick zu folgen versucht, steht man kurz darauf bildlich vor dem Nichts: Eine schwarze Fläche, die nur vorgibt, Form anzunehmen, scheint die erkannte Schulter, die Wange, den Schenkel befallen zu haben. Schwarze Konturen geben eine klare Begrenzung vor, nur um sich an unerwarteter Stelle aufzulösen und in ätherische Luftigkeit überzugehen – die allerdings wiederum eine klare Grenze hat. Bacons Körper evozieren Ekel, Mitleid, Abscheu, entbehren zugleich aber nicht einer gewissen Ästhetik; sie sind gebrochen, gedreht, zerstückelt, und doch wieder auf eine geradezu perfide Art malerisch in sich verbunden. Sie werden dabei besonders durch die äußerst realistische, geradezu pedantisch wirkende Körperlichkeit und Geradlinigkeit der mit ihnen verbundenen Gegenstände in Szene gesetzt.

b) **die Organisation von Bildfläche und Bildraum**

Wie eingangs erwähnt, handelt es sich bei dieser Arbeit Francis Bacons um ein Triptychon. Die drei hochformatigen, eng nebeneinander gehängten Tafeln werden von zwei horizontalen, nahezu monochromen Streifen kompositorisch zusammengehalten. Sie ergeben zusammen mit jener schwarzen, monochromen Wandöffnung einen sich waagrecht vor dem Betrachter hinstreckenden Raum, in parallelperspektivischer leichter Draufsicht konstruiert, dessen rechte und linke Begrenzung offen bleibt. Auch die abgebildeten Gegenstände folgen den Gesetzmäßigkeiten des parallelperspektivischen Blicks, wobei die Dreidimensionalität über dunkler angemischte Kanten und malerische Aufhellungen (wie im Falle des Feldbetts) erzielt wird. Seine Leere und Dimension lassen den Raum bühnenähnlich erscheinen, seine ebenmäßige, flächige Gestaltung steht in starkem Kontrast zur plastisch-explosiven Gestaltung der Körper. Diese sind gleichmäßig harmonisch im Raum verteilt, jeder für sich organisiert, als umgebe ihn ein unsichtbarer Bannkreis. Die zum Großteil relativ senkrechte Positionierung der Körper, hervorgehoben noch durch das Gerüst der Mitteltafel, steht hierbei in spannungsreichem Kontrast zur Dominanz der Horizontalen des Raumes. Horizontal betrachtet befinden sich die Figuren auf insgesamt drei Bildschienen, die einen inhaltlichen Zusammenhang zu schaffen scheinen. So befinden sich die „Zeugen" im Bild – die Frau und die beiden Männer im Anzug – auf einer gemeinsamen hinteren Bildlinie, die gekrümmten, eindeutig menschlichen Körper auf einer gemeinsamen Ebene im Vordergrund und der an einem Gerüst aufgespannte Kadaver auf einer weiteren, eigenen, zentralen Bildlinie.

c) **die Funktion der Farbe als Gestaltungsmittel**

Farbwahl und Farbkontraste

Das Bild wird bestimmt vom Kontrast eines branstigen, gebrochenen Oranges (Hintergrund) zu Olivgrün (Bodenfläche) sowie von vorwiegend im kalten Spektrum abgemischten, sehr differenzierten Inkarnat-, Fleischfarben, die sich zusammen mit dunklen Blautönen, kleineren schwarzen und roten Anteilen und einem kalten Titanweiß von den Raumflächen abheben.

Malduktus und Farbkörper

Dabei kontrastieren Körper und Raum besonders stark über einen vollkommen unterschiedlichen Malduktus. Wand, Boden und Mobiliar erscheinen als fein lasierte, gleichmäßige Flächen, der Boden wurde dabei mit dem Mallappen an einigen Stellen mit einer hauchdünnen Schicht Weiß überrieben. Die Körper dagegen weisen heftige

Spuren verschiedenster Art auf. Anfang, Verlauf und das bisweilen abrupte Ende expressiver Pinselstriche, die teilweise mit recht breiten Borstenpinseln ausgeführt worden sind, sind deutlich zu erkennen. An etlichen Stellen werden sie von etwas dünneren – aber immer noch nicht fein zu nennenden – schwarzen oder weißen, dynamisch geführten Linien als Konturen umgrenzt oder wie durch mit dem Pinsel geführte Hiebe überdeckt. Auf deutlich pastose Farbpartien werden dünne Farbschleier von stets geringer und klarer Ausdehnung gesetzt. Kontrolliert eingesetzte, eruptive Farbspritzer in Weiß oder Schwarz sind über die gekrümmten Gestalten gelegt, einige Stellen sind mit Mallappen und bloßen Händen verrieben.

Die Maltechnik, die Bacon bei den Körpern angewandt hat, setzt zum einen Ölfarben voraus, da diese äußerst schmierfähig sind und über einen starken Farbkörper verfügen, zum anderen verlangt sie Zeit, da Lasuren nur auf getrocknete Flächen gesetzt werden können. Zum dritten zeugt sie von meisterlichem Können: Sie zeigt die Bandbreite von kühler Präzision, gepaart mit gelenkter Expressivität, und kontrolliert eingesetztem Zufall. Mangels entsprechenden Materials (das Malen mit Ölfarben bietet sich in einer Prüfung nicht an), ausreichender Zeit und Praxis dürfte das Kopieren von Bacons Technik im Rahmen einer Abituraufgabe zum Scheitern verurteilt sein.

4. Interpretation

Titel und Bildtyp führen weit in die christliche Tradition der Tafelmalerei zurück.
Die Kreuzigung Christi war häufig Motiv diverser Triptychen, die zumeist als Klappbilder konstruiert waren; je nachdem, ob das dreiflügelige Bild in geschlossenem oder aufgeklapptem Zustand zu sehen war, gab es eine Alltags- und eine Festtagsansicht (dabei waren die Seitentafeln nur halb so breit wie die Mitteltafel).
Bacons Werk lässt nur letzteren Zustand zu, allerdings sind bei ihm alle drei Tafeln gleich groß. Er präsentiert seine Malerei stets „gnadenlos" aufgeklappt, lediglich eine dünne Glasschicht liegt zwischen ihr und dem Betrachter.
Unter einer Kreuzigung im klassischen Sinne versteht man die Darstellung von Jesus am Kreuz, oftmals zwischen seinen Schächern; unter dem Kreuz befinden sich Maria und Johannes.
Wer und wie wird bei Bacon gekreuzigt?
Anstelle eines auf dem Hügel Golgatha aufgerichteten Holzkreuzes finden wir auf der Mitteltafel ein Gerüst vor, das eher auf die Gegenstände Turnmatten, Streckbank und avantgardistischer Thronsessel anspielt, aber im leeren, ebenen Raum vor allem aufgrund des sich darauf abspielenden Horrors nicht minder schrecklich wirkt.
Hier ist kein angenagelter junger Mann mit ausgebreiteten Armen zu sehen, sondern ein hingestrecktes „Fleischobjekt", das zwar entfernt einem Säugetier gleicht, jedoch bis auf den Schädel keine menschlichen Körperteile aufzuweisen scheint. Der obere Teil erinnert an einen im Fleischerladen zur Schau gestellten Ochsen (ein Sujet, das in ähnlicher Hängung bei Rembrandt zu finden ist und auch in anderen Werken Bacons auftaucht), der untere an Kalbsbeine, die zur Sicherheitsverwahrung festgeschnallt wurden.
„Und das Wort ward Fleisch ..." Ist dieser Satz aus dem Matthäusevangelium hier wörtlich umgesetzt? Es irritiert das Wechselbad aus Grauen und Ästhetik, dem der Betrachter dabei ausgesetzt ist. Der nahezu schwebende Schädel hat die Augen geschlossen, er schweigt im Zentrum des Grauens – soll das als Aufforderung zur Passivität verstanden werden?
Führt Bacon hier das Kreuzigungsmotiv auf die kulturell älteren Tieropfer zurück? Schließt er die tierische Kreatur in die Passion mit ein? Will er die Folter heutiger Tage in ihrem geplanten Grauen darstellen?
Neben dem „Kreuz" befinden sich zwei Gestalten, die an die beiden Lästermäuler aus der Muppet-Show erinnern und zugleich auch Mitglieder der Gestapo sein könnten. Handelt es sich bei ihnen um die ursprünglichen Schächer, um die Täter, um Schaulustige?

Am rechten Rand windet sich eine weitere Gestalt: Ein gequälter Athlet, der von einem kleinen, aber unerbittlichen Schatten angefallen zu sein scheint. Er trägt ein eindeutiges Parteiabzeichen. Sollte der „Johannes" von Bacon ein sich windender, bereuender Nationalsozialist sein? Wie ist dann das militärische Abzeichen zu verstehen, das ihm vom Knie zu rutschen scheint? Er ist verloren, völlig allein in seiner Tortur. Oder werden hier – gerade auch mit Blick auf die Gestalt auf dem Feldbett – drei Stationen aus dem Leiden Jesu stellvertretend für den Menschen gezeigt: der Moment der Gottverlassenheit, die Kreuzigung und die Kreuzabnahme?

Die liegende Gestalt auf der linken Bildtafel liegt gekrümmt da, auch ihre Beine sind bandagiert. Ist hier das gefolterte „Tier" zur Ruhe gekommen, wieder zu menschlicher Würde zurückgekehrt? Das Wesen scheint immer noch zu schreien, auch könnte man es Blut spucken sehen. Es wendet sich der einzigen weiblichen Gestalt zu, einer elegant geschwungenen „figura serpentinata", die sich in koketter Leichtigkeit zu entfernen scheint. Ist es Maria, die hier geht? Verlässt sie ihren gemarterten Sohn? Sie zählt – gemeinsam mit den beiden Zuschauern – zu den bildimmanenten Zeugen, die allesamt relativ unversehrt aus dem Bildgeschehen davonkommen.

In einer Deutung von Bacons Kreuzigung kann man versuchen, die christliche Ikonografie durchzuspielen, auch lassen sich Bezüge zu den Verbrechen des Nationalsozialismus herstellen, jedoch führt beides nicht zu einer abschließend stimmigen Interpretation.

Was bleibt, ist ein Gefühl von Faszination und Grauen, dem sich der Betrachter gerade auch aufgrund des Fehlens einer eindeutigen Auflösung nicht entziehen kann und das ihn auf einer archetypischen Ebene aussetzt.

5. Kunstgeschichtliche Reflexion

Gewaltdarstellungen sind so alt wie die Kunst selbst. Bereits 40 000 vor Christus werden in kultischen Riten blutige Jagden an Höhlenwände gezeichnet. Szenen von Krieg, Mord, Hinrichtungen, sexueller Gewalt etc. gehören bis heute zu den Inhalten, die besonders berühren und bewegen.

Es werden in der Folge 3 Arbeiten der 2. Hälfte des 20. Jahrhunderts vorgestellt, die sich mit der Thematik bildnerisch bzw. szenisch auseinandersetzten.

Gewaltaktionen

Zwei Künstler zeigen in den 70er-Jahren in ihren Aktionen unmittelbare gewaltsame Handlungen: die Französin Niki de Saint Phalle in ihren „Shot Paintings" sowie der Wiener Künstler Flatz in seiner Performance „Treffer".

Niki de Saint Phalle, „Shot Paintings"

Eine schöne junge Frau lädt ein Gewehr, zielt und schießt. Zufrieden lädt sie nach, zielt und schießt lustvoll erneut. Diesen Vorgang wiederholt sie diverse Male. Das Massaker, das sie angerichtet hat, ergießt sich in Farbe. Einige zerschossene Farbbeutel haben ihren Inhalt auf eine aus unterschiedlichen Teilen montierte Gipsplastik fließen lassen.

Niki de Saint Phalle präsentiert sich in dieser Arbeit selbstbewusst als Flintenweib. Auf Plastiken, verfremdeten Flügelaltären oder Leinwänden bringt sie Farbdosen und -beutel zum Zerbersten, befleckt, beschmutzt und versehrt (sie lässt auch Ausstellungsbesucher zum Gewehr greifen), wobei die Farbe bisweilen die Assoziation von Blut hervorruft.

Das Frühwerk von Niki de Saint Phalle ist geprägt von ähnlich aktionsorientierten Arbeiten, die scheinbar nur nebenbei, gewissermaßen als eher zufälliges Endprodukt, Museumsstücke entstehen ließen.

Flatz, „Treffer"
Ein unbekleideter, nur mit einer Spiegelsonnenbrille ausgestatteter Mensch steht vor einer weißen Wand. Jeder Besucher erhält beim Betreten des Raumes eine Karte mit der viersprachigen Anweisung „Sie erhalten 500,– DM in bar, wenn Sie das Ziel treffen", auf die ein Wurfpfeil geklebt ist, den er aus einer bestimmten Entfernung auf den vor der Wand Stehenden werfen kann. Dieser versucht, dem Wurfgeschoß auszuweichen. Der elfte Werfer trifft ihn und erhält die ausgesetzte Belohnung von DM 500.- ausbezahlt.
Dauer: ca. 15 Min., September 1979, Europa 79, Stuttgart

In ihrer Motivation, die klar auf gewalt- und machtpolitische und im Falle von Niki de Saint Phalle auf geschlechtspolitische Fragen zielt, zeigen sich beide Künstler als Streiter der 68er-Generation.

Niki de Saint Phalle versteht ihr Vorgehen als sogenannte „Aggression-Art". Sie gibt der in ihr selbst steckenden Aggression die Möglichkeit, sich unmittelbar und gestalterisch zu entladen und geht davon aus, diese Aggression aufgrund der reinigenden Kraft ihrer Aktionen nicht gegen andere Menschen oder sich selbst richten zu müssen.

Flatz dreht in seiner Aktion den Spieß – konkret den Pfeil – um. Nicht er entäußert sich in einem aggressiven Akt auf ein Objekt, nein, er fordert die Ausstellungsbesucher mittels eines beträchtlichen finanziellen Köders heraus, eine gewaltsame, gegen ihn als Mensch und Künstler gerichtete Handlung zu begehen.

Dabei scheint seine Provokation aufzugehen; es gelingt ihm, etliche Betrachter zu Tätern zu machen. Flatz' Vorgehen ist primär politisch. Sein Augenmerk liegt in einer Vielzahl seiner Arbeiten auf dem Ausreizen gesellschaftspolitischer Toleranzgrenzen. Dabei instrumentalisiert er den eigenen Körper zum Objekt, dem vielfach Gewalt und Missbrauch zugefügt wird.

Die Banalität der Gewalt
Andy Warhol, „Großer Elektrischer Stuhl"
1970 veröffentlicht der Pop Artist Andy Warhol einer Reihe von verschiedenfarbigen Siebdrucken, die einen elektrischen Stuhl in Nahaufnahme und leichter Seitenansicht zeigen. Dem vorausgegangen war eine Reihe von technisch auf gleiche Art und Weise hergestellten seriellen Drucken, auf denen von Schauspielerinnen über Kühe zu Tomatendosen die große, weite und beliebige Welt der Marken, Ikonen und Dinge der damaligen Konsumgesellschaft zu sehen war. Ließen sich diese leicht und genüsslich konsumieren, so stockt dieser Prozess beim Anblick des Hinrichtungsgegenstandes.

Besonders in Europa wurde der „Große Elektrische Stuhl" neben Arbeiten wie „Die meistgesuchten Männer" kontrovers diskutiert. Man wollte, ganz dem Zeitgeist entsprechend, gerne eine unmittelbare politische Komponente in diesen Werken erkennen. Doch Warhol präsentiert den tödlichen Stuhl keinesfalls mit mahnendem Zeigefinger; er macht ihn in seiner Abbildung lediglich zur banalen Reproduktion, zum vielfach gesehenen und gebrauchten Massenprodukt. Der elektrische Stuhl unterscheidet sich seiner Meinung nach in diesem Aspekt nicht von einer Abbildung Marilyn Monroes oder der eines Kühlschranks.

Doch lässt sich eben jene Banalität der Abbildung, farblich passend zum Wohnzimmer erhältlich, so leicht nicht hinnehmen. Dafür ist der Gebrauchszweck des Stuhles zu sperrig, zu laut, zu verstörend, und liegt nicht genau in der Behauptung einer wie auch immer gearteten Banalität dieses Mordinstruments eine beunruhigende, ja politische Komponente?

8·6 = 42

6.20
5.27
17:47

> **Leistungskurs Kunsterziehung: Abiturprüfung 2009**
> **Aufgaben mit bildnerisch-praktischem Schwerpunkt**

Aufgabe I   Paprika – Paprika – Paprika (Komposition im Raum <u>oder</u> in der Fläche)

Erscheinungsformen in der Natur dienen Künstlern oftmals als ergiebige Inspirationsquellen. Gerade das scheinbar Gewohnte kann durch eine nicht auf Gebrauch und Nutzen gerichtete, ästhetische Wahrnehmung eine völlig neue Bedeutung gewinnen.

Vor Ihnen liegen Paprikaschoten und ein Messer. Nehmen Sie das Messer zur Hand und schneiden Sie eine Frucht auf! Betrachten Sie das aufgeschnittene Ergebnis aufmerksam aus verschiedenen Blickwinkeln! Beobachten Sie dabei vor allem die entstandenen räumlichen Zusammenhänge und berücksichtigen Sie auch die Rolle des Lichts!

1. **Zeichnerische Annäherung** (16)
   Legen Sie die folgenden Skizzen und Studien auf einem großformatigen Blatt an! Wählen Sie dafür geeignete grafische Mittel!

   a) **Skizzen** (8)
   Untersuchen Sie das Formgefüge der aufgeschnittenen Frucht in einer Reihe von zeichnerischen Skizzen!

   b) **Studie** (8)
   Entscheiden Sie sich für ein von der Form her ergiebiges Teilstück oder einen Ausschnitt aus Ihren Skizzen! Geben Sie Ihre Auswahl in deutlicher Vergrößerung wieder! Stellen Sie dabei vor allem Plastizität und Oberflächenstrukturen dar!

2. **Dreiteilige Komposition** (24)
   Entscheiden Sie sich nun für eine dreiteilige Ausführung in Ton (ca. 25 × 25 cm pro keramischer Basisplatte) <u>oder</u> für eine dreiteilige malerische Komposition in der Fläche (mindestens 30 × 30 cm pro Bild)!

   a) **zeichnerische Vorüberlegungen** (6)
   Skizzieren Sie Ihre Überlegungen für eine dreiteilige Komposition! Achten Sie dabei auf eine schlüssige, in der Form begründete Wirkung der Gesamtkomposition!
   Sie können bei Ihrer Arbeit auf verschiedene Formen der Beobachtung zurückgreifen:
   z. B.:
   – das Objekt aus der Nähe betrachten,
   – das Verhältnis von Innerem und Äußerem beobachten,
   – das Objekt aus verschiedenen Blickwinkeln betrachten,
   – mit Beleuchtung und Perspektive experimentieren, um die Situation zu dramatisieren.
   Darüber hinaus können Sie sich z. B. für eine monumentalisierende, gegenständliche, abstrahierende oder verfremdende Darstellungstendenz entscheiden.

   b) **Komposition** (18)
   Führen Sie nun Ihre dreiteilige Komposition so differenziert aus, dass das Gesamtergebnis seine Spannung aus dem Mit- und Gegeneinander von Formen bezieht!
   Achten Sie dabei auf den materialgerechten Einsatz der Mittel sowie auf das Herausarbeiten plastischer beziehungsweise malerischer Qualitäten!

3. Kunstgeschichtliche Reflexion (20)

Bei Werken, die aus mehreren Bildern oder Bildteilen bestehen, greifen Künstler mitunter auf unterschiedliche Darstellungsformen zurück. Vergleichen Sie die spezifischen Merkmale von Triptychon und Serie anhand eines jeweils geeigneten Beispiels! Gehen Sie dabei auf Inhalt, Form und Wirkung ein und verdeutlichen Sie im jeweiligen kunsthistorischen Kontext, welche Funktion die Entscheidung des Künstlers für ein mehrteiliges Bild hat!

Materialien und Hilfsmittel

Paprika, Messer, Bleistifte verschiedener Härtegrade, Schere, Kreide, Kohle, Graphit, Buntstifte, Pastellkreiden, Deck-, Dispersions- und Acrylfarben, Zeichenpapier und Zeichenkarton in verschiedenen Größen, Ton, Modellierwerkzeug und -bretter.

Lösungsansätze

3. Kunstgeschichtliche Reflexion

In der Folge sollen Serie und Triptychon als spezielle Bildformen anhand konkreter Beispiele gegenübergestellt werden.
Das Triptychon als dreiteiliges Bild entstammt als ursprünglicher Dreiflügelaltar der mittelalterlichen Bildtradition. Als gemaltes und oftmals auch geschnitztes Gesamtkunstwerk betont es stets die Mitte und erzeugt auch über seine Größe eine Wirkung von Monumentalität und Gewichtigkeit, ja, Erhabenheit des dargestellten Themas. Im 20. Jahrhundert griffen immer wieder Künstler auf diese Bildform zurück, darunter Otto Dix, Francis Bacon und Max Beckmann.
Die serielle Kunst hat sich in der zweiten Hälfte des vergangenen Jahrhunderts u. a. über Picasso und die Pop-Art etabliert. Ihre ästhetische Wirkung bezieht sie aus der Wiederholung und parallelen Präsentation eines Grundmotivs.

Serie: Arnulf Rainer, „Face Farces" (1969–1971), Öl auf Fotos auf Holz, Privatsammlung

Zu Anfang der 70er-Jahre des 20. Jahrhunderts beginnt der Wiener Künstler Arnulf Rainer mit der farblich-gestischen Bearbeitung von Fotoporträts, den sog. Face Farces. Hierbei handelt es sich um einen Werkkomplex, der aus einzelnen Serien besteht. Schwarzweiße Selbstporträts, teilweise nur vom Kopf des Künstlers, teilweise als Bruststücke aufgenommen, sind stark vergrößert auf Holz aufgezogen zu sehen. Sie wurden teils mit Ölkreiden, teils mit Ölfarben übermalt. Dabei greifen die einzelnen Striche Teile der Physiognomie auf, indem sie diese nachfahren, andere Fotos scheinen in heftiger Geste von Farbe geradezu angefallen worden zu sein. Beide Vorgehensweisen bilden eine Synthese, die Schnelligkeit, Impulsivität und Aggression vermittelt.
Nach Aussagen des Künstlers liegen den Arbeiten drei zeitlich voneinander getrennte Prozesse zugrunde. In der ersten Phase sucht Rainer demnach eine geeignete Folge von mimisch stimmigen Posen, die er als „komprimierte Momente seiner selbst" bezeichnet und fotografisch festhält. Dem schließt sich ein Auswahlprozess an. Daraufhin werden die Fotos in das entsprechende Format gebracht und schließlich überarbeitet. Nach ihrer Fertigstellung werden sie jeweils als serielle Arbeit präsentiert.
Arnulf Rainers Arbeit wird vom Prinzip der Folge bestimmt. Gesten, Fotos und Striche folgen linear aufeinander, beziehen sich in ihrer Vielheit aufeinander, rollen sich ab, verdichten sich und schaffen einen zeitlichen Fluss, der auch im Nebeneinander der schließlich präsentierten Arbeiten zu spüren ist. Die „Face Farces" als Serie lassen einen Prozess der Selbstzerstörung nachempfinden, der sich oftmals von Bild zu Bild steigert, wobei bei aller zurückgelegten Sehstrecke in der Wahrnehmung des Betrachters auch noch das erste Werk präsent bleibt.

Triptychon: Beckmann, „Schauspielertriptychon", 1941–42, Öl auf Leinwand, 200 × 150 cm (Mitteltafel), 200 × 85 cm (Flügel), Cambridge, Harvard University, Fogg Art Museum

Auf den ersten Blick vermittelt das dreiflügelige Bild eine Überfüllung der Fläche und zugleich harte Form- und Farbkontraste. Es besteht aus einer Mitteltafel, welche – in Anlehnung an die mittelalterlichen Klappaltäre – die doppelte Breite der beiden Flügelbilder aufweist. Aufgrund unterschiedlich gewählter Blickwinkel ist nicht eindeutig zu erkennen, ob sich die dargestellte Szene auf einer oder drei Bühnen abspielt. Diese nehmen jeweils das untere Drittel der Bildflächen ein und verbinden die einzelnen Tafeln in der Flächenaufteilung. Über die Wahl unterschiedlicher Perspektiven erscheinen sie jedoch zugleich voneinander abgesetzt. So ist der Mittelteil aus einer leichten Froschperspektive, die beiden äußeren Teile aber in leichten Draufsichten, die zudem noch voneinander divergieren, zu sehen. Alle drei Bildtafeln enthalten Figuren im Vordergrund, die zwischen Betrachter und jeweiliger Bildtafel räumlich und inhaltlich vermitteln. Sie sind kleiner als die auf den Bühnen agierenden Personen. Auf der mittleren Bildtafel scheint das eigentliche Schauspiel stattzufinden: Hier im Zentrum gibt sich ein König den Todesstoß, was von einer dicht bei ihm stehenden Sängerin intoniert wird. Gestalten aus dem Märchenbuch sowie aus der Organisationsebene des Theaters tummeln sich dicht gedrängt neben, hinter und unter der dargestellten Szene. Die Bühne der rechten Bildtafel scheint in die Garderobe einer Schauspielerin zu führen. Über zweifache Vorhänge wurde hier ein Raum im Raum geschaffen. Hier befinden sich eng verschachtelt neben einer spiegelhaltenden, verdrossen dreinblickenden Dame ebenfalls auf drei Ebenen Blumen, Musiker, ein Januskopf und winkende Zuschauer. Die Türkanten fallen schräg ab, ebenso wie die Stuckbordüren der linken Tafel, auf der sich finstere, männliche Gestalten, die irgendwo zwischen Römern und Räubern anzusiedeln sind, eine alte, flehende Frau, ein seltsamer Nikolaus, gefesselte Beine und wiederum Blumen befinden. Eine lineare Rezeption des Bildes ist nicht möglich. In raffinierter Verschachtelung scheinen hier verschiedenste Handlungsstränge, Zitate und für sich stehende Personen miteinander verschränkt zu sein. Dies erfolgt über die Grenzen der drei Tafeln hinweg. Zieht auch zunächst die Mitteltafel durch ihre Bedeutsamkeit suggerierenden Ausmaße das Auge an, so sieht sich der Betrachter bald gezwungen, mit dem Blick von Tafel zu Tafel zu schweifen und zu springen, um zu einem auch nur annähernden Verständnis zu kommen. Komplexe Geschehnisse sind hier synchron zu sehen, zu rezipieren sind sie nur unter beträchtlichem geistigem Bewegungsaufwand.

Dem springenden Tempowechsel bei Beckmann steht die lineare Beschleunigung eines Arnulf Rainer gegenüber. In beiden Fällen wurde eine mehrteilige Form gewählt, um komplexe Vorgänge bzw. Inhalte darzustellen – in Rainers Fall, um eine zeitliche Abfolge zu dokumentieren; bei Beckmann, um eine erzählerische Komplexität aufzuklappen und verdichtet darzustellen, die dem Betrachter inhaltlich den Halt der Mitte verwehrt, den sie ihm formal vorgibt.

Aufgabe II   Schauplatz Bahnsteig

Sie warten auf den Zug und beobachten das Geschehen an einem Bahnsteig. Langsam füllt sich der Bahnsteig mit Wartenden. Während dieser Wartezeit laufen typische Alltagssituationen ab: Jemand liest in der Zeitung, ein Passant eilt vorbei, ein Hund schnuppert an einer Säule, ein Liebespaar umarmt sich ...

Sie haben die Aufgabe, typische Szenen auf einem Bahnsteig zeichnerisch darzustellen.

1. **Vorbereitende Skizzen** (15)
   Legen Sie die im Folgenden geforderten Skizzen auf einem großen Zeichenblatt an!

   a) **Raum**
   Stellen Sie in mindestens drei Skizzen zeichnerische Überlegungen zum Schauplatz Bahnsteig an, auf dem sich, wie auf einer Bühne, das Geschehen abspielen soll! Variieren Sie dabei auch Raumausschnitt, -aufteilung und Betrachterperspektive!

   b) **Figuren**
   Entwerfen Sie einige Figuren, die auf einem Bahnsteig „auftreten", und stellen Sie deren mögliche Körperhaltungen und Handlungen in Skizzen dar!

2. **Komposition in übereinander liegenden Schichten** (25)
   Bei der folgenden Aufgabe sollen zeitlich getrennte Szenen, die auf einem Bahnsteig stattfinden können, gleichzeitig dargestellt werden. Dafür stehen Transparentpapiere zur Verfügung, auf die die einzelnen Szenen gezeichnet werden. Nach der Fertigstellung der einzelnen Transparentpapiere werden diese in mehreren Schichten übereinander auf ein Hintergrundbild gelegt und an einer Seite befestigt.

   a) **Hintergrundbild auf Zeichenkarton**
   Wählen Sie eine Ihrer Skizzen zum Raum (s. Aufgabe 1 a) als Basis für Ihr weiteres Vorgehen aus! Nehmen Sie diese Skizze als Vorlage für eine Zeichnung, die Sie auf einem stabilen Zeichenkarton als Hintergrundbild anlegen (ca. 30 × 40 cm)! Setzen Sie dabei geeignete und Raum erzeugende Mittel ein!

   b) **Szenenbilder auf Transparentpapier**
   Greifen Sie auf die von Ihnen angefertigten Skizzen zu den Körperhaltungen und Handlungen der Figuren (s. Aufgabe 1 b) zurück und stellen Sie diese nun in prägnanten Stand-/Szenenbildern auf Transparentpapier dar (mindestens drei Zeichnungen im Format des Hintergrundbildes)!
   Achten Sie auf eine differenzierte Ausführung sowie den Einsatz geeigneter grafischer Mittel im Hinblick auf die Gesamtwirkung! Nutzen Sie die Überlagerungen auch dazu, den Eindruck von Bewegung zu erzeugen!

   c) **Kompositorische Zusammenführung der Bildschichten**
   Die Transparentpapiere werden nun in der von Ihnen gewählten Abfolge übereinander auf das Hintergrundbild gelegt. Betrachten Sie nun die Gesamtwirkung und überarbeiten Sie gegebenenfalls einzelne Zeichnungen einschließlich des Hintergrundbilds differenziert und kontrastreich! Fixieren Sie abschließend die Zeichnungen an einer Seite, um ein Blättern zu ermöglichen!

3. Kunstgeschichtliche Reflexion (20)

Das Phänomen „Bewegung" hat Künstler von jeher fasziniert. Zeigen Sie anhand von drei Kunstwerken des 20. Jahrhunderts, wie Bewegung auf unterschiedliche Weise thematisiert wird!
Beschreiben Sie die für das Thema Bewegung wesentlichen Aspekte der Werke, erklären Sie, mit welchen formalen Mitteln die Künstler darin Bewegung gestalten!

Materialien und Hilfsmittel
Zeichenkarton, Transparentpapier, Bleistifte verschiedener Härte- und Weichheitsgrade bis 6 B, Faserschreiber (Fineliner und Marker), Kugelschreiber, durchsichtiger Tesafilm, Klebestift, Klebstoff.

Lösungsansätze

3. Kunstgeschichtliche Reflexion

Das Thema „Bewegung" ist eines *der* Themen des 20. Jahrhunderts. Auf Künstler wie Publikum übte es eine besondere Faszination aus.

Giacomo Balla

Gleichbedeutend mit Fortschritt und Modernität wird es zu Beginn des Jahrhunderts zum Ideal der Futuristen. Giacomo Ballas Bild „Dynamismus eines Hundes an der Leine" von 1912 ist ein frühes Schlüsselwerk dieser Kunstbewegung.
Das 1,10 m breite Querformat gibt einen Ausschnitt wieder, der in der unteren Hälfte einen kleinen, nach links laufenden Dackel mit wedelndem Schwanz an der Leine seines Herr- oder Frauchens zeigt, von dem/der man in der oberen Hälfte nur die Füße und den unteren Teil des Mantels oder Rocks sieht.
Marinetti, Vordenker und Verfasser der futuristischen Manifeste, erklärte: *„Alles bewegt sich, alles fließt, alles vollzieht sich mit größter Geschwindigkeit. Eine Figur steht niemals unbeweglich vor uns, sondern sie erscheint und verschwindet unaufhörlich."*
Dementsprechend lässt Balla die Bewegung, entgegen der späteren Aufnahme kubistischer Formelemente, durch eine mehrfach dargestellte Silhouette erscheinen. Die laufenden Beine der beiden werden vervielfältigt und simultan zu verschiedenen Zeitpunkten des Bewegungsablaufs festgehalten.
Angeregt wurde Balla zu einer derartigen Darstellung durch die fotografischen Bewegungsstudien Muybridges und Mareys. Muybridge hielt erstmals verschiedene Bewegungsabläufe in Einzelbildserien fest. Marey zeigte solche Sequenzen in seinen Chronofotografien durch Mehrfachbelichtungen gleichzeitig in einem Bild.
Damit beispielsweise Ballas Dackel nun nicht 20-beinig aussieht, werden die schnell bewegten Körperteile, die in ihren Positionen nur kurz sichtbar sind, heller ausgeführt als der nur langsam bewegte Kopf und Bauch. Zusätzlich wird die dunkle Silhouette, die sich deutlich von dem hellen Hintergrund abhebt, in kleine Farbfelder mit fein abgestufter Farbgebung zerlegt. Dieses Verfahren, das vom Divisionismus Seurats beeinflusst wurde, sorgt dafür, dass das Bild ähnlich einer länger belichteten Fotografie die Bewegung in einer Art Unschärfe darstellt.
Bewegung erscheint als Geschwindigkeit. Auch wenn hier nicht, wie häufig in Ballas Werk, ein Auto dargestellt ist, transportiert das Bild die Zeichen der Zeit, in der Technik, Mechanisierung, Geschwindigkeit und Zeitökonomie eine positive, als Fortschritt gedeutete Rolle spielen.
Das ebenso alltägliche wie banale Motiv zeigt umso feinsinniger allein durch seine formale Gestaltung die Geschwindigkeit und Hektik der Zeit. Der Fortschritt wird noch in der unbedeutendsten Situation offensichtlich. Eine derartige Szene wäre im Impressionismus noch ein Moment des Flanierens und damit Ausdruck des neuen großstädtischen Lebensgefühls.

Alexander Calder

Auf ganz andere Weise thematisiert Alexander Calder Bewegung. Er gilt als einer der Begründer kinetischer Plastik. Ab 1931 baut er sogenannte Mobiles, die sich durch die Ausnutzung physikalischer Kräfte bewegen. Ein präzises Ausbalancieren der z. T. mit abstrakten Formen als Gewicht behängten Bügel, auch unter Berücksichtigung ihrer Länge und Hebelwirkung, sorgt dafür, dass ihre Teile bei der kleinsten Berührung in Bewegung geraten.
Sein Werk „Four Red Systems" (1960) ist eines dieser Mobiles. Es ist mit einer Schnur an der Decke befestigt. An ihr hängt ein erster Drahtbügel, dessen Enden an einem durch Ösen geführten kurzen Zwischenstück die nächsten Bügel tragen. Am Ende dieses sich

weiter verzweigenden Systems hängen frei schwingende kleine Drahtruten, deren Enden in rote Metallplatten übergehen. Diese erinnern in ihren stark reduzierten, organischen Formen an Blätter. Ihre Bandbreite erstreckt sich von abgerundeten Dreiecken bis hin zu Rauten. Es gibt vier solcher Blättergruppen, die sich nicht nur innerhalb ihres Systems bewegen, sondern sich auch als Gruppe an ihren übergeordneten Bügeln ein Stück weit um ihre Achse drehen und wippen können. Dabei beeinflussen sie die anderen Systeme. Die leiseste Bewegung eines Luftzugs, die ein einzelnes Blatt erfasst, pflanzt sich so über seine Nachbarblätter und übergeordneten Bügel fort und verändert das Gesamtgebilde.
Das Ganze ähnelt einem Baum, dessen Äste und Zweige eine ähnliche Hierarchie bilden. Auch hier können sich die Blätter einzeln für sich bewegen, aber auch als Gruppe, wenn der gesamte Zweig in Schwingung gerät.
Das Gleichgewicht des Mobiles ist allerdings viel labiler. Die Teile können sich einzeln, als Gruppe und als Gesamtes auch um ihre jeweiligen Achsen drehen. Bei den Einzel- und Gruppenbügeln sorgt das Drahtzwischenstück allerdings dafür, dass keine ganze Umdrehung möglich ist. Die Bewegung wird gestoppt, kehrt sich um und wird zu einem Teil an den übergeordneten Bügel weitergegeben.
Es entstehen ganz verschiedene komplexe Bewegungsabläufe, die ineinander übergehen und letztendlich wieder zum Stillstand kommen, von tanzendem Wippen bis zu schwerelosem Dahinschweben. Dabei lädt das Kunstwerk spielerisch zum meditativen Träumen ein.
Seine Formveränderungen sind nicht nur vom Zufall, sondern auch von seinem System bestimmt, das vielerlei Variationen in festgelegten Bahnen zulässt.
Calder setzt der traditionellen Statik einer Plastik ein Gebilde entgegen, dessen Form sich stets wandelt. Er erweitert die dreidimensionale Kunst so um die vierte Dimension, die Zeit.
Der Rezipient betrachtet nun auch deren Choreografie. Wirkt er auf das Mobile ein, wird er zum Akteur und in gewissem Maße auch zu ihrem Mitschöpfer.
Calder zeigt Bewegung in ihrer Zeit dauernden Dimension, ihren physikalischen Gesetzmäßigkeiten, als eine sich fortpflanzende, anderes beeinflussende, aber auch wieder versiegende Kraft in all ihrer Schönheit und Poesie.

Bruce Nauman
Bewegung unmittelbar zu erfassen war Anliegen von Bruce Nauman. In seinen Körperexerzitien folgt er der Strömung der 60er- und 70er-Jahre, den eigenen Körper als Medium zu entdecken und die Gesetzmäßigkeiten der Wahrnehmung zu untersuchen. Er unterzieht sich und seine Handlungen einer minutiösen Selbstbeobachtung und erforscht das Erleben seines Körpers während der Ausführung verschiedener Aktivitäten. Dabei ging es ihm weniger um den persönlichen Gewinn eines gesteigerten Bewusstseins. Sein Körper wurde vielmehr stellvertretend als Körper eines Künstlers zum Instrument für Erkundungen über Kunst und die Identität des Künstlers. Er war Ausgangspunkt und zugleich Forschungsobjekt. Hintergrund war die von der Wahrnehmungspsychologie geprägte Auffassung, dass Wahrnehmung auf Erleben, Erfahren und Begreifen beruht, nicht primär an den Sehsinn, sondern an die Motorik gekoppelt ist. Bewusstsein entsteht durch körperliche Aktivität.
Kunst ist für Nauman das, was der Künstler macht. Und der *muss* sich, wie jeder andere Mensch auch, bewegen. Die in kleinsten Einheiten untersuchten Handlungen unterscheiden sich dabei so gesehen kaum von denen anderer Berufsgruppen: Hinsetzen, Aufstehen, Gehen, Arm-Heben usw.
Der Künstler führt diese allerdings in höherem Bewusstsein und damit auch in einer größeren Kontrolliertheit aus.
In der auf Video festgehaltenen Aktion „Slow Angle Walk: Beckett Walk" (1968) untersucht er akribisch verschiedene Möglichkeiten, ein quadratisches Grundmuster abzugehen. Automatenhaft verfällt er mit durchgestrecktem Knie- und steifem Hüftgelenk, die

Beine im 90°-Winkel zu einem Stechschritt ausgefahren, in einen sich vorwärts fallenlassenden, stolpernden, „langsamen Winkelgang". Der einstündige, ohne Wechsel der Kameraperspektive aufgenommene Film, ist in seiner monotonen, endlos erscheinenden Aneinanderreihung der immer gleichen Bewegung schier unerträglich. Nauman, der Bewegung auch als körperliche Anstrengung zeigt, ist diese nicht anzumerken. Er inszeniert nichts, drängt sich nicht, wie es für Künstler dieser Zeit typisch wäre, als leidendes Subjekt in den Vordergrund.

Zu der seltsamen Art der Fortbewegung hat sich der Künstler bei der Lektüre eines Romans von Beckett anregen lassen. Wie eine von dessen Figuren erscheint er in absurden Wiederholungen gefangen. Nauman zeigt in seiner Aktion, dass der Mensch während seines Lebens ebenso in seine endlos wiederholten Bewegungen verstrickt ist.

Wie Molloy, die Hauptfigur aus Becketts gleichnamigem Roman, scheitert Nauman beim Versuch, die größtmögliche Kontrolle zu erzielen und beweist so die Unmöglichkeit der Kontrolle.

Der Körper zeigt sich, in derartige Versuchsanordnungen gepresst, als überfordert. Er wird immer wieder als unkalkulierbarer Faktor in seinem Scheitern, in seiner Unfähigkeit, wie eine Maschine zu funktionieren, gezeigt, das Gleichgewicht verlierend und hinfallend.

Die Situation des Menschen erscheint ausweglos. Er ist der Gefangene seines sich bewegen-müssenden Körpers. Bewegung ist dabei Grundbedingung von Erfahrung und Leben.

> Leistungskurs Kunsterziehung: Abiturprüfung 2009
> Aufgaben mit theoretischem Schwerpunkt

Aufgabe III Analyse und Interpretation

Salvador Dalí: „**La Persistance de la Mémoire**" (Die Beständigkeit der Erinne-
(1904–1989) rung), 1931, Öl auf Leinwand, 26,3 × 36,5 cm
Museum of Modern Art, New York.

1. **Bildnerische Auseinandersetzung mit dem Gemälde** (20)

   a) **Zeichnerische Studie** (6)
   Geben Sie das Bild in seinen Grundzügen etwa in Größe des Originals als Linearzeichnung wieder!

   b) **Erweiterung des Formenrepertoires** (6)
   Salvador Dalí hat sich häufig bestimmter Versatzstücke bedient, die in seinen Arbeiten immer wieder auftauchen, etwa die Ameisen. Fügen Sie in Ihre Linearzeichnung mindestens eine Gestalt oder eine Form/Figuration, die zum Formenrepertoire des spanischen Surrealisten gehört oder gehören könnte, zeichnerisch oder malerisch ein!

   c) **Detailstudien** (8)
   Wählen Sie zwei markante Details aus, die Sie zeichnerisch oder malerisch auf einem eigenen Blatt etwas vergrößert darstellen! Kommen Sie dabei dem Duktus von Dalí nahe!

2. **Beschreibung des anschaulich Gegebenen und der Bildatmosphäre** (6)
   Beschreiben Sie knapp und prägnant, was auf dem Gemälde zu sehen ist! Schildern Sie darüber hinaus die Atmosphäre, die über der gemalten Szenerie liegt! Lassen Sie sich dabei von Ihren persönlichen Empfindungen leiten!

3. **Schriftliche Analyse** (10)
   Arbeiten Sie in einer schriftlichen Analyse des Bildes das charakteristische Stilmittel Dalís heraus! Klären Sie dabei insbesondere auch, wie Dalí die Bildfläche organisiert, inwieweit er Bildraum suggeriert und wie er die Bildgegenstände und ihr Umfeld mit malerischen Mitteln darstellt und interpretiert!

4. **Interpretationsansatz** (12)
   Entwickeln Sie einen eigenen Interpretationsansatz! Scheuen Sie sich dabei nicht, rein subjektive Vermutungen und Assoziationen zum Bild zu äußern, Rätselhaftes und Unerklärliches zu benennen und Fragen zu stellen!
   „*Weiche Uhren sind nichts anderes als der paranoisch-kritische, zärtliche, extravagante und von Zeit und Raum verlassene Camembert*" (Salvador Dalí).
   Beziehen Sie Ihre eigene Interpretation nun auf das Zitat von Salvador Dalí! Stellen Sie darüber hinaus Überlegungen zu dem von Dalí festgelegten Bildtitel an!

5. Kunstgeschichtliche Erörterung (12)

Kubismus, Expressionismus, abstrakte und konkrete Malerei lassen sich auch als Weiterentwicklung der künstlerischen Positionen von Paul Cézanne, Paul Gauguin, Vincent van Gogh u. a. interpretieren. Der Surrealismus hingegen lässt sich nicht ohne Weiteres in eine Entwicklungsgeschichte der Moderne einreihen und stellt so das Konzept einer logischen Abfolge von Stilen in der Geschichte der Kunst in Frage. Erörtern Sie diese Aussagen!

Stellen Sie dar, woher der Surrealismus Anregungen bezog und belegen Sie Ihre Überlegungen mit Hinweisen auf konkrete Bildbeispiele!

Materialien und Hilfsmittel
Zeichenkarton, Bleistifte verschiedener Härtegrade, Buntstifte, Deck-, Dispersions- und Acrylfarben.

Salvador Dalí: „La Persistance de la Mémoire" (Die Beständigkeit der Erinnerung), 1931, Öl auf Leinwand, 26,3 × 36,5 cm. Museum of Modern Art, New York

Lösungsansätze

1. **Bildnerische Auseinandersetzung**

    a) **Zeichnerische Analyse**

    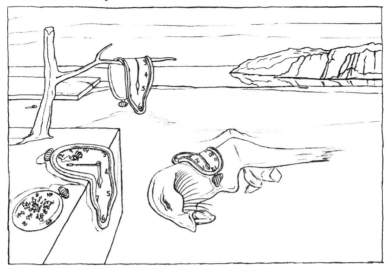

    b) **Erweiterung des Formenrepertoires**

    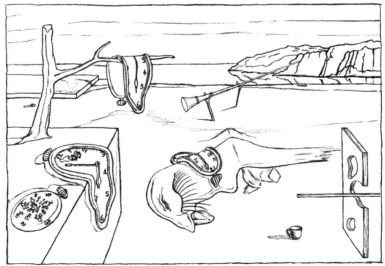

c) **Detailstudien**

2. Beschreibung

Dalís querformatiges Ölgemälde eröffnet uns den Blick auf eine weite Ebene, deren Abschluss im Hintergrund eine Felsenbucht bildet. Im Vordergrund sind einige Dinge versammelt, die aufgrund ihrer Zusammenhangslosigkeit und ihrer eigenartigen Erscheinung seltsam und rätselhaft anmuten. Während dieser Bereich in melancholischem Dämmerlicht erscheint, ist die Felsenbucht in goldenes Licht getaucht, das auch die Gegenstände im vorderen Teil streift und hervorhebt, sodass sie uns umso mehr ins Auge fallen: drei weiche Uhren und ein schlafendes amorphes Wesen. Von ihnen geht eine ebenso beunruhigende wie faszinierende Wirkung aus.

Aus der linken unteren Ecke ragt die scharfkantige geometrische Form eines braunen Kubus schräg in den Bildraum, dessen Fläche er gut zur Hälfte in der Höhe und etwa zu einem Drittel nach rechts einnimmt. Auf dem hinteren Teil seiner Oberseite steht ein abgestorbener, graubrauner Ölbaum, über dessen einzigen Ast, der fast waagrecht nach rechts gewachsen ist, eine silberne weiche Taschenuhr mit grauem Ziffernblatt gehängt wurde. Eine goldene weiche Uhr mit hellblauem Ziffernblatt liegt etwas weiter vorne noch zur Hälfte auf dem Kubus, der Rest hängt auf der rechten Seite schlaff und zerfließend herab. Auf ihrem Ziffernblatt sitzt eine Schmeißfliege.

Davor befindet sich eine zugeklappte, in leuchtendem Orange gehaltene Taschenuhr, die von zahlreichen Ameisen bevölkert wird.

Hinter diesen Gegenständen liegt eine weitere braune Kubenform, die sich von links auf Höhe des Ufers waagrecht in das Bild schiebt und deren Höhe so gering ist, dass man von einer Art Platte sprechen kann. Die Oberseite schimmert in bläulichem Grau, was die Wirkung von etwas Metallenem hervorruft.

Die restliche Fläche des Vorder- und Mittelgrundes, die nach hinten und zur Seite etwa zwei Drittel der Gesamtfläche einnimmt, dominiert das Bild durch ihre Leere und ihre geheimnisvolle Farbgebung. Ihr dunkles, fast schwarzes Braun wird nur nach hinten etwas aufgehellt. Genau in ihrer Mitte liegt ein seltsames Gebilde schummrig beleuchtet über einem dunklen Fels. Seine glatte Oberfläche erinnert aufgrund ihrer blaugrau getönten Fleischfarbe an Haut. Ihre weichen, rundlichen Formen verlieren sich nach rechts in der Dunkelheit des Grundes. Links erinnern sie an die Anatomie von Gesichtsteilen: an ein Augenlid mit überlangen Wimpern, ein geschlossenes Auge oder einen Mund, davor eine Nase, darunter eine heraushängende Zunge. Über den „Rücken" dieses leblos daliegenden bzw. schlafenden Wesens ist eine weitere silberne weiche Taschenuhr gelegt.

Die offenen Taschenuhren zeigen nicht die exakt gleiche Zeit, aber in etwa sechs Uhr an.

Hinter der „braunen Wüste" erstreckt sich auf der rechten Seite ein kantiges Gebirgsmassiv. Die schroffen goldenen Steinwände spiegeln sich unterhalb im bewegungslosen Wasser, das nach links einen schmalen, waagrechten Streifen in hellem Blau bildet. Der Himmel schließt das Bild nach oben hin ab. Er ist in drei Streifen gegliedert, die weich ineinander übergehen, unten Gelb, darüber Hell- gefolgt von Dunkelblau.

Dieser Bereich strahlt Ruhe und vollkommene Stille aus. Seine hellen, freundlichen Farben sorgen dafür, dass die Gesamtstimmung nicht in Tristesse umkippt.

3. Schriftliche Analyse

Dalís Bild zeigt uns nur einen Ausschnitt. Die beiden geometrischen Körper zur Linken und das Gebirge zur Rechten werden von den Bildrändern angeschnitten.

Neben den Schrägen der Kuben, der Astgabel und des „Rückens" der amorphen Form dominieren stabilisierende waagrechte Linien: Himmelsstreifen, Horizont, Ufer, Ast, Vorder- und Hinterkante der Kuben und der verschwindende hintere Teil des seltsamen Wesens. Ebenfalls bildparallel finden sich auch einige Senkrechte wie der Baumstamm, die Seitenkanten der Kuben und die herunterhängenden Partien der Uhren.

Die Formensprache ist von der kontrastreichen Gegenüberstellung einerseits weicher, runder Formen der Uhren und des amorphen Wesens und der harten, scharfkantigen Formen der Kuben und der Felsen geprägt.

Auffällig ist das Ungleichgewicht der Komposition, von dem eine starke Spannung ausgeht. Dalí setzt einen Schwerpunkt auf der linken Seite. Nur das Gebirge rechts oben verhindert ein optisches Kippen.

Zur rätselhaften Stimmung trägt formal die räumliche Gestaltung bei. Während die im Vordergrund groß abgebildeten Uhren und die dazu im Verhältnis klein abgebildete Felsenbucht in der Ferne unserer räumlichen Erwartung durch das Mittel der Verkleinerung entspricht, lassen sich weitere Größen nur schwer abschätzen. Der Baum wirkt im Verhältnis zu den Taschenuhren winzig, während er zur Größe des Kubus und der übrigen Landschaft durchaus in einem richtigen Größenverhältnis erscheint. Auch andere perspektivische Brüche tragen zur Verwirrung bei. Die schrägen Kanten vor allem des vorderen Kubus deuten auf eine zentralperspektivische Konstruktion hin. Der ermittelte Fluchtpunkt liegt aber, entgegen unserer Erfahrung, deutlich über dem Horizont. Die Farbperspektive wirkt der Tiefenillusion entgegen. Das warme Gelb und das helle Blau des Hintergrunds treten hervor, während die dunkle, z. T. bläuliche Schattenfläche des Vordergrunds zurücktritt. Eine Luftperspektive fehlt, nicht nur die Felsenbucht im Hintergrund, selbst der Horizont erscheint merkwürdigerweise gestochen scharf.

Dalí fühlt sich einer naturalistischen Darstellungsweise verpflichtet. Er schildert auch kleine Details wie die Fliege auf der Taschenuhr mit hoher Präzision in akribischer Feinmalerei.

Der Farbauftrag ist glatt und relativ dünn. Auf manchen Bildpartien ist die Leinwandstruktur erkennbar, was in der Nahsicht die Illusionswirkung bricht.

Der Malstil ist sehr linear. Figur und Grund sind scharf abgegrenzt. Der Duktus ist fein und nur an einigen Stellen schwach zu erkennen. Hier wirkt er fast wie eine Formschraffur. Die ausgeprägte Helldunkel-Modellierung schafft eine hohe Plastizität der Bildgegenstände. Die Farbübergänge sind dabei weich und kontinuierlich. Die Schlagschatten der Gegenstände liegen zwar alle auf der linken Seite, bei genauerer Betrachtung weisen sie aber in unterschiedliche Richtungen. Im Hintergrund sind sie auffällig langgezogen.

Die Leuchtkraft der Gegenstände wird durch den oft dunklen Grund und eine stark lineare Konturierung, die als Lichtreflexion hell ausgeführt ist, gesteigert.

Bei der Farbwahl dominieren einige wenige Farben. Blau und Gelb, übergehend in verschiedene Brauntöne, bilden einen auffälligen Farbklang.

Eine Ausnahme bildet das leuchtende Orange der geschlossenen Taschenuhr, das als Fremdkörper umso mehr ins Auge springt und den Blick auf die Ameisen lenkt.

4. Interpretationsansatz

Die wie auf einer leeren Bühne versammelten Gegenstände sind Träger verschiedener Bedeutungskomplexe.

Schmeißfliege und Uhr, die an die verrinnende Lebenszeit gemahnen, sind typische Vanitasmotive, die auf die Stilllebenmalerei des holländischen Barock verweisen. Auch der abgestorbene Baum ist ein Symbol des Todes.

Die Tatsache, dass die Uhren, ihrer ursprünglichen Form beraubt, zerfließen, macht deutlich, dass sie ihre Funktion der Zeitmessung nicht mehr ausführen können. Steht etwa die Zeit still?
Handelt es sich um einen gefrorenen Moment oder zerfließen die Uhren gerade und machen so auf andere Weise wiederum deutlich, wie die Zeit verrinnt? Die Uhren zeigen eine sehr ähnliche, aber nicht die gleiche Uhrzeit. Sind sie kurz nacheinander stehengeblieben? Ist das das Ende der Welt? Formal wird diese Endzeitstimmung von den Ruhe vermittelnden dominanten Waagrechten, der weiten, dunklen Ebene (handelt es sich hier um ein Schattenreich oder eine Todeszone?) und dem endlosen Blick in die Ferne des Horizonts unterstützt.
Was macht das seltsame, amorphe Wesen? Schläft es? Ist es gar tot? Es wirkt auf alle Fälle sehr einsam auf der weiten, leeren Ebene. Schleppte es sich gerade noch über den Fels, auf dem es jetzt liegt? Kroch daraufhin die weiche Uhr halb auf seinen Rücken? Die Abwesenheit allen menschlichen Lebens macht diesen Ort unvermeidlich zum Tatort, letzte Indizien geben uns Rätsel auf.
Was machen eigentlich die Ameisen auf der Uhr? Wird sie wie ein Kadaver zerlegt und abtransportiert?
Die Ameisen gehören zu einem häufig wiederkehrenden Motiv bei Dalí. Tiefenpsychologisch mit bedrängender Unruhe im Allgemeinen und mit Konkurrenzpsychose bei Geschwistern assoziiert, werden sie in Dalís privater Ikonografie zu einem Symbol der eigenen Angst und Identitätsproblematik. Bereits drei Jahre vor Dalís Geburt starb sein Bruder, der wie er den Namen Salvador trug. Er kam sich zeitlebens als Träger dieses Namens wie ein Ersatz vor und fühlte sich mit Leib und Seele als Teil des Erstgeborenen.
Als ein weiteres Element der persönlichen Ikonografie des Malers entpuppt sich das Felsgebirge. Es handelt sich um Port Lligat, der Heimat des Malers, die ihn als frühe Kindheitserinnerung stets begleitet.
Der Bildtitel „Die Beständigkeit der Erinnerung" drängt den Betrachter zu dem Schluss, dass der Maler hier eigene Erinnerungen, die nicht vergehen und ihn immer wieder einholen, auf die Leinwand bannt. Wie ein wiederkehrender Traum vor heimatlichem Hintergrund nimmt das Drama, gekleidet in rätselhafte und eindringliche Metaphern, hier in Gestalt der Ameisen, seinen Lauf.
Aber doch ist diese Interpretation nur eine von mehreren Bedeutungsschichten.
Die spannungsreiche Gegenüberstellung von den geometrischen Formen der Kuben, dem Technischen und Konstruierten und den organischen, weichen Formen, dem Lebendigen und Bewegten findet in der Metamorphose der weichen Uhren ihre Auflösung. Hier offenbart sich Dalís lebensphilosophische Zivilisationskritik: Technisch Konstruiertes wird von organisch Bewegtem „befallen". Geometrismus, unveränderliche und einförmige Zweckmäßigkeit der Dinge sind für ihn Teil einer lust- und lebensverneinenden, auf das Rationale beschränkten Logik, die seinem befreienden und spielerischen Umgang diametral entgegenstehen.
Dalís Bildeinfall scheint dessen Intuition zu folgen. Stimmungsgrundlage bildet die weite, leere Ebene in ihrer Dunkelheit, aber auch in ihrem goldenen Licht und ihrer unwirklichen Atmosphäre, die er durch die verschiedenen Verfremdungseffekte sichtbar macht. Auf dieser ungewohnten „tabula rasa" versammelt er nun die nächsten Einfälle, scheinbar dem Zufall bzw. Schicksal folgend. Diese freie Kombination der Gegenstände an sich, deren Veränderung, die Zusammenschau von Realem und Fantastischem scheinen einer inneren Logik zu folgen. Wir finden gerade in ihrem Gegensatz etwas Zusammengehöriges. Geometrisches Hartes und organisches Weiches sind aufeinander bezogen. Die naturalistische Wiedergabe gerade der fantastischen Motive, ihrer ungewohnten Zusammenstellung und eindringlichen Stimmung erinnern an die Logik eines Traums und widersetzen sich letztendlich einer eindeutigen Interpretation.
Dalí folgt hier dem Realitätsbegriff der Surrealisten, die in der äußeren, sichtbaren Wirklichkeit nur einen Teil der eigentlichen Wirklichkeit sahen. Sie fordern, auch die Wirk-

lichkeit des Unbewussten, die verdrängten Teile, die jeder Mensch tief in sich trägt, seine Urängste, seine Kindheitserinnerungen und sein Triebleben zutage zu fördern, anzunehmen und damit das Leben zu revolutionieren. Diese innere Wirklichkeit, die jenseits unserer rationalen Logik liegt, offenbart sich denjenigen intuitiv, die ihre bewusstseinskontrollierende Instanz, den Verstand, auszuschalten imstande sind, beispielsweise beim Träumen, in spielerischen Situationen wie bei Telefonkritzeleien, in versehentlichen (freudschen) Versprechern, der freien Assoziation von Formen und Begriffen wie dem Rorschachtest und in psychologischen Ausnahmesituationen wie einer Halluzination.

Vielleicht porträtiert sich der Künstler in diesem Gemälde als organische Masse mit geschlossenen Augen während einem dieser visionären Träume. Die überlangen, gebogenen Wimpern erinnern ein wenig an seinen Schnurrbart. Auch bei der Nase gibt es eine gewisse Ähnlichkeit.

Dalís Zitat „Weiche Uhren sind nichts anderes als der paranoisch-kritische, zärtliche, extravagante und von Zeit und Raum verlassene Camembert" enthält eine ganze Reihe von Andeutungen dieses Zusammenhangs. Die den Surrealisten eigene Logik, die kein Vergessen, keine endgültige Vergangenheit kennt, das Aufbrechen eines einheitlichen Raums, das für diese Maler so typisch ist, verlässt die Ebene der Rationalität. Auch die weichen Uhren sind davon verlassen. Es ist überliefert, dass den Maler die Form eines sehr weichen Camemberts zur Bildidee der weichen Uhr geführt hat. Die spontane Assoziation und Kombination des Käses und der Taschenuhr bildlich werden zu lassen, ist sicherlich so extravagant wie die berühmt-berüchtigten öffentlichen Selbstinszenierungen des Malers.

Das ganze Bild ähnelt einem Traum oder einer Halluzination, das unsere gewohnte Sichtweise verrückt. In den im Zustand der Paranoia gesehenen inneren Bildern liegt für Dalí eine höhere Wahrheit. Der Paranoiker empfindet stärker, sieht schärfer und damit mehr. Dalí versucht sich in derartige Zustände zu versetzen und so zu einer Bewusstseinserweiterung zu gelangen. Diesen Vorgang kontrolliert er allerdings mit wachem Verstand und wertet seine gewonnenen Erkenntnisse für eine künstlerische Weiterverarbeitung kritisch aus. Dieses Vorgehen bezeichnete er als paranoisch-kritische Methode.

5. Kunstgeschichtliche Erörterung

Die Klassische Moderne wird von einigen Kunsthistorikern in ihrer raschen Abfolge von Stilen und „Ismen" als eine konsequente Entwicklung hin zur gegenstandslosen Kunst beschrieben. Formale Mittel werden dabei immer mehr in den Mittelpunkt aller künstlerischen Untersuchungen gerückt und zum eigentlichen Inhalt der Malerei. Bildnerische Mittel wie Farbe und Form verselbstständigen sich, werden autonom. Narratives hingegen wird immer stärker getilgt. Maßgeblichen Anfang machen die sogenannten Wegbereiter der Moderne wie Cézanne, Gauguin oder van Gogh. Bei den beiden Letztgenannten zeigt sich die Steigerung der Farbe als Ausdrucksträger mit der Tendenz zur Fläche, bei van Gogh wird der Duktus zum emotionalen Ausdrucksträger. Sie werden so zu den Vorvätern des Expressionismus, die diesen Weg, der die Abkehr vom Naturalismus beschreitet, konsequent weiterführen und die Abstraktion bis zur Gegenstandslosigkeit führen.

Bei Cézanne zeigt sich eine Reduktion der Bildgegenstände hin zu geometrischen Grundkörpern, aus denen er seine Wirklichkeit zusammengesetzt sieht, eine Wirklichkeit parallel zur Natur, was später die Kubisten zu ihren Bildfindungen anregt. Mit derartigen Überlegungen wird er zum eigentlichen Vordenker dieser als Entwicklungsgeschichte beschriebenen Moderne. Auch seine Überlegungen hinsichtlich seines Vorgehens der Reduktion und dem späteren Aufbau eines autonomen Bildes, einer Abstraktion und späterer Konkretion sind für dieses Fortschreiten hin zur Autonomie der Mittel, hin zur Gegenstandslosigkeit maßgeblich.

Nach dem zweiten Weltkrieg weitergeführt, bestimmen sie u. a. als Abstrakter Expressionismus und Konkrete Kunst das Kunstgeschehen der westlichen Welt.

Die Existenz des Surrealismus stört eine derartige Sicht der Moderne als eine logische und folgerichtige Entwicklung. Bereits im ersten surrealistischen Manifest wird er nicht als Stil, sondern als Handlungsanweisung definiert: Das Denken soll ohne Vernunftkontrolle, jenseits ästhetischer Fragestellungen ausgedrückt werden. Entsprechend entwickeln sich sehr unterschiedliche Ausformungen, die in eine veristische, gegenständliche Richtung, zu der auch Dalís Bild gehört, und in eine absolute, ungegenständliche Richtung unterteilt werden.

Diese Stilpluralität des Surrealismus (wie auch die des Dadaismus) passt so gar nicht ins Bild der übrigen „Ismen", die nach dieser Sichtweise weniger durch ihre gemeinsamen Haltungen, sondern vor allem durch ihre stilistischen Ausformungen geprägt sind.

Die veristische Richtung, die der Abstraktion den Rücken kehrt und sich wieder in einer naturalistischen Darstellungsweise ausdrückt und eine erzählerische Inhaltlichkeit des Bildes betont, läuft der vorhergehenden Entwicklung konträr entgegen. Der Flächigkeit wird Plastizität und Räumlichkeit entgegengestellt. Ein konventioneller, manchmal als altmeisterlich gepriesener Malstil lässt den Duktus als Ausdrucksträger verschwinden. Das Postulat des psychischen Automatismus lässt rationale, stilistische und formalästhetische Fragestellungen als obsolet erscheinen.

Die logische Abfolge der vorherigen Stile erscheint unterbrochen, der von den sich selbst als Fortschrittsbewegung und Avantgarde bezeichnenden Malern längst über Bord geworfene Ballast kehrt wieder. Und so lassen sich die Anregungen der Surrealisten in längst überwunden geglaubten Richtungen der Malereigeschichte finden. Bilder wie Hieronymus Boschs „Garten der Lüste" gelten in ihrer Rätselhaftigkeit, Fantastik und erfindungsreichen Kombinatorik, die sich in vielen seiner verhext erscheinenden Wesen in präziser Miniaturmalerei zeigen, als einer der Vorläufer.

Den Konflikt zwischen Verstand und Gefühl, zwischen Ich und Welt aufzulösen, war auch in der Romantik die beherrschende geistige Grundlage. Ihre Idee eines Einsseins des Menschen mit dem Universum kehrt im Surrealismus wieder und findet seine Bekräftigung im von den Anhängern der Psychoanalyse nachgewiesenen „kollektiven Unbewussten".

Runges „Morgen" zeigt wie Dalís vorliegendes Bild in naturalistischer Darstellungsweise, in gebrochener Räumlichkeit – bei Runge in zwei Ebenen – eine geistige, innere und bei Runge religiöse Wirklichkeit. Sie beinhaltet ebenso mit Symbolen aufgeladene verschiedene Bedeutungsschichten und führt eigentlich Unbegreifliches – bei Runge das Licht der Offenbarung – illusionistisch vor Augen. Die Künstler treten in beiden Fällen als eine Art Mittler oder Seher auf. Wegen ihrer Subjektivität entziehen sich ihre Werke letztendlich einer einheitlichen Interpretation.

Gerade die Psychoanalyse des Sigmund Freud, mit der Beschreibung des Unbewussten, des Verdrängten, des Trieblebens und der Träume sind geistiger Nährboden und Quelle des Surrealismus.

Schriften wie die „Traumdeutung" werden gleichzeitig zum Motivfundus und zur Methodik. Die von Freud als „Narzissmus" beschriebene Neurose wird für Dalí Ausgangspunkt seines Gemäldes „Die Metamorphose des Narziss" (1937). Das Bild ist dabei nicht nur Auseinandersetzung mit dem Thema der griechischen Mythologie, sondern auch mit der eigenen Psyche, litt der Maler nach eigenem Bekunden doch selbst unter ihr. Dalí pflegte einen regen Austausch mit dem Begründer der Psychoanalyse und war dadurch bestens informiert über den letzten Stand der gerade entstandenen Wissenschaft. Freud wiederum war von dessen Darstellung sehr angetan.

Aufgabe IV Vergleichende Analyse und Interpretation

Thomas Demand „Küche", 2004, Fotografie, C-Print/Diasec, 165 × 133 cm
(geb. 1964)

Pressefoto, 2003

Vor Ihnen liegen die Abbildungen einer fotografischen Arbeit von Thomas Demand und eines Pressefotos. Demands Arbeit zeigt die Rekonstruktion einer notdürftigen Kücheneinrichtung. Der Künstler hat diese akribisch als dreidimensionales Modell aus Papier und Pappe in Originalgröße aufgebaut. Dazu nahm er ein weit verbreitetes Pressefoto als Vorlage. Dieses Pressefoto aus dem Jahr 2003 gibt einen Einblick in das Versteck, in welchem sich nach US-amerikanischen Angaben der irakische Diktator Saddam Hussein aufgehalten haben soll.
Für das Verständnis der Arbeitsweise von Thomas Demand ist es wichtig, dass sein künstlerisches „Endprodukt" eine Fotografie ist, das vorausgehende Papiermodell wird in der Regel vernichtet.

1. **Erster Eindruck und Beschreibung** (6)
   Geben Sie erste Eindrücke wieder, die Sie beim Betrachten der beiden Reproduktionen haben! Beschreiben Sie dann knapp und sachlich, was Sie auf den Abbildungen sehen!

2. **Bildnerische Annäherung an die Fotografien** (20)
   a) **Bildnerische Analyse der Arbeit von Demand** (8)
   Untersuchen Sie in mehreren kleinformatigen Skizzen die Gestaltung in der Fotografie Demands! Erklären Sie dabei zeichnend, wie Demand die Bildgegenstände kompositorisch anordnet und wie er mit fotografischen Mitteln arbeitet (z. B. Licht, Schärfe, Ausschnitt, Perspektive)!
   Legen Sie Ihre Skizzen auf einem großen Zeichenblatt übersichtlich an und ergänzen Sie diese mit kommentierenden Anmerkungen auf diesem Blatt!

   b) **Bildnerische Auseinandersetzung mit dem Pressefoto** (12)
   Thomas Demand hätte – ausgehend von dem Pressefoto – die Situation auch anders darstellen können. So hätte er z. B. einen anderen Ausschnitt wählen, ein anderes Format verwenden, das Licht anders einsetzen und den Blickwinkel des Betrachters anders lenken können.
   Entwerfen Sie zwei Alternativen zur Sichtweise von Demand! Zeichnen und/oder malen Sie Ihre Ideen etwa im Format DIN A5!

3. **Schriftliche Analyse** (10)
   a) Geben Sie Ihre in Aufgabe 2a) gemachten Beobachtungen bei der bildnerischen Analyse zur Fotoarbeit von Demand sowie Ihre Erkenntnisse daraus geordnet und informativ wieder!
   b) Erläutern Sie Ihre in Aufgabe 2b) erarbeiteten, eigenen bildnerischen Interpretationen des Pressefotos und setzen Sie diese in Beziehung zur Aussage des Ausgangsfotos!

4. **Interpretationsansatz zu Demand** (8)
   „Was sind die Schlüsseldetails, die rein müssen, um den Ort zu einem Ort zu machen und nicht zu einem Allgemeinplatz?" (Thomas Demand)
   Zeigen Sie, ausgehend von Ihren Eindrücken, Beobachtungen und von den aus der Analyse gewonnenen Erkenntnissen auf, wie Demand Situationen und Ereignisse bildnerisch rekonstruiert und wie sich daraus Denkanstöße für den Betrachter ergeben!

5. Kunstgeschichtliche Reflexion (16)

a) Beschreiben Sie ein weiteres Kunstwerk aus dem 20. Jahrhundert, das auf andere Weise Historie zum Thema hat! Stellen Sie dar, wie der von Ihnen gewählte Künstler das Thema bildnerisch umsetzt! (8)

b) Malerei und Fotografie stehen innerhalb des Werkes eines Künstlers häufig in einem spannungsvollen Wechselspiel. Stellen Sie zwei weitere Künstler des 20. Jahrhunderts mit je einer Arbeit vor, in der diese Beziehung deutlich wird! Beschreiben Sie die beiden Arbeiten kurz und erklären Sie die jeweilige künstlerische Zielsetzung! (8)

Materialien und Hilfsmittel
Zeichenpapier bis DIN A 2, Bleistifte verschiedener Härtegrade, Buntstifte, Deck-, Dispersions- und Acrylfarben.

Thomas Demand: „Küche", 2004, Fotografie, C-Print/Diasec, 165 × 133 cm

Pressefoto der Küche im Versteck von Saddam Hussein, 2003

Lösungsansätze

1. Erster Eindruck und Beschreibung

Thomas Demand

Zu sehen ist die Reproduktion eines großformatigen Diaprints, das einen Küchenausschnitt zeigt, präziser eine Kochstelle, bestehend aus einem Herd im Zentrum, einer teilweise sichtbaren Spüle zur Rechten sowie einem teilweise sichtbaren Tisch zur Linken. Die Ofenklappe des Herdes steht etwa 10 cm offen, im Inneren sind durch das getrübte Sichtfenster ein rundlicher Gegenstand sowie ein Küchentuch zu erahnen. Auf den verschiedenen Möbel- bzw. Installationsstücken befinden sich einige farbenfrohe Behältnisse und Haushaltsutensilien wie ein pinkfarbener Rührbecher, schiefstehende, blaugerandete Schalen und Teller, eine geöffnete Puderzuckerschachtel, Topf- und Eimerdeckel, eine leere Eierpalette und ein zerknittertes Küchentuch. Auf dem Gasherd, auf dem sich mangels Topfgitter zurzeit nicht kochen lässt, liegt ein Heftchen Streichhölzer gefährlich nahe an einer potentiellen Flamme. Das Foto ist eine Weitwinkelaufnahme in zentralperspektivischer Draufsicht. Der Blickwinkel stimmt mit dem eines gegebenenfalls Kochenden überein. Der Boden bietet ein für benutzte Küchen typisches Szenario: Unter der Spüle stehen bzw. liegen ein handelsüblicher Gasbehälter sowie eine leere Plastikflasche. Rechts vor dem Herd liegt eine zerknüllte schwarze Mülltüte. Links von der Kochstelle, im Vordergrund, befindet sich ein Ölkanister, unter dem Tisch sind ein grüner Eimer, Apfelschalen, an einem Herd lehnendes Tablett sowie eine weiße Plastiktüte zu sehen. Ein großer, terrakottafarbener Topfdeckel lehnt an der Wand. In der rechten hinteren Ecke des Küchenausschnitts sind ein orangefarbenes Rohr sowie Befestigungen für die Spüle zu sehen.
Auf den ersten Blick hin wirkt die festgehaltene Kochsituation eigenartig künstlich – das vermeintliche Arbeitschaos ist zu glatt, es fehlen Gebrauchs- und Kochspuren an Mobiliar und Kochutensilien. Die Kochstelle ist frei von Spritzern, Flecken, Kratzern, Beulen und jeder eingebrannten Patina. Der Betrachter sieht sich mit einem farblich wohl ausgewogenen Arbeitsplatz konfrontiert. Auch ohne Kenntnis von Thomas Demands Arbeitsweise lassen neben der allzu gleichmäßigen Oberflächenbeschaffenheit die Ecken und Kanten der Dinge stutzen: Sie scheinen fein säuberlich geschnitten, einige Schnittspuren und Abspließungen sind gerade am Herd zu sehen, die Apfelschalen erscheinen ein wenig zu eckig, lediglich Plastikflasche und Tüte scheinen aus Originalmaterial zu bestehen – alles Weitere ist nachgebaut aus Papier und Pappe. Jenseits der Materialwahl jedoch verwirrt die Inszenierung einiger Gegenstände. Warum wurden die Kochgitter entfernt? Wer lässt Streichhölzer auf dem Herd liegen, steckt dahinter Methode? Warum steht ein Ölkanister so nahe am Herd, obwohl keinerlei Pfannen auf einen Brat- oder Frittiervorgang hindeuten? Warum befindet sich ein Küchentuch im Ofen?

Pressefoto

Das zweite Foto, als Pressefoto deklariert, führt hingegen in eine, was die Gebrauchsspuren angeht, auf den ersten Blick hin überzeugende Kochsituation. Die etwas schmuddelige Beschaffenheit des Küchenteils evoziert sogar eine gewisse geruchliche Vorstellung beim Betrachter. Der sieht sich einer ausschnitthaft wiedergegebenen Kochstelle gegenüber, welche aus einer stark verzerrenden Weitwinkelperspektive in Draufsicht aufgenommen wurde. Jedoch befindet sich diesmal der Herd in der linken Ecke des Fotos, während eine Spülenflucht von rechts auf ihn hinführt. Die Wand der Küche ist grob verputzt, ein gelber Balken in der Ecke des Raumes sticht farblich mittig aus dem Foto. Auf Spüle und Herd sind ebenfalls diverse farbige Behältnisse in durchaus abgespültem Zustand zu sehen. Das Farbspektrum stimmt hierbei in etwa mit dem Demands überein, allerdings sind die Farben dem gegenüber eher pastellig gehalten, d. h. mit weiß abgemischt. Ein mit der Spitze aus einer Schüssel ragendes Messer verrät einen ungeübten Benutzer. Mehrere blecherne Kessel und Teegefäße weisen auf einen Benutzer aus dem orientalischen Kulturraum hin. Ein Gasbehälter steht ebenfalls an seinem angestammten Ort unter dem Waschbecken, durch das verschmutzte Glas des geschlossenen Backofens sind undefinierbare Reste zu sehen. Im Gegensatz zum Herd Thomas Demands befinden sich hier Gitter auf den Zündstellen, stehen wirklich Topf und Kessel darauf. Vom Boden ist nichts zu sehen, lediglich in der hinteren unteren Ecke befindet sich ein Kasten mit Plastikflaschen.

2. Bildnerische Annäherung an die Fotografien

a)

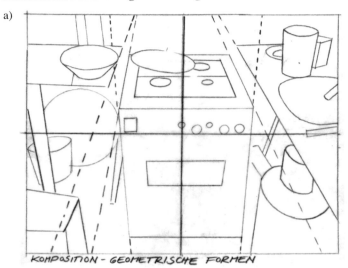

KOMPOSITION - GEOMETRISCHE FORMEN

HELL - DUNKEL - VERTEILUNG

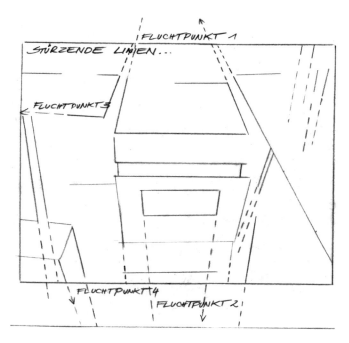

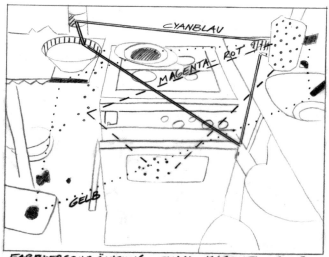

FARBVERSCHRÄNKUNG CYAN - MAGENTA - GELB

b)

Skizze 1

Skizze 2

3. Schriftliche Analyse

a) **Bildnerische Analyse**

Thomas Demand bezieht sich in seiner Arbeit gestalterisch auf das vorliegende Pressefoto, verändert jedoch die Komposition, indem er den Gasherd in das Zentrum rückt und ihm damit einen stabilisierenden Mittelpunkt gibt. Das Bild wird bestimmt durch geometrische Formen, es alternieren dabei kreis- und ovalförmige Ausschnitte, Quadrate, Rechtecke, Kuben und Zylinder. Vertikale, Horizontale und Diagonale stehen in einer abwechslungsreichen Beziehung zueinander.

Der Herd nimmt zwei Fünftel der Breite und beinahe die gesamte Höhe des Fotos ein. Auf Spüle und Tisch verwendet er jeweils ein Fünftel der Breite, erstere zieht sich ebenfalls beinahe durch die gesamte Vertikale. Zwischen der im oberen Viertel befindlichen Tischplatte, dem Herd und der Spüle befinden sich enge Zwischenräume. Nur ein Streiflein grauer Wand taucht am oberen Ende der Arbeit auf, die Bodenkante durchzieht das Bild wohl mittig, ist jedoch vom Dunkel verschluckt. Die einzelnen Dinge sind sich überschneidend inszeniert, werden jedoch über eine starke farbliche Kontrastierung einzeln gewichtet. Der Blick durch das gewählte Weitwinkelobjektiv lässt die vertikalen Grenzen der Körper auf unterschiedliche Fluchtpunkte hin stürzen. Farblich dominiert ein silber-grau-beiges Spektrum, zu dem die farbig leuchtenden Gefäße im Kontrast stehen. Hierbei sind die Eckpunkte der Offsetfarben von Gelb über Magenta bis hin zu Cyanblau vertreten und miteinander verschränkt. Diese sind auf geradezu minimalistische Art und Weise punktuell gesetzt, so taucht Pink wirklich nur genau einmal und räumlich begrenzt als Farbe des Rührtopfes auf, steht aber in farblich durchaus harmonischer Verbindung zum verschatteten Rotbraun des linken unteren Wandteils sowie des Inhaltes des Backofens und den kleinen, roten, runden Anzeigen des Herdes. Gelb in seiner leuchtenden Ausführung ragt nur zaghaft von rechts im oberen Drittel als Schlauchfortsatz in das Bild, spielt jedoch mit den diversen Apfelschalen und der beige gehaltenen Tischkante sowie dem verschatteten, ocker erscheinenden Deckel des Ölkanisters. Blau taucht vorwiegend im oberen Fünftel des Bildes auf, bildet jedoch ein zartes Vieleck mit der Farbigkeit der Banderolen der beiden Wasserflaschen. Das darüber hinaus zu sehende Grün vereint Kanister, Eimer und Spültuch sowie des Inhaltes mit unterschiedlichen Weißanteilen. Die Lichtsetzung fokussiert küchentypisch hell und leicht streuend auf der Kochebene des Herdes, genauer auf jenem bereits erwähnten Heftchen Streichhölzer. Die Helligkeit wird in Spiegelungen von der Spüle wiedergegeben, der Rest der Ecke ist in relativ gleichmäßigem Dunkel gehalten.

b) **Bildnerische Interpretation**

zu Skizze 1

Der gewählte Blickwinkel bezieht sich auf den Moment der Entdeckung von S. Husseins Versteck, das sich ja bekanntlich in einem Erdloch befand und von oben her betreten werden konnte. Die extreme Weitwinkelperspektive ist herausgenommen, an ihrer statt wurde eine reine Draufsicht gewählt. Die Situation ist gleichmäßig und hart ausgeleuchtet. Eine eventuelle Lichtquelle, beispielsweise ein starker Strahler, könnte sich über dem Kopf des Betrachters befinden. Durch den veränderten Blickwinkel wird ein zweiter Handelnder eingeführt, dem Benutzer der Entdecker an die Seite gestellt und somit eine weitere Bedeutungsebene eingeführt.

zu Skizze 2

Die zweite gewählte Möglichkeit erweitert den Ausschnitt des ursprünglichen Pressefotos nach vorne hin. Unter Beibehaltung des Weitwinkels, aber einer auf den Vordergrund fokussierten Scharfstellung, rückt die eigentliche Kochstelle in den Hintergrund, der Betrachter geht auf Distanz zu Herd und Spüle. Darüber hinaus eröffnet der Handlauf einer im Vordergrund eingefügten Waffe einen neuen Deutungsspielraum. Über den Ort „Küche" schiebt sich bewusst eine Deutung in einem mit Gewalt konnotierten Kontext, sei er kriminell und/oder politisch motiviert. In beiden Ansichten wird das historische Wissen des Betrachters bewusst miteinbezogen, ja, vorausgesetzt (zur Deutung des Pressefotos siehe 4.).

4. Interpretationsansatz zu Demand

Wann ist ein Ort ein Ort, wann ein Allgemeinplatz, wann wird er zum Tatort?
Das vorliegende, in starkem Weitwinkel aufgenommene **Pressefoto** gibt vor, einen Tatort zu zeigen – den Ort, an dem für einige Zeit ein Diktator und Massenmörder gehaust hat. Zu sehen ist lediglich eine relativ schmuddelig wirkende Kochstelle, die angesichts der Vielzahl an Teebehältnissen vermutlich nicht dem mitteleuropäischen Raum entstammt. Die Menge des Geschirrs deutet auf einen Einpersonenhaushalt hin. Den Arbeiten des täglichen Bedarfs scheint der Benutzer (dabei dürfte eine Benutzerin für den arabischen Kulturkreis typischer sein) mit einer gewissen Sorgfalt nachzugehen, so ist zumindest das Geschirr säuberlich abgespült. Vielleicht sind Hausherr und Koch auch nicht ein und dieselbe Person. Doch hier enden die Vermutungen. Erst das Wissen darum, dass hier ein Diktator und Kriegsverbrecher seine letzten Tage auf vermeintlich freiem Fuß verbracht hat, ruft bei dem einen oder anderen Betrachter Assoziationen wach, welche vom dokumentarischen Gehalt des Fotos alleine nicht evoziert werden können. Sie erweitern die Aufnahme eines momentanen Zustands auf die gewussten Geschehnisse und Zustände VOR und NACH dem Zeitpunkt der Aufnahme, laden den banalen Ort „Kochstelle" geschichtlich auf. Die alltägliche Normalität des mit Sorgfalt abgespülten Geschirrs lässt angesichts des Wissens um die Brutalität der Politik des Diktators ein Gruseln aufkommen. Darüber hinaus sind das unwürdige Ende, die Hinrichtung des S. Hussein im allgemeinen Bildgedächtnis verankert. Derselbe Mann, der hier Tee gekocht hat, hat einige Zeit später eine Schlinge um den Hals (auch ließe sich ein wenig „hingedacht" eine Kette vom Gasbehälter hin zu den Giftgasmassakern an den Kurden in den 80er-Jahren des 20. Jahrhunderts bilden).

Thomas Demand präsentiert eine Fotoarbeit, die als Küche betitelt ist. Eierkartons, Apfelschalen, Puderzucker, Kaffee situieren diese im mitteleuropäischen Raum. Auf die Frage, wer hier wohl arbeitet, lässt sich keine direkte Antwort finden, fehlen doch alle küchentypischen Benutzerspuren.
Eine zeitliche Komponente bringt die Vorstellung des Koch-, präziser des Backvorganges (fehlen doch jegliche Kochgitter), die Zutaten lassen auf einen Apfelkuchen schließen. Im Fokus des als Bild inszenierten Fotos befindet sich ein Heftchen Streichhölzer, vielleicht wurde bereits gebacken und der Ofen kühlt leicht geöffnet aus …? Doch die Ofenkante macht stutzig, spätestens durch sie erkennt der Betrachter, dass die so funktionell wirkende Küche eine Illusion aus Pappe ist. Es gibt folglich also kein in der Küche gelebtes Vorher oder Nachher, kein benutzerbezogenes Leben, das aus dieser hinausführen würde. Demands Foto als Schnitt in der Zeit entzieht vielmehr dem Betrachter die Möglichkeit einer zeitlichen oder geschichtlichen Verdichtung des Ortes, verwehrt eine Analogie zur Rezeption des Pressefotos. Hier hat jemand in feinster Handarbeit eine Küche in relativer Originalgröße aufgebaut, diese in küchentypischem Licht ausgeleuchtet und sie nachher, will man dem Künstler glauben, dem Altpapier preisgegeben (hier ließen sich die Feuerhölzchen aufs Vortrefflichste einsetzen – wären sie nicht auch aus Papier …). Demand sucht in seiner Arbeit die Grenze. an der ein allgemeiner zu einem geschichtlichen Ort und somit einem Tatort wird. Im Falle von Saddams Küche geht er dabei den umgekehrten Weg. Die Abbildung eines in der kollektiven Erinnerung geschichtlich aufgeladenen Ortes wird reinstalliert. Eine veränderte Komposition, diverse veränderte Details, fehlende Spuren und der Tatort „Irak" werden zum Tatort „Pappe", zur künstlerischen Spielküche.

5. Kunstgeschichtliche Reflexion

a) **Anselm Kiefer, „Wege der Weltweisheit: die Hermannsschlacht", 1980, Holzschnitte auf Offsetpapier, übermalt mit Acryl und Schellack, auf Leinwand, 400 × 700 cm, Sammlung Marx**

Ein genuin deutscher historischer Plot taucht in Anselm Kiefers serieller Arbeit mit dem gewichtigen Titel *Wege der Weltweisheit: die Hermannsschlacht* auf.
Der Betrachter sieht sich mit gewaltigen Querformaten, die bis zu 4 auf 7 Meter erreichen, konfrontiert. Diverse Holzschnitte bilden mit Acrylmalerei und aufgetragenem Schellack eine farbliche Synthese im Schwarz-Weiß-Spektrum, als Bildträger fungiert Offsetpapier. Die einzelnen Werke sind in mehreren Schichten aufgetragen, die sich ineinander verweben. Im Zentrum ist jeweils der untere Teil eines mitteleuropäischen Nadelwaldes zu sehen. Dieser erinnert in seiner Kantigkeit und eindeutigen Kontrastsetzung an Holzschnitte des deutschen Expressionismus. Die Reste eines Lagerfeuers flammen am Waldboden auf. Von den Flammenspitzen gehen jeweils verwehende Linien aus, die zur Peripherie des Bildes hin ein Gefüge von großen Holzmaserungen, imaginären Kapillaren und Spinnenfäden ausbilden. Sie legen sich organisch über eine Fülle von Porträts, die sich, jeweils auf individuellen Druckstöcken gedruckt, leicht überlappen, verdichten und dabei doch teilweise den Wald durchscheinen lassen. Ihrem Habitus nach lassen sich auf den ersten Blick hin Persönlichkeiten aus sowohl militärischem wie kulturellem Kontext erahnen.
Der zweite Blick erschließt in der Tat einige für die deutsche Geschichte und Kultur identitätsstiftende Größen, darunter etwa Marx, Novalis, Bismarck und Schiller. Jedoch nicht nur Lichtgestalten sind anzutreffen; Seite an Seite mit Schriftstellern, Musikern und Philosophen befinden sich Totschläger wie Horst Wessel, Waffenproduzenten wie Alfred Krupp und kriegstreibende Kaiser. Die Porträts erscheinen dabei seltsam geläufig, Kiefer greift auf Bilder zurück, die über die Häufigkeit ihrer Vervielfältigung zu Ikonen des deutschen Bildgedächtnisses geworden sind.
In ungelenker Schreibschrift ist auf den unteren Bildrand aufgetragen: *Die Hermannsschlacht, Wege der Weltweisheit.*
Die Schlacht am Teutoburger Wald, der damit verbundene Sieg der Germanen über die Weltmacht Rom stellt für das deutsche geschichtliche Bewusstsein einen frühen Höhepunkt dar, nicht umsonst wird das 2000-jährige Jubiläum des Ereignisses in diesem Jahr frenetisch gefeiert. Kiefer nimmt es sprachlich zum Ausgangspunkt und führt den Betrachter gestalterisch in den deutschen Wald, nicht ohne kunsthistorische Bezüge zu Romantik und deutschem Expressionismus aufkommen zu lassen. Die Nähe zur Sprache bleibt auch in der Wahl der bildnerischen Mittel erhalten, sehen wir uns doch mit Holzschnitten konfrontiert, die bereits im Medium Buch, in Verbindung mit Text, veröffentlicht wurden. Kiefer lässt den Betrachter eintauchen in ein geschichtliches Memory, mit Bekannten und Unbekannten unterschiedlichster Epochen und Bedeutungsebenen. Der Betrachter droht vom Dunkel der Geschichte „umgarnt" zu werden, und wird gezwungen, wieder zum Text zu greifen.
Mit den Worten „Wege der Weltweisheit" gibt der Grimme-Preisträger 2008 dem Betrachter einen ironischen Pfad durch das Dickicht deutscher Geschichte an die Hand. Ästhetisch führt er dabei auf einer Ebene durch Glanz, Verwerfung, Moral und Abgrund eines Volkes.

b) **Franz Gertsch, „Medici", 1971, Dispersion auf Leinwand, 400 × 600 cm, Sammlung Ludwig, Neue Galerie Aachen**

Bei Franz Gertsch stehen Zeit seines Schaffens Foto und Malerei aufregend parallel zueinander. In ein Querformat von 4 auf 2,5 m gesetzt, frontal zum Betrachter auf die Latte einer Baufirma gelehnt, sind fünf junge, männliche Freaks zu sehen. Die rot-weiß gestreifte Barriere trägt die klassisch verheißungsvolle Aufschrift „Medici" und soll eigentlich den Zutritt zu einer Eingangssituation, deren Architektur nur andeutungsweise zu ahnen ist, verwehren. Im Hintergrund befinden sich metallgerahmte Glastüren. Frisur, Kleidung und Habitus der jungen Rebellen verorten diese gegen Ende der 60er-Jahre. Körperhaltung und psychischer Ausdruck vermitteln äußerst gute Stimmung, dabei steht die ansteckende gute Laune der jungen Leute in spannungsreichem Kontrast zur straffen, vertikalen Komposition des Bildes. Aus dem Abstand betrachtet wirkt das Bild wie ein farbig übersteuerter Offsetdruck. Der Entstehungsprozess fand im total verdunkelten Raum unter Verwendung von Diapositiven statt. Während des Malens wurden einzelne Farbpartien der Fotovorlage, bereits durch die Projektion im Kolorit verfremdet, isoliert aufgegriffen und teilweise ins Neonspektrum hinein in ihrer Wirkung intensiviert. Gertsch intendierte dabei, jeden Bildteil, völlig motivunabhängig, mit der gleichen Intensität zu bearbeiten. In der Nahsicht sieht sich der Betrachter mit einem gestisch-sinnlichen Farbfeuerwerk konfrontiert. Gertschs Ziel war die Schaffung einer im Vergleich zur Vorlage übersteigerten Parallelwirklichkeit in irisierenden Farben. Mit vielen seiner Bilder ist es ihm in der Tat gelungen, die Realität des Fotos geradezu halluzinativ zu übersteigern. Auf Ausstellungen konnte man feststellen, dass diese Wirkung sogar gegenüber der Intensität der bewegt agierenden Besucher funktionierte.

Robert Rauschenberg, „Windwärts", 1963, Öl auf Leinwand, 243,8 × 177,8 cm, Sammlung Mr. and Mrs. Burton Tremaine, Meriden, Connecticut

Mein Eindruck war stets, dass das Verfahren, womit immer ich arbeitete und was immer ich tat, auf jeden Fall einer Zusammenarbeit mit den Materialien näher kam als irgendeiner Art von bewusster Manipulation und Kontrolle. (Robert Rauschenberg)

Das Hochformat wird beherrscht von zahlreichen kontrastreichen Schwarz-Weiß-Fotoabdrucken. Diese sind kompositorisch aneinandergesetzt, teilweise überlappen sie sich. Sie scheinen aus unterschiedlichen Perspektiven aufgenommen worden zu sein. Ins Auge fällt eine aus extremer Froschperspektive aufgenommene Freiheitsstatue, die zweimal auftaucht, Luftaufnahmen und relativ frontale Aufnahmen von Architektur, aber auch die grobkörnig wirkende Innenaufnahme einer barocken Kirche sowie an exponierter Stelle eine Lage von Granny-Smith-Äpfeln, ein Sunkist-Schriftzug, die Nahaufnahme mehrerer Zitronen. Besonders im Mittelteil des Bildes tauchen sowohl gestische als auch malerisch-figurative Elemente auf, ein Vogel und die kavallierperspektivische Ansicht eines Quaders, beide auf gleicher Höhe.

Dem amerikanischen Pop-Art-Künstler Robert Rauschenberg ging es in seiner Malerei immer wieder dezidiert darum, das Bild als reinen Ausdruck seiner Persönlichkeit zu überwinden. Dazu bezog er u. a. Fotografien des Alltags, des allgemeinen öffentlichen Lebens, in seine Malerei mit ein, um auf dem Bild in einen malerischen Dialog zu diesen zu treten, einen Dialog, der oftmals einen lyrischen, umspielenden Charakter annahm. Es entstanden Bilder, von denen nach wie vor eine mysteriöse Aura ausgeht, scheinen sie doch in einem eigenen Zwischenraum situiert zu sein.

Ihre Meinung ist uns wichtig!

Ihre Anregungen sind uns immer willkommen. Bitte informieren Sie uns mit diesem Schein über Ihre Verbesserungsvorschläge!

Titel-Nr.	Seite	Vorschlag

Die echten Hilfen zum Lernen ... **STARK**

19-VD9

Bitte ausfüllen und im frankierten Umschlag an uns einsenden. Für Fensterkuverts geeignet.

STARK Verlag
Postfach 1852
85318 Freising

Zutreffendes bitte ankreuzen!

Die Absenderin/der Absender ist:

- ☐ Lehrer/in in den Klassenstufen:
- ☐ Fachbetreuer/in
- ☐ Fächer:
- ☐ Seminarlehrer/in
- ☐ Fächer:
- ☐ Regierungsfachberater/in
- ☐ Fächer:
- ☐ Oberstufenbetreuer/in

Unterrichtsfächer: (Bei Lehrkräften)

- ☐ Schulleiter/in
- ☐ Referendar/in, Termin 2. Staatsexamen:
- ☐ Leiter/in Lehrerbibliothek
- ☐ Leiter/in Schülerbibliothek
- ☐ Sekretariat
- ☐ Eltern
- ☐ Schüler/in, Klasse:
- ☐ Sonstiges:

Kennen Sie Ihre Kundennummer?
Bitte hier eintragen.

Absender (Bitte in Druckbuchstaben)

Name/Vorname

Straße/Nr.

PLZ/Ort/Ortsteil

Telefon privat   Geburtsjahr

E-Mail

Schule/Schulstempel (Bitte immer angeben)

Bitte hier abtrennen

Sicher durch das Abitur!

Klare Fakten, systematische Methoden, prägnante Beispiele, Übungs- sowie Abitur-Prüfungsaufgaben mit erklärenden Lösungen zur Selbstkontrolle.

Deutsch

Dramen analysieren und interpretieren .... Best.-Nr. 944092
Erörtern und Sachtexte analysieren .... Best.-Nr. 944094
Gedichte analysieren und interpretieren .... Best.-Nr. 944091
Epische Texte analysieren und interpretieren ... Best.-Nr. 944093
Abitur-Wissen
Erörtern und Sachtexte analysieren .... Best.-Nr. 944064
Abitur-Wissen
Textinterpretation Lyrik, Drama, Epik .... Best.-Nr. 944061
Abitur-Wissen Deutsche Literaturgeschichte ..... Best.-Nr. 94405
Abitur-Wissen Prüfungswissen Oberstufe .... Best.-Nr. 94400
Kompakt-Wissen Rechtschreibung .... Best.-Nr. 944065

Englisch

Themenwortschatz .... Best.-Nr. 82451
Grammatikübung .... Best.-Nr. 82452
Übersetzung .... Best.-Nr. 82454
Grundlagen, Arbeitstechniken und
Methoden mit CD .... Best.-Nr. 944601
Sprechfertigkeit mit CD .... Best.-Nr. 94467
Sprachmittlung .... Best.-Nr. 94469
Abitur-Wissen Landeskunde Großbritannien .... Best.-Nr. 94461
Abitur-Wissen Landeskunde USA .... Best.-Nr. 94463
Abitur-Wissen Englische Literaturgeschichte ... Best.-Nr. 94465
Kompakt-Wissen Kurzgrammatik .... Best.-Nr. 90461
Kompakt-Wissen Abitur Themenwortschatz .... Best.-Nr. 90462
Kompakt-Wissen Abitur Landeskunde/Literatur Best.-Nr. 90463

Sprachenzertifikat Englisch

Sprachenzertifikat Englisch Niveau B1
mit Audio-CD .... Best.-Nr. 105550
Sprachenzertifikat Englisch Niveau A2
mit Audio-CD .... Best.-Nr. 105552

Französisch

Sprachmittlung · Übersetzung .... Best.-Nr. 94512
Landeskunde Frankreich .... Best.-Nr. 94501
Themenwortschatz .... Best.-Nr. 94503
Literatur .... Best.-Nr. 94502
Textarbeit Oberstufe .... Best.-Nr. 94504
Abitur-Wissen Französische Literaturgeschichte Best.-Nr. 94506
Kompakt-Wissen Kurzgrammatik .... Best.-Nr. 945011
Kompakt-Wissen Abitur Themenwortschatz ... Best.-Nr. 945010

Spanisch

Kompakt-Wissen Abitur Themenwortschatz ... Best.-Nr. 945401

Latein

Abitur-Wissen Prüfungswissen Latinum .... Best.-Nr. 94608
Abitur-Wissen Lateinische Literaturgeschichte ... Best.-Nr. 94602
Wiederholung Grammatik .... Best.-Nr. 94601
Wortkunde .... Best.-Nr. 94603
Kompakt-Wissen Kurzgrammatik .... Best.-Nr. 906011

Religion

Katholische Religion 1 – gk .... Best.-Nr. 84991
Katholische Religion 2 – gk .... Best.-Nr. 84992
Abitur-Wissen gk ev. Religion
Der Mensch zwischen Gott und Welt .... Best.-Nr. 94973
Abitur-Wissen gk ev. Religion
Die Verantwortung des Christen in der Welt ...... Best.-Nr. 94974
Abitur-Wissen Glaube und Naturwissenschaft ... Best.-Nr. 94977
Abitur-Wissen Jesus Christus .... Best.-Nr. 94978
Abitur-Wissen Die Frage nach dem Menschen ... Best.-Nr. 94990
Abitur-Wissen Die Bibel .... Best.-Nr. 94992
Abitur-Wissen Christliche Ethik .... Best.-Nr. 94993

Ethik

Ethische Positionen
in historischer Entwicklung – gk .... Best.-Nr. 94951
Abitur-Wissen Philosophische Ethik .... Best.-Nr. 94952
Abitur-Wissen Glück und Sinnerfüllung .... Best.-Nr. 94953
Abitur-Wissen Freiheit und Determination ...... Best.-Nr. 94954
Abitur-Wissen Recht und Gerechtigkeit .... Best.-Nr. 94955
Abitur-Wissen Religion und Weltanschauungen Best.-Nr. 94956
Abitur-Wissen Politische Ethik .... Best.-Nr. 94958

Kunst

Abitur-Wissen Malerei, Plastik, Architektur (G8) Best.-Nr. 949618
Abitur-Wissen Malerei (G9) .... Best.-Nr. 94961
Abitur-Wissen Analyse und Interpretation (G9) Best.-Nr. 94962

Sport

Bewegungslehre · Sportpsychologie .... Best.-Nr. 94981
Trainingslehre .... Best.-Nr. 94982

Wirtschaft/Recht

Betriebswirtschaft .... Best.-Nr. 94851
Abitur-Wissen Volkswirtschaft .... Best.-Nr. 94881
Abitur-Wissen Rechtslehre .... Best.-Nr. 94882
Kompakt-Wissen Abitur Volkswirtschaft .... Best.-Nr. 948501

(Bitte blättern Sie um)

Geschichte

Geschichte 1	Best.-Nr. 94781
Geschichte 2	Best.-Nr. 94782
Methodentraining Geschichte	Best.-Nr. 94789
Abitur-Wissen Die Antike	Best.-Nr. 94783
Abitur-Wissen Das Mittelalter	Best.-Nr. 94788
Abitur-Wissen Die Französische Revolution	Best.-Nr. 947810
Abitur-Wissen Die Ära Bismarck: Entstehung und Entwicklung des deutschen Nationalstaats	Best.-Nr. 94784
Abitur-Wissen Imperialismus und Erster Weltkrieg	Best.-Nr. 94785
Abitur-Wissen Die Weimarer Republik	Best.-Nr. 47815
Abitur-Wissen Nationalsozialismus und Zweiter Weltkrieg	Best.-Nr. 94786
Abitur Wissen Deutschland von 1945 bis zur Gegenwart	Best.-Nr. 947811
Kompakt-Wissen Abitur Geschichte Oberstufe	Best.-Nr. 947601
Lexikon Geschichte	Best.-Nr. 94787

Politik

Abitur-Wissen Internationale Beziehungen	Best.-Nr. 94802
Abitur-Wissen Demokratie	Best.-Nr. 94803
Abitur-Wissen Sozialpolitik	Best.-Nr. 94804
Abitur-Wissen Die Europäische Einigung	Best.-Nr. 94805
Abitur-Wissen Politische Theorie	Best.-Nr. 94806
Kompakt-Wissen Abitur Politik/Sozialkunde	Best.-Nr. 948001
Lexikon Politik/Sozialkunde	Best.-Nr. 94801

Erdkunde

Erdkunde Atmosphäre · Relief- und Hydrosphäre · Wirtschaftsprozesse und -strukturen · Verstädterung	Best.-Nr. 94909
Geographie 11. Klasse	Best.-Nr. 94911
Abitur-Wissen GUS-Staaten/Russland	Best.-Nr. 94908
Abitur-Wissen Entwicklungsländer	Best.-Nr. 94902
Abitur-Wissen Die USA	Best.-Nr. 94903
Abitur-Wissen Europa	Best.-Nr. 94905
Abitur-Wissen Der asiatisch-pazifische Raum	Best.-Nr. 94906
Kompakt-Wissen Abitur Erdkunde	Best.-Nr. 949010
Lexikon Erdkunde	Best.-Nr. 94904

Erziehungswissenschaft/Psychologie

Erziehungswissenschaft	Best.-Nr. 94941
Grundwissen Pädagogik	Best.-Nr. 92480
Grundwissen Psychologie	Best.-Nr. 92481

Abitur-Prüfungsaufgaben

Viele Jahrgänge der zentral gestellten Abitur-Prüfungsaufgaben an Gymnasien in Bayern, einschließlich des **aktuellen Jahrgangs**. Mit **vollständigen Lösungen**.

Abiturprüfung Mathematik – LK Bayern	Best.-Nr. 95000
Abiturprüfung Mathematik – gk Bayern	Best.-Nr. 95100
Abiturprüfung Physik – LK Bayern	Best.-Nr. 95300
Abiturprüfung Physik – gk Bayern	Best.-Nr. 95320
Abiturprüfung Biologie – LK Bayern	Best.-Nr. 95700
Abiturprüfung Biologie – gk Bayern	Best.-Nr. 95710
Abiturprüfung Chemie – LK Bayern	Best.-Nr. 95730
Abiturprüfung Chemie – gk Bayern	Best.-Nr. 95740
Abiturprüfung Geschichte – LK Bayern	Best.-Nr. 95760
Abiturprüfung Geschichte – gk Bayern	Best.-Nr. 95780
Abiturprüfung Sozialkunde – gk/LK Bayern	Best.-Nr. 95800
Abiturprüfung Geographie – LK Bayern	Best.-Nr. 95900
Abiturprüfung Geographie – gk Bayern	Best.-Nr. 95930
Abiturprüfung Wirtschaft/Recht – LK Bayern	Best.-Nr. 95850
Abiturprüfung Wirtschaft/Recht – gk Bayern	Best.-Nr. 95880
Abiturprüfung Deutsch – LK Bayern	Best.-Nr. 95400
Abiturprüfung Deutsch – gk Bayern	Best.-Nr. 95410
Abiturprüfung Deutsch Colloquium – gk BY	Best.-Nr. 95411
Abiturprüfung Englisch – LK Bayern	Best.-Nr. 95460
Abiturprüfung Englisch – gk Bayern	Best.-Nr. 95470
Abiturprüfung Französisch – gk/LK Bayern	Best.-Nr. 95500
Abiturprüfung Latein – gk/LK Bayern	Best.-Nr. 95600
Abiturprüfung Religion r.-k. – gk Bayern	Best.-Nr. 95990
Abiturprüfung Religion ev. – gk Bayern	Best.-Nr. 95970
Abiturprüfung Ethik – gk Bayern	Best.-Nr. 95950
Abiturprüfung Sport – LK Bayern	Best.-Nr. 95980
Abiturprüfung Kunst – LK Bayern	Best.-Nr. 95960

Fachübergreifend

Richtig Lernen

Tipps und Lernstrategien – Oberstufe	Best.-Nr. 10483
Referate und Facharbeiten – Oberstufe	Best.-Nr. 10484

Training Methoden

Meinungen äußern, Ergebnisse präsentieren	Best.-Nr. 10486

Natürlich führen wir noch mehr Titel für alle Schularten. Wir informieren Sie gerne!

Telefon: 0180 3 179000*
www.stark-verlag.de
Telefax: 0180 3 179001*
E-Mail: info@stark-verlag.de

* 9 Cent pro Min. aus dem deutschen Festnetz

Bestellungen bitte direkt an:
STARK Verlagsgesellschaft mbH & Co. KG · Postfach 1852 · D-85318 Freising